EL PEOR PRESIDENTE

Sánchez Navarro, Gerardo
El peor presidente - 1a ed. - Buenos Aires: Deauno.com, 2008.
248 p.; 21x15 cm.

ISBN 978-987-1462-35-3

1. Ensayo Histórico. I. Título
CDD 864

contacto@elaleph.com
http://www.elaleph.com

Primera edición

ISBN: 978-987-1462-35-3

Hecho el depósito que marca la Ley 11.723

Impreso en el mes de mayo de 2008 en
Docuprint S.A.,
Buenos Aires, Argentina.

GERARDO SÁNCHEZ NAVARRO

EL PEOR PRESIDENTE

deauno.com

"Yo estoy movido por una visión divina"

GEORGE W. BUSH. LONDRES. JUNIO 2003

SOBRE EL AUTOR

El Dr. Gerardo Sánchez es un "graéculo": culto, tolerante, liberal, es de los autores que no apedrean a nadie, sólo estudian, admiten toda doctrina. Respetuoso de la libertad de conciencia que se oye y se escucha. Gerardo alza su voz desde el Aerópago llamado Miami sin esperar que haya atenienses en la multitud.

Cuando leí este, su recolección de hechos, pensé "otra vez tendré que oír lo mismo", pero, al recordar que el pretor romano Félix, en Cesárea, aquel hombre tolerante y culto pretendía explicar asuntos políticos y muchos prefirieron pagar con dolor el no haber escuchado.

El Dr. Sánchez es Pablo, es Félix, es el autor que basa su filosofía en que "lo viril no es resignarse a la suerte, que como no somos inmortales, pero quisiéramos serlo".

Gerardo, recordándonos el Emilio de Rousseau, asegura que "aunque los filósofos estuvieran en disposición de descubrir la verdad, ¿quién se interesaría en ella?"

Sánchez defiende, como hito de la historia, la actitud salvadora de la sociedad en que se desarrolla. Él piensa que el cielo de la fama no es muy grande y los que la abusan, como él cree que hace el gobierno del Sr. George W. Bush y su camarilla y ha decidido, no esperar que sean los muertos los que hacen sombra a los vivos.

Esta es una obra de consulta, un trabajo extenso, cuidadoso y bien editado.

DR. ORLANDO H. LIMA. PH.D

AL LECTOR

El presente documento no es una revelación ni una noticia. Es un "secreto" a voces, es un breve resumen de información recopilada de la prensa escrita, radial, televisiva nacional e internacional, así como el seguimiento de las declaraciones públicas realizadas por el Presidente de los Estados Unidos, George W. Bush, dentro y fuera de los Estados Unidos, sus actividades públicas y decisiones políticas, y busqueda de archivos.

Este documento no ha sido realizado con la intención de descalificar o agredir la figura presidencial de la grandiosa nación norteamericana, sino de retratar abiertamente la actitud e imagen de un Presidente, de un hombre que no fue electo por el pueblo, sino puesto por la Corte Suprema en una elecciones llenas de extrañezas e irregularidades, un hombre que aspiró a un puesto importantísimo por error, que por error ocupó la Casa Blanca y que por error gobierna erróneamente. Toda su trayectoria de Presidente que ha sido un error político, social, militar y, sobre todo… un error histórico.

EL AUTOR

Al perro que tiene dinero, se le llama Señor Perro

(PROVERBIO ÁRABE)

EL PEOR PRESIDENTE

George W. Bush junior no valora muchas cosas, ya sea por impulsivo o por ignorante. Su nivel cultural quedó evidente durante una rueda de prensa en la campaña electoral que le encumbró al poder. A las tres preguntas sencillas sobre política internacional en relación con China, Pakistan y Taiwan, el entonces candidato respondió con silencio y una creciente irritación que le indujo a replicar a su interlocutor con la pregunta de si sabía quien era el ministro de economía de la India. El periodista, contundentemente, respondió: "yo no... pero yo no me presento a la candidatura presidencial de los Estados Unidos".

Después de los sucesos del 11S utilizando un lenguaje mesiánico, más típico de cualquier predicador evangelista, ha regalado a la opinión pública joyas como "no sabemos que camino seguirá a este conflicto, pero sí que desenlace tendrá. Sabemos que Dios no es neutral", o el destructivo "utilizaremos cualquier arma de guerra que sea necesaria", así como el disyuntivo "cualquier nación ahora debe de tomar una decisión: o está con nosotros o está con el terrorismo". Podríamos añadir: *Amén.*

Y es que su percepción del mundo se limita a su condición de americano, al "estás con nosotros o contra nosotros" y, de pasada, al hecho de que Dios salvará América. A partir de aquí, y de 200 escasos años de historia, interpreta el mundo. Un mundo que ha sido agredido en más de 200 ocasiones por cortesía del imperio. Un mundo que padece su ignorancia en términos de muerte, destrucción y pobreza.

La biografía de color de rosas aparecida en la web de La Casa Blanca no hace mención alguna de sus problemas con el alcohol de este personaje nacido el 6 de julio de 1946 en New Haven, Connecticut, y criado en Midland y Houston, Texas. Si que se resalta su licenciatura en el selecto club de la Universidad de Yale en 1968, aunque sin precisar cual. Y como no podría ser de otra manera se hace

constar su brillante servicio "a la patria como piloto de caza de un
F102" en la Guardia Nacional de la Texas Air, así como el master en
administración de empresas obtenido en la escuela de negocios de
Harvard en 1975. Y a buen seguro que algo aprendería ahí sabidos
los "oscuros" negocios en la industria energética en que ha participado y que a continuación se relatan. Tampoco es casualidad su per-
tenencia al club de Yale pues ha seguido a pies juntillas la tradición
familiar.

Pero antes que nada repasemos también la biografía de sus an-
cestros más próximos para conocer mejor ese pasado, aún más "oscuro", de su familia.

Una fórmula que combina la difusión del terror entre la población, una mejoría económica de corto plazo y un fuerte gasto en
publicidad puede facilitar la reelección del presidente George W.
Bush dentro de un año, a pesar del "desastre" de la invasión a Irak,
afirmó el escritor estadounidense Noam Chomsky. A sus 75 años, el
lingüista y politólogo del Instituto Tecnológico de Massachusetts
realizó su primera visita a la oprimida isla de Cuba, para participar
en la 25 Asamblea del Consejo Latinoamericano de Ciencias Sociales (Clacso). Presentó, además, la edición cubana de Noam Chomsky en La Jornada, recopilación de artículos y entrevistas para la
prensa, que apareció en febrero del 2006. "Pueden ocurrir muchísi-
mas cosas desde ahora y hasta noviembre", dijo Chomsky en la sede
del Instituto Cubano del Libro. Pero advirtió que es razonable suponer la capacidad de Bush de construir el mecanismo necesario
para alcanzar la relección. Primero en una conferencia en el Clacso
sobre dilemas de la dominación, a la que asistió el dictador Fidel
Castro, y luego en la presentación del libro, Chomsky desgranó una
de sus más recientes conjeturas, con estos ingredientes:

Uno: mejoría económica. El gobierno de Washington tiene
herramientas para remontar la situación actual. "Esto requiere hacer
grandes gastos, imponer una gran carga a las generaciones futuras,
pero existen elementos importantes en manos del gobierno que pudieran provocar ese cambio en la economía." Dos: atemorizar al
país. El grupo de Bush "tiene una carta que puede jugar y es una
carta que ya se ha utilizado en otras oportunidades: el caso Iráncontras en los años 80. Es decir, aterrorizar a la población con una
amenaza inventada, y eso es algo no muy difícil de lograr. "Recuer-

den que se trata de las mismas personas que decían que Granada (pequeña isla caribeña invadida por Washington en 1983) representaba una amenaza para la supervivencia de Estados Unidos. Y la última vez que se encontraron en el poder, en los años 80, declararon una emergencia nacional, en este caso (el presidente) Ronald Reagan, por la amenaza inusual y tremenda que planteaba el gobierno (sandinista) que arruinó Nicaragua. Es un país que se atemoriza fácilmente y es muy fácil ese sentido de temor y la necesidad de eliminar esa amenaza." En la práctica "ya vivimos en la infamia", sostuvo Chomsky, al explicar que esta parte del mecanismo está en marcha, con una política de imagen que intenta justificar la invasión a Irak exagerando la amenaza terrorista para sembrar el pánico entre la población estadounidense. Tres: recursos y publicidad. "Existe un enorme sistema de publicidad que puede hacer pensar a la población que va directamente al cielo. El gobierno de Bush tiene una ventaja enorme en cuanto a fondos y va a estar muy por encima de los otros. En este caso las elecciones en Estados Unidos representan gastos, porque implican televisión y publicidad." Los movimientos sociales (pacifistas, verdes y de derechos humanos) alcanzaron una fuerza sin precedente en ese país, pero no han logrado una coordinación capaz de enfrentar a la administración.

"Todo esto", resumió Chomsky, "no quiere decir que todo vaya a funcionar, pero sí tiene buenas oportunidades." El investigador hizo notar que ese mecanismo electoral puede favorecer a Bush, incluso afrontando el curso de la invasión a Irak. "Me siento muy sorprendido de la forma en que ha fracasado la ocupación", señaló el escritor. Con un símil de la Segunda Guerra Mundial ("los nazis ocuparon toda Europa sin grandes dificultades"), Chomsky dijo que por regla general una invasión militar es exitosa. En Irak, agregó, la situación era especialmente fácil, con un país devastado por las sanciones. "De veras hace falta talento para fracasar en este esfuerzo", ironizó. Un dirigente de una organización no gubernamental "que debe permanecer en el anonimato", dijo Chomsky, describió al gobierno de Washington en esta forma lapidaria: "Es una combinación de arrogantes, ignorantes e incompetentes. Es una combinación que no se había visto nunca y que está convirtiendo lo que hubiera sido una ocupación militar relativamente fácil en un desastre".

George W. Bush. Tuvo un abuelo nazi, Prescott Bush, su padre George Bush, desde la CIA pasó a ser presidente. Él quiere completar el sueño del Gran Garrote que enarboló Teddy Roosevelt, a comienzos del siglo XX, para establecer el 'imperio norteamericano' o como lo deno mina Noam Chomsky, la 'dictadura mundial."

Sin la inteligencia de Teddy Roosevelt, ni el carisma político de Franklin Delano Roosevelt o la picardía pragmática de Richard Nixon, es una mezcla de mediocridad intelectual e irresponsabilidad política que puede funcionar a partir de un grupo de asesores dirigidos por el vicepresidente Dick Cheney, un 'halcón' que es el verdadero cerebro del gobierno norteamericano actual.

George W. Bush estudió en la academia Phillips, y recibió instrucción universitaria en las casas de altos estudios de Yale y Harvard. Durante la guerra de Vietnam (19681973), lejos del teatro de la batalla colonial, sirvió como piloto nacional de Texas. Llegó tarde a la política, a los cuarenta años, cuando trabajó en la campaña de su padre y colaboró con él, durante su gobierno. Entre 1970 y 1980 trabajó en el negocio del aceite y del gas texanos, siempre vinculado a los negocios petroleros de su familia. Se interesó por el béisbol y junto a otros inversionistas compraron el equipo de los guardabosques texanos.

Su hora política llegó en 1994 cuando ganó el cargo de gobernador de Texas, mediante una campaña que tuvo una fuerte inversión en dólares. Un grupo de ultraderechistas republicanos había puesto sus ojos en esta personalidad, dispuestos a manejarlo como marioneta.

En Texas se hizo fuerte apoyando la pena de muerte y luchando contra el abolicionismo, la rebaja de impuestos a los ricos y cumpliendo con el programa de los sectores más conservadores. Su otro apoyo, fue su familia, su padre, George Bush, ex director de la CIA y su hermano, el actual gobernador de la Florida.

Su abuelo, Prescott Bush, según la biografía escrita en 1992, por W. G. Tarpley y Anton Chaitkin, desempeñó un papel central en financiar y armar al dictador Adolfo Hitler para la toma del poder en Alemania, es decir financiar y gestionar las industrias de guerra nazis para la conquista de Europa y la guerra contra los propios Estados Unidos.

Prescott Bush fue accionista y ejecutivo del holding *Brown Brothers Harriman* y director de una de sus filiales, el banco *Union Banking Coorporation* (UBC). Las actividades pronazis del abuelo se extendieron desde los consorcios navieros a su derivado tradicional, la actividad de transporte comercial. De esta manera controló la compañía de navegación 'HamburgAmerika Line' y concertó a través de *Harriman International Company*, un acuerdo por el cual se encargó de coordinar las exportaciones de la Alemania nazi a los Estados Unidos. La UBC gestionó las operaciones bancarias fuera de Alemania de Fritz Thysen uno de los dos magnates, que financiaron a Hitler. El otro fue el grupo Krupp.

Juan Gelman, en el diario 'Página 12', del 29 de noviembre de 2001, recuerda como el gobierno de Franklin D. Roosevelt debió intervenir la empresa de Bush y Harriman por servir al enemigo. 'En octubre de 1942 diez meses después de entrar en la Segunda Guerra Mundial el gobierno de Estados Unidos aplicó la ley de comercio con el enemigo e incautó las acciones de UBC, cuyo directorio además de Prescott Bush y Roland Harriman, figuraban tres ejecutivos nazis: H. J. Kouwenhoven, representante personal de Thysen, Cornelis Lievense y Johan G. Groeniger. La UBC transfería fondos de Alemania a Nueva York y viceversa. Una investigación de la Casa Blanca que en 1945 salió a la luz en el Senado encontró que el banco de Prescott Bush estaba vinculado con el *German Steel Trust*. Esta gigantesca empresa industrial produjo el 50.8 % del hierro colado consumido por el régimen hitleriano... el 41,4% de los blindajes corrientes, el 36% de los blindajes pesados, el 38.5% de las láminas galvanizadas, el 45% de los ductos y tuberías, el 22.1% del alambre y el 35% de los explosivos utilizados por los nazis'.

Bush quiere decir, en castellano, 'arbusto'. El arbusto es una planta muy despreciada en sudamérica, se trata de una planta de ramos leñosos, con ramas desde la base. Es evidente que aquel arbusto pronazi generó ramas imperialistas, dispuestas, en los dos Bush, a transformar la superpotencia norteamericana, como dice Noam Chomsky, en una 'dictadura mundial'. No por nada, Bush padre tuvo como divisa en la campaña Electoral de 1990 'El nuevo orden mundial' y para 1991 la '*pax universalis*'. El proyecto central de la presidencia de Bush (padre) era la creación de un simple, universal imperio angloamericano, junto con sus primos británicos, concebido y ligado a las varias fases del Imperio Romano. Los conocimientos históricos de esta gente son débiles y parecen no recordar como implosionó el más grande imperio de la historia, por su propia crisis y degradación interna y por la irrupción de los bárbaros.

Dicen que el actual presidente norteamericano fue parte de una estudiantina en la Universidad de Yale. En los Estados Unidos los estudiantes universitarios suelen crear fraternidades universitarias que actúan como grupos secretos. En Yale, George W. Bush se afilió, o mejor dicho lo afiliaron, a la 'Skull and Bones' (la Orden de la Calavera y los Huesos) a la que, casualmente, habían pertenecido el abuelo nazi y el padre del actual mandatario. Ese tipo de grupos, transformados en verdaderas sectas, sirven para acceder a los círculos del poder. Actúan como un 'club privado' y, en este caso, reclutaba como miembros entre los alumnos y los docentes de Yale.

El grupo de Yale fue fundado en 1832 por William H. Russell, y estuvo dedicado a promover a los hijos de las élites promocionándolos en lo político, económico y social. El investigador Massimo Introvigne, director del Instituto de Nuevas Religiones, se ha referido a este tipo de sectas universitarias en los Estados Unidos. Incluso el cine las ha popalarizado.

Los tres Bush, el ex secretario de estado, George Shultz, James Baker III, también funcionario de Bush padre y C. Boyden Gray, implacado en el escándalo IránContras y en el apoyo a los grupos antisandinistas, pertenecieron a la 'Skull and Bones'.

William H. Russell fue secretario de Guerra del Presidente Ulises Grant, el militar que obtuvo importantes triunfos sobre las fuerzas sudistas durante la Guerra de Secesión. William Taft, hijo de otro miembro de la secta de Yale, Alphonse Taft, fue el único presidente de Estados Unidos que, además, ocupó el cargo de presidente de la Suprema Corte. George Bush padre fue el primer presidente que antes fue director de la CIA. El historiador Anthony Sutton describió en sus obras el sorprendente desarrollo de esta organización.

En 1856, la Orden de la Calavera y los Huesos fue registrada oficialmente como Asociación Russell. Desde entonces se le conoció, también, como Capítulo 322 de una sociedad similar alemana. El grupo norteamericano tuvo durante décadas su domicilio en la sede neoyorquina de la banca *Brown Brothers Harriman*.

Los vínculos entre los Harriman y los Bush se forjaron en la graduación en Yale en 1917. Los Harriman y los Bush fueron ayudados por dos poderosos magnates, Percy Rockefeller, que llegó a la secta en 1900, y por E. H. Harriman, en 1913. El padre de este último, Averell Harriman, fue un magnate del ferrocarril que se apoderó de la *Union Pacific Railroad* en 1898 gracias a un crédito del padre de Percy Rockefeller.

Los abuelos del ex presidente Bush encajaron en este círculo. Por parte materna, George Herbert Walker, acaparó su propia parcela en los ferrocarriles del medio oeste y acabó asociándose con los Harriman. Por parte paterna, Samuel Bush representó las inversiones de la industria armamentística cuyos beneficios se dispararon durante la Primera Guerra Mundial. Ya describimos la vinculación del abuelo Bush con los intereses hitleristas.

¿Será este el "sueño americano"? Más bien parece ser la "pesadilla americana".

Faltaría consignar un dato suministrado en el libro 'La Operación Paperclip', de Ray Renick, quien contó que, acabada la Segunda Guerra Mundial, la organización Gehlen integrada por criminales de guerra nazis supuestamente reclutados por los Rockefeller y la Orden de Malta, a la que perteneció el hermano mayor de George Bush padre ubicó su cuartel general en California. La CIA, en los comienzos de la Guerra Fría, integró a muchos nazis para la actividad anticomunista.

Entre los patrocinadores de la carrera de Bush se destacó Ealter Mischer, un banquero y terrateniente de Texas. Pete Brewton denunció supuestas conexiones 'non sanctas' con grupos dedicados al lavado de dólares. Bush padre, por su parte, según la ex miembro del FBI, Darlene Novinger, habría tenido vinculación con grupos similares que actuaban entre Canadá y Florida y una relación nunca aclarada con la ultraderechista Falange Libanesa. La Novinger fue acallada mediante amenazas y persecuciones a familiares según denunció la ex agente en la Kiev AM Radio, en Glendale, California, el 24 de julio de 1996.

En 1977, George W. Bush erigió su primera compañía 'Bush Energy' con la ayuda de Mischer, la asistencia de su tío Jonathan Bush, que aportó una veintena de inversores, con la de William Draper III al frente. En el libro de Tarpley y Chaitkin, nunca desmentido, Draper apreció como gestor de la 'cuenta Thyssen', de la que los Harriman y los Bush se sirvieron en los años treinta y cuarenta. George Bush padre entró a la secta de Yale en 1968. Las agencias AP y AFP reseñaron en cables del 19101999 las referencias del escritor J. H. Hatfield en su libro 'Hijo afortunado: George W. Bush y la creación de un presidente estadounidense', en torno que Bush fue arrestado en 1972 por posesión de cocaína, pero que su archivo judicial fue eliminado gracias a las influencias de su familia. Hatfield se enteró de la historia cuando la revista en internet 'Salon News' informó en agosto de 1999 de que el actual presidente realizó un año de trabajos comunitarios en un centro de Houston a cambio de que su archivo fuera 'blanqueado', un acuerdo muy común que los tribunales a veces hacen para los delitos menores. Posteriormente, 'Salon News' expuso las conversaciones de Hatfield con tres fuentes allegadas a la familia Bush que confirmaban la historia: un 'alto consejero de Bush', un ex compañero de clase de Bush en la Universidad de Yale y 'un viejo amigo' suyo.

Tanto Bush como su portavoz de campaña, mindy Tucker, negaron todo y lo atribuyeron a mentiras 'ridículas' orquestadas durante su campaña electoral. Bush, ante el asedio periodístico, se limitó, por un lado a negar y, por otro, a decir que 'He cometido errores en mi vida'.

Bush fue nominado candidato presidencial del Partido Republicano tras una dura pelea con el senador Juan McCain, héroe de Vietnam y líder partidario en Arizona. Las elecciones nacionales contra el candidato del Partido Demócrata, Al Gore, fueron controvertidas, no solo porque triunfó con menos votos que sus contrincantes, sino porque los electores de Florida, base de su preeminencia electoral, fueron obtenidos, con la ayuda de su hermano gobernador de ese estado, mediante el fraude de los sufragios por correo y otras maniobras. Incluso, cuando la Suprema Corte de Justicia norteamericana entendió en las denuncias por fraude, votó dividida, 5 a 4. Tuvieron peso los jueces conservadores designados por Ronald Reagan que obtuvo una 'mayoría automática' en el alto tribunal.

En las recientes elecciones de renovación parlamentaria donde Bush se impuso ante un desconcertado Partido Demócrata carente de liderazgos después de los hechos del fatídico 11 de septiembre del 2001, debe ser leído correctamente. Estados Unidos tiene 286 millones de habitantes. Los votantes posibles son alrededor de 180 millones de personas pero desde hace años cada vez más los posibles votantes deslegitiman los comicios no inscribiéndose para sufragar. En Estados Unidos votar no es obligatorio. En las elecciones de noviembre del 2002 sólo se inscribió el 33%, es decir que votaron unos 70 millones de norteamericanos. Aunque el Partido Republicano se impuso y logró una exigua mayoría en el Senado, ambos partidos mantienen una suerte de paridad de votos. Por lo que el líder imperial sólo fue ratificado por aproximadamente 36 millones de electores sobre 286 millones de norteamericanos.

La caída de la *Enron*, la séptima megaempresa del capitalismo norteamericano desnudó no solo la depresión económica sino la corrupción política, complicando al presidente George W. Bush quien ha sido denunciado por el ex ministro de Obras y Servicios Públicos de la Argentina, Rodolfo H. Terragno, por presionarlo telefónicamente para que suscribiera un contrato leonino con la multinacional ahora en desgracia. El hecho había sido anteriormente mencionado por el periodista Mario Diament que lo hizo en su columna de 'La Nación' del sábado 12 de enero de 2002, obligando a Terragno a salir a la palestra. Terragno denunció los hechos en una extensa 'crónica de un negocio frustrado' en un artículo titulado 'George W. Bush, Enron y yo' en el diario 'La Nación' del viernes 18.

El presidente norteamericano George W. Bush se atragantó esos días comiendo una galletita y se desmayó. En realidad estaba mirando televisión y vio un noticioso que informó sobre la quiebra fraudulenta del gigante petrolero donde su familia tiene vínculos y de donde la política de los republicanos ha obtenido parte de su 'pozo de reptiles'.

El cuadro de situación de la economía mundial es grave. El ejemplo más claro es Japón. La banca japonesa esta en quiebra.

El pánico está entrando a los norteamericanos y a todos los países abanderados en la dolarización, y si el yen se desintegra, se llevará a pique a gran parte de la economía mundial.

Cuando las multinacionales quiebran es porque ya vaciaron todo o gran parte de sus bienes. Pero lo de *Enron* no fue un chiste al que se sumaron otras diez multinacionales fraudulentas. En Estados Unidos, su caída, ayudó a tambalear a la economía general y el hecho se sumó a la depresión.

La Enron tiene su sede en Houston, Texas. Fue creada en 1986 por la unión de dos empresas de gas natural, *Houston Natural Gas* e *InterNorth*. El presidente de la *Enron*, Kenneth Lay, es un amigo íntimo de la familia Bush. En la década del noventa adquirió empresas eléctricas, compañías de gas y gasoductos en los Estados Unidos, Europa, América latina y la India. En la Argentina, *Enron* se asoció al grupo *Pérez Companc*, curiosamente su presidente es socio del *Opus Dei*, a través de la *Transportadora General del Sur* (TGS), una transportadora de gas natural y proveedora de agua y cloacas a la provincia de Buenos Aires a través de Azurix, una subsidiaria de *Wessex Water* de Inglaterra.

Todas las pistas del dinero de la *Enron* llevan a la clase política norteamericana, en un noventa por ciento, proveniente del Partido Republicano y la familia Bush y hay algunos demócratas que también habrían recibido sobornos. El Departamento de Justicia inició actuaciones por el posible fraude de la *Enron*, y el fiscal general John Ashcroftanunció que se inhibiría en actuar en el caso por haber recibido más de 50.000 dólares para su última campaña electoral.

La cuestión del fraude sería la siguiente. La empresa citó deudas de 13.100 millones de dólares de su subsidiaria y 18.100 millones de sus afiliadas. A ello se añaden unos 20 millones que parecen no haber sido asentados en los libros. La empresa *Enron* cuando comenzó con sus signos de debilidad realizó una enorme campaña publicitaria y mediante un ardid logró vender 1000 millones de dólares de sus propias acciones, pertenecientes a una empresa prácticamente quebrada. La empresa *Arthur Andersen*, que auditaba a *Enron*, reconoció ahora la desaparición de numerosos documentos relacionados con la investigación. Además, el Servicio de Rentas Internas investigaba a *Enron* por una millonaria evasión impositiva en los últimos cinco años utilizando más de 800 paraísos fiscales. Las acciones de la *Enron* que llegaron a cotizar a 90 dólares cada una, ahora han bajado al valor de un dólar.

La tragedia del 11 de septiembre del 2001 sirvió para que Bush, su vice Dick Cheney y otros miembros del gobierno acallaran las críticas en nombre del "patriotismo".

George W. Bush es el 43° presidente de los Estados Unidos. Se casó en 1977 con la bibliotecaria Laura Galés. Tuvieron dos hijas gemelas, Bárbara y Jenna, que son estudiantes universitarias. La familia también incluye sus perros 'Punto' y 'Barney' y un gato, 'India'.

Su propuesta económica para sacar a los Estados Unidos de la recesión, deflación y comienzo de la depresión, es la de reducir impuestos a los más ricos para que los conservadores y sectores del poder económico 'derramen' sus dólares. Todo esto es de dudosa factibilidad. La otra palanca económica es la transferencia enorme del presupuesto y las finanzas públicas a favor de la industria militar y la guerra. Primero la de Afganistán, ahora contra Irak y después se verá. Los ideólogos republicanos de la ultraderecha dieron a conocer el Documento 'Santa Fe IV' donde apuntan contra China Comunista, la nueva superpotencia que amenaza con quedarse con todo el mercado asiático (junto a Japón, Vietnam, los 'tigres' asiáticos disminuidos, Corea del Sur).

El patio trasero está dando signos de rebelión, desde los campesinos de México contra el proteccionismo norteamericano al agro y el acero, jaqueando al ALCA. Hay rebeliones en Bolivia, Perú, Paraguay y Ecuador. Han surgido gobiernos contrarios al neoliberalismo como Hugo Chávez en Venezuela, Lula da Silva en Brasil, Gutiérrez en Ecuador. Chile está entrando en la crisis económica y Argentina implosionó en cuanto al neoliberalismo. Está Cuba en el Caribe y la guerrilla en Colombia. La guerra contra los 'ejes del mal', según el gobierno de Washington, exigirá internacionalizar fuerzas policialesmilitares en todo el mundo, especialmente en América latina. Pero también las manifestaciones y movilizaciones comienzan a surgir no solo en la periferia sino en Estados Unidos y Europa.

El mundo parece estar en manos de un estúpido, dirigido por un grupo belicista. Estos 'caballeros cristianos', que cuentan con el apoyo de muchos teleevangelistas de ultraderecha, y las Multinacionales de la Fe, no se enteraron que el profeta Isaías dijo: 'cae Babilonia, cae Babilonia, y todas las estatuas de sus dioses se han estrellado contra el suelo' (21.9). Porque Babilonia y Roma no prevalecieron. Tampoco lo podrán los nuevos aprendices de brujos, como no pudieron Hitler y Stalin en el siglo pasado.

Prescott Bush, abuelo del actual presidente de Estados Unidos, fue un integrante de la asociación estudiantil Skull & Bones en la Universidad de Yale a la que también pertenecieron miembros de las familias Rockefeller, Roosevelt, Kellogg, Goodyear, Forbes y

Vandervilt. De sus filas salieron tres presidentes, los fundadores de la CIA y varios asesores de seguridad nacional. Algunos de ellos fueron los que decidieron lanzar la bomba atómica en Hiroshima (1945), tres de los cuatro que planearon la invasión a la playa cubana de Bahía Cochinos (1961) y los que empantanaron a Estados Unidos en la guerra de Vietnam (19601975). ¿Simple casualidad? Prescot Bush fue el presidente y accionista de uno de los bancos nacidos del seno de Wall Street, la UBC (*Union Banking Corporation*) que estaba detrás de la financiación del partido nazi y de la maquinaria bélica alemana causante de la segunda guerra mundial. Tal y como afirman Webster Tarpley y Anton Chaitkin, autores de "George Bush: La Biografía no autorizada", "los nazis podrían haber sido pagados, armados y adiestrados por las camarillas de Nueva York y de Londres, uno de cuyos directores ejecutivos era Prescott Bush" y con relación a la llegada al poder de Hitler afirman que "Fueron los banqueros de Wall Street (entre otros) los financieros ocultos de esta fulgurante ascensión hacia el poder. La familia de nuestro actual presidente formaba parte de las personas que financiaron la maquinaria de guerra nazi, mientras sacaban enormes ganancias...". ¿Pero donde están las evidencias de esa trama financiera?

En 1922, en los comienzos del nacionalsocialismo, el magnate del ferrocarril W. Averell Harriman viajó a Berlín y se entrevistó con la familia banquera alemana Thyssen para proponerle la fundación de un banco germanoestadounidense. Así fue como en 1924 crearon la UBC (*Union Banking Corporation*) y al cargo del mismo, como presidente, pusieron a **George Herbert Walker**, suegro de Prescott. Los Thyssen también poseían el *August Thyssen Bank* (Berlín) y el *Bank voor Handel* (Países Bajos). Así pues con la UBC, con sede en Nueva York, podían transferir dinero de Alemania a Holanda y, de allí, a Estados Unidos. Pero ahí no acaba la relación entre los magnates de Wall Street y la família Thyssen. Y es que en 1926 Clarence Dillon (otro de los hombres fuertes de la bolsa Neoyorquina y que tuvo como colaborador de confianza a **Samuel Bush**, padre de Prescott, abuelo de George senior y bisabuelo de George junior) funda el consorcio de la industria del acero, la *German Steel Trust*, junto con Fritz Thyssen (magnate nazi y autor del libro 'I Paid Hitler' en el que relata su apoyo monetario al recién constituido Partido Obrero Nacional Socialista Alemán y al que se afilió en 1931).

Ese consorcio es la verdadera maquinaria de guerra nazi y la fuente de ingresos que ya dispone de los canales financieros para desviar los fondos, vía Holanda, hacia los bancos con sede en Wall Street. ¿Impresionante no? Esos bancos eran la UBC, que presidió Prescott Bush en 1926, y la sociedad *Brown Brothers Harriman* que vicepresidía. Como dice Victor Thorn en Babel Magazine "la UBC recibía el dinero desde los Países Bajos y la *Brown Brothers Harriman* lo reenviaba. ¿Y quién formaba parte de la dirección de estas dos compañías? ¡Bingo! Prescott Bush en persona, el primer blanqueador de dinero de los nazis!"

Sus operaciones eran tan flagrantes que el 10 de octubre de 1942 el gobierno norteamericano ordenó la incautación de las operaciones de la UBC bajo la "Ley que rige el comercio con el enemigo". El 26 de octubre de 1942 también se ordenó la incautación de otras dos sociedades de primera fila, dirigidas por Prescott Bush por cuenta de la sociedad bancaria Harriman: La *Holland America Trading Corporation* (Sociedad de comercio holandesanorteamericana.) y La *Seamless Steel Equipment Corporation* (Sociedad de equipos de acero continuo). Y el 11 de noviembre de aquel año, otra sociedad dirigida por Prescott Bush y George Herbert Walker, fue embargada la *Silesian American Corporation* en aplicación de la misma ley. En aquellas fechas Prescott Bush también era socio de una compañía petrolera de Texas y fue sancionado por el gobierno estadounidense por violación al Trading with Enemy Act (Acta de comercio con el Enemigo) al gestionar una considerable venta de combustible para la Luftwaffe, la fuerza aérea alemana, que estaba devastando desde el aire a media Europa.

La guerra termina en 1945 y Fritz Thyssen muere en 1951. A su muerte, los restantes accionistas de la UBC liquidaron sus haberes que no fueron restituidos antes de 1951 a consecuencia de la intervención gubernamental. Uno de sus beneficiarios era, como no, Prescott Bush al que le correspondieron 1,5 millones de dólares de la época.

Y sobre este asunto Victor Thorn escribe "Como por casualidad, el señor Bush tomó posesión de este dinero y lo consagró directamente a poner en marcha nuevos negocios. Qué suerte, ¿no? Aún peor, los amigos de Prescott Bush (los mismos traidores de Wall Street que financiaron a Hitler) son igualmente los mismos que luego iban a catapultar a George Bush senior al puesto de director de la CIA en los años 70 e instalarle a él y a su hijo, en la Casa Blanca".

En 1942, Allen Dulles, abogado y amigo íntimo de la familia Bush, recibió la misión de impedir que se filtrara a la prensa la relación entre los negocios de Prescott Bush y los nazis. Un año después, fue nombrado a la dirección de la OSS (Servicio Secreto predecesor de la CIA). En ese año Dulles se reunió en Suiza con el adjunto de Himmler, Karl Wolf, para elaborar un proyecto para hacer pasar los nazis a los Estados Unidos. El primer proyecto de la CIA fue el Displaced Persons Act, una campaña de emigración que hizo entrar medio millón de europeos en los Estados Unidos entre 1948 y 1952. Entre estos emigrantes se encontraban 10,000 criminales de guerra nazis. El húngaro Laszlo Pasztor representaba en Berlín al gobierno fascista de Hungría de Ferenc Szalas durante la segunda guerra mundial. En 1972 George Bush padre, entonces presidente del Concejo Nacional de los Republicanos, nombró a Pasztor al cargo de presidente del Concejo Republicano de Nacionalidades. Pasztor abre las puertas a los criminales nazis de la Europa del Este. Por ejemplo a Nicolás Nazarenko, oficial de las *Waffen SS* en Rumania y especialista en "interrogatorios" a los prisioneros políticos. Abre la puerta también a Radi Slavoff, quién fue portavoz de Iván Docheff, fundador de la Legión búlgara. O a Florian Galdau, capellán de la Guardia de Hierro rumana, que se vanagloriaba de haber ayudado a entrar a los Estados Unidos miles de criminales de guerra rumanos. Walter Melianovich por su lado representa a la Asociación AmericanoBielorusa, que canta las hazañas de los verdugos de la Unidad *Waffen SS* de rusos blancos.

En agradecimiento, este pequeño club de adeptos fue en 1988 el alma de la campaña electoral de George Bush padre para las presidenciales. Slavoff es presidente de los "Búlgaros para Bush", Galdau de los "Rumanos para Bush" y Melianovich de los "Ucranianos para Bush".

"Un gobernante puede ignorar la chusma y consagrarse a los intereses de la clase dominante, engañando a la mayoría inerte que constituye los gobernados. Ahora que le encuentro sentido a todo esto (encima que se gastaron todo el dinero en comprar la elección del 2000) ésta no es una familia que tiene un compromiso particularmente fuerte con la democracia. Su juicio de cómo ganar las elecciones sale de un manual de la CIA, no de la Declaración de Independencia o la Constitución." Escribió Kevin Phillips.

Al momento de la inauguración de su 2da presidencia y la consiguiente proclamación del imperio estadounidense sobre el planeta, ninguna de las históricas familias de políticos estadounidenses han tenido tantos intereses económicos, como los que tienen los Bush, en el petróleo y en la industria armamentista.

Desde la Primera Guerra Mundial, una historia de cuatro generaciones ha convertido a la familia en una poderosa y peligrosa 'dinastía.' Esta es una telaraña de conexiones que pasan desde el Ivy League (un consorcio de universidades en donde estudian hijos de familias pudientes), banqueros millonarios, financistas de todo tipo, la industria del petróleo, el complejo industrial de la guerra, hasta los intereses de inteligencia y seguridad nacional.

Uno de los trabajos más substanciales sobre la familia Bush lo ha escrito un republicano; Kevin Phillips. Todo, mas las dudosas maniobras políticas para llegar a la Casa Blanca y remecer los pilares constitucionales en los cuales se funda la democracia norteamericana, son abultadamente ejemplificados por Phillips quien trata de demostrar la aparición de esta nueva dinastía y la peligrosa alianza entre los intereses económicos de los Bush y amigos y el surgimiento de una nueva política neoconservadora de superioridad mundial. El Libro se llama "American Dynasty: Aristocracy, Fortune, and the Politics of Deceit in the House of Bush" (Dinastía Americana; Aristocracia, Riqueza y la Política del Engaño en la Casa de Bus) (Viking Penguin. Febrero del 2004).

Bush no solo fue llevado en andas al negocio del petróleo sino a todos los negocios en que se ha envuelto incluido la presidencia. Su familia y sus amigos siempre lo socorrieron en sus fracasos y lo apuntalaron en sus lucrativas movidas financieras como en los casos de sus empresas petroleras y el equipo de futbol, Texas Rangers.

El Príncipe de Maquiavelo podría parecer un memoramdum de la Casa Blanca. "Un gobernante puede ignorar la chusma y consagrarse a los intereses de la clase dominante, engañando a la mayoría inerte que constituye los gobernados escribió Phillips parafraseando al filósofo italiano (14691527).

Con justa razón, puede que Madison y Jefferson estén revolcándose en sus tumbas horrorizados. Phillips argumenta que la aparición de esta nueva dinastía se logra a la sombra de la ignorancia de un público estadounidense que no conoce los detalles de las cuatro generaciones Bush, La característica principal de los Bush políticos tiene que ver la concentración del poder, el compadrazgo, la influencia, el engaño y el secreto político.

La condición de ex republicano convertido en independiente le da a Phillips, ex consejero de Richard Nixon, cierta autoridad al levantar sus argumentos basados en detallados análisis y descripciones históricas de la familia. La relación de los Bush con los árabessauditas, por ejemplo, esta descrita en deliciosos detalles que recuerdan cuando la pareja ReaganBush padre negociaron un arreglo para que los rehenes en Irán no fueran liberados hasta que Reagan asumiera la presidencia.

La fortuna de los Bush comienza con los empresarios comerciales Samuel Bush y George Herbert Walker, quienes profitaron ostensiblemente de la carrera armamentista generada después de la Primera Guerra Mundial hasta convertirse en importantes personajes dentro del complejo militar industrial del planeta.

George Herbert Walker bisabuelo de BushPresidente y Averill Harriman llevaron adelante variados negocios en Rusia y Alemania durante los años veinte. En los treinta tenemos a Prescott Bush, yerno de Walker y abuelo de Bush, quien, como director del Union Banking Corporation mantuvo relaciones comerciales con la Alemania nazi. Esta compañía fue también conocida como una especie de banco mundial para el lavado de dinero.

Son casi ocho décadas de ligazón de los Bush con agencias de inteligencia y de relaciones internacionales. Como director de la División Armas Cortas, Municiones y Ordenes del Consejo de la Industria de Guerra Samuel Bush, el otro bisabuelo, estuvo involucrado en asuntos de inteligencia y temas de seguridad nacional. Antes que Bush padre ocupara el cargo de Director de la CIA, su compañía *Zapata Offshore Oil* era uno de los frentes más importantes de la CIA.

En el Medio Oriente, la ingerencia e influencia politica de Bush data de los años veinte, cuando George H. Walker, a la cabeza de la compañía *W.A. Harriman & Co.*, participó en la reconstrucción de los campos petroleros de Baku, capital de Azerbaiján en la costa oeste del Mar Caspio (200 millas al Norte de Irak). Prescott Bush fue director de Dresser Industries, una compañía que ahora es parte de *Halliburton*. Prescott también se involucró en negocios con el Medio Oriente después de la Segúnda Guerra Mundial. Pero fue George H.W. Bush, padre del actual Presidente, quién asentó los lazos más fuertes entre esa región y la dinastía familiar. Como director de la CIA (enero 76 enero 77), como vicepresidente y luego como Presidente fue el primer político con intereses personales en la industria del petróleo. Esto explica, concluye Phillips, la constante casi obsesionada inclinación hacia el Medio Oriente, las operaciones clandestinas y la creación de oscuras instituciones bancarias internacionales como es el caso del *Banco de Crédito y Comercio Internacional (Bank of Credit and Commerce International*, BCCI).

Desde cada puesto público en que estuvo, Bush abogó por la ingerencia de la CIA en casi todo el Medio Oriente incluidos Irán, Arabia Saudita, Pakistán y Afganistán, convirtiendo a la región en el principal cliente internacional para la compra de todo tipo de armas.

Bush padre trabajó cercanamente con el jefe de la inteligencia saudita Kamal Adham, yerno del Rey Faisal y muy cercano al Banco BCCI. Después de dejar la CIA fue presidente del consejo ejecutivo del banco *First International Bancshares* en los Estados Unidos e Inglaterra. En el libro "False Profits" (Ganancias Falsas), sus autores Peter Truell y Larry Gurwin, sostienen que Bush padre viajó en nombre del banco ofreciendo sus servicios a instituciones financieras en Europa y el Medio Oriente.

A Bush padre tampoco le faltaron los apellidos gates y otros grandes escándalos. En la conocida operación Sorpresa de Octubre de 1980, Bush padre y los republicanos negociaron, a cambio de armas, con el gobierno de Irán para mantener a los rehenes estadounidenses presos hasta después de las elecciones presidenciales y así ayudar a la elección de Reagan. Como vicepresidente de Reagan y luego como Presidente, Bush padre tuvo de alguna forma relacionado directa o indirectamente con el 'IranContragate'; la entrega ilegal de armas a los contras de Nicaragua a través de Irán y más tarde el 'Irakgate'; cuando vendió armas a Saddam Hussein durante los ochenta. Algunas de las entregas ilegales de armas a los contras nicaragüenses, un grupo antisandinista financiado por Reagan, fueron financiadas también por el banco BCCI.

El fiscal Lawrence E. Walsh concluyó durante una extensa investigación del IranContragate que Bush tuvo que ver con variados actos ilegales, tuvo pleno conocimiento de la compraventa de armas, se negó a entregar su diario con apuntes relevantes al caso, y se negó a ser entrevistado por el fiscal. Como Presidente, en 1992 Bush otorgó indulto presidencial a la mayoría de los involucrados en el caso, entre ellos Caspar W. Weinberger, Duane R. Clarridge, Clair E. George, Alan D. Fiers, Elliot Abrams y Robert C. McFarlane. Todos ellos fueron acusados por entregar testimonios falsos, conspiración para defraudar al país, perjurio, obstrucción judicial y destrucción de documentos. (Reporte Final. Lawrence E. Walsh. Agosto 4, 1993) 'Cada vez se hace mas claro que George H.W. Bush, operando detrás de las cortinas durante los ochenta, inició y apoyó gran parte de la ayuda financiera, militar y de inteligencia que convirtió al Irak de Saddam en un poder agresor que eventualmente el mismo EE.UU. tuvo que destruir.' (Ted Koppel, Nightline ABC. Junio, 1992. Citado por Phillips). Irakgate tuvo que ver con la ayuda militar encubierta a Hussein cuando este combatia en contra de Iran. Mientras los EE.UU. le entregaban material biológico para desarrollar las famosas armas, Donald Rumsfeld (ex Ministro de Defensa) le daba la mano y se fotografiaba con Saddam Hussein.

Los cuatro hijos de Bush padre no se quedaron atrás. George, Jeb, Neil y Marvin también disfrutaron de los beneficios financieros y los contactos realizados por su padre con hombres de negocios en Arabia Saudita, Kuwait, Bahrain y BCCI. Con el millonario tejano James Bath, Bushhijo comenzó a realizar sus primeras conexiones en la zona. Bath fue el representante para los Estados Unidos de dos billonarios sauditas: Salem bin Laden y el banquero y asiduo del BCCI Khalid bin Mahfouz, ambos familiares de Osama. Phillips nos recuerda que, quizás usando fondos de estos dos en 1979, Bath se puso con 50 mil dólares para la compañía petrolera de Bushhijo, Arbusto.

El banco BCCI y *Harken Energy* comenzaron a tener una estrecha relación especialmente cuando esta última compró (1986) la compañía Spectrum 7 cuyo presidente era Bushhijo. Phillips cita un artículo del periódico *Wall Street Journal*: 'El mosaico de las conexiones del BCCI con *Harken Energy* pueden solo testificar cuan omnipresente eran las conexiones de este delictivo banco. Pero el número de contactos del BCCI que negociaban con Harken desde que George W.

Bush comenzó trabajar allí podría significar de que se trataba más de un esfuerzo para amistarse con el hijo presidenciable.

En 1993, después de dejar la Casa Blanca, Bush padre viajo a Kuwait acompañado de su esposa Bárbara, sus hijos Marvin y Neil y el ex Secretario de Estado James A. Baker III. Neil se quedó un tiempo mas largo para hacer negocios. A su regreso se asocia con el comerciante sirio Jamal Daniel con el cual instalan una compañía de programas educativos computacionales. La empresa cuenta con la participación de tres poderosas familias del Golfo Pérsico. Pero más tarde, Neil se haría conocido por el escándalo producido por la corrupción en la financiera Colorado's Silverado Savings & Loan.

Tal era el interés y la intromisión de Bush padre en el Medio Oriente que durante el gobierno de Reagan, fue conocido como 'el vicepresidente Saudita.' Por otra parte un artículo en la revista New Yorker (24/03/03) describe al embajador saudita como 'casi un miembro de la familia (Bush)'.

Después de perder las presidenciales para su reelección en 1993, Bush padre se une a la compañía Carlyle Group en la cual ya trabajaban su ex Secretario de Estado James A. Baker III, el ex Ministro de Defensa Frank C. Carlucci y el ex Director del Presupuesto de la Casa Blanca Richard Darman. Con la presencia de estos experimentados hombres muy cercanos a la dinastía Bush y al gobierno, Carlyle Group se especializó en la compra y venta de compañías de la industria de la defensa. (Vale recordar que en diciembre del 2003, Baker III fue contratado por el Presidente Bush para pedir la condonación de las deudas internacionales de Irak y limosnear dineros para su reconstrucción, misión que terminó en un rotundo fracaso.)

Después de dejar la Casa Blanca Bush padre comenzó de inmediato a sacarle provecho personal a los contactos realizados como Presidente. Se convirtió en accionista principal de Carlyle y fue miembro de su Consejo Consultor para Asia comenzando su tarea de buscar inversionistas y clientes para la compañía. Doce de las familias más ricas de Arabia Saudita incluidos los Bin Laden fueron inversionistas de Carlyle. Según el Washington Post 'sauditas millonarios cercanos al Príncipe Sultán y a su padre el Ministro de Defensa sauditaŠ fueron alentados para que pusieran su dinero en Carlyle como un favor al viejo Bush.' (*Washington Post* (WP). 11/02/02). El

Príncipe Bandar bin Sultán, fiel amigo de la familia Bush, es el actual embajador de Arabia Saudita en Washington.

Una familia que siguió los consejos financieros de Bush padre fue bin Laden millonarios en el negocio de la construcción junto a Osama invirtiendo dos millones de dólares. Después del once de septiembre Carlyle se las arregló para devolver el dinero. Si Bush padre recibía comisiones por los inversionistas que obtenía para Carlyle, podríamos concluir sin temor a equivocarnos que también recibió dineros de los bin Laden.

En el mismo artículo el WP informa que según Brad Bourland, economista del *Banco Saudi Americano*, la familia real saudita, compuesta por 40 mil personas incluidos 8 mil príncipes, tiene un capital de entre 700 billones y 1 trillón de dólares en inversiones de todo tipo fuera del país, especialmente en Europa y los Estados Unidos. Los sauditas por lo general invierten tres cuarto de su dinero en los Estados Unidos y el resto en Europa y Asia. Para la economía estadounidense Arabia Saudita significa entre 500 y 700 billones de dólares.

Pero una mano sucia inevitablemente ensucia la otra. Dos de las personas que habrían secuestrado aviones durante los ataques del once de septiembre del 2001, Khalid alMihdhar y Nawaf alHazmi, recibían mensualmente US $ 3,500 dólares de dos estudiantes en los Estados Unidos a través de una cuenta bancaria a nombre de la Princesa Haifa alFaisal, esposa del Embajador Sultán e hija del fallecido Rey Faisal. El comité del congreso que comenzó a indagar sobre estos atentados fustigó al FBI y a la CIA por no seguir agresivamente las conexiones que pudieron ligar a Arabia Saudita con los secuestradores. (BBC, Londres. 24/11/02)

'Parece haber una estrategia sistemática de consentir y esconder cuando se trata de los saudíes,' dijo el Senador Charles E. Schumer quejándose sobre las 28 páginas que el gobierno no quiso dar a conocer en el informe del Congreso sobre los ataques de septiembre. Estas páginas tenían que ver con el rol y la información que Arabia Saudita tenía de los hechos. A pesar de esta gran historia, el Presidente Bush siempre ha tratado de desviar la atención cuando se trata de los lazos de su familia con los Bin Laden. Mientras Pakistán fue capaz de construir una bomba atómica con dineros sauditas, en París se reunían estos mismos billonarios sauditas para ponerse de acuerdo en 'quien tenía que pagar que a Al Qaeda y a Osama bin Laden.' (Greg Palast entrevista con Buzzflash.com 11/03/02).

En un artículo de *Los Angeles Times* (11/01/04) Kevin Phillips concluye: 'No hay ninguna evidencia para sugerir que los eventos del 11 de septiembre pudieran haberse prevenido o descubierto de antemano si otro, no Bush, hubiese sido el Presidente. Pero evidentemente hay bastante para sugerir que décadas de enredos y búsqueda de dineros de la dinastía Bush en el Medio Oriente han creado un gran conflicto de interés que merece ser parte del debate político del 2004. Ninguna presidencia anterior ha tenido algo remotamente similar. Ninguna.'

Phillips fue consultor político durante el Gobierno de Richard Nixon. Escribe periódicamente para *Los Angeles Times*, National Public Radio y para las revistas *Harper's* y *Time*. Phillips también ha escrito los libros "The Politics of Rich and Poor" (La Política de los Ricos y Los Pobres) y "Wealth and Democracy"/(Riqueza y Democracia).

Muchos esperaban que la elección presidencial de noviembre 2004 permita un cambio en la Casa Blanca. Esto sería dar mucho crédito al nuevo sistema electoral. La privatización del conteo y el uso del voto electrónico hacen imposible el control popular de los resultados. Un fraude masivo es posible teniendo en cuenta que George W. Bush solamente obtuvo el sufragio de una cuarta parte de los ciudadanos en el 2000 y fue designado presidente sin que fuera conocido el resultado de las urnas.

La prensa extranjera presta a la campaña electoral estadounidense más atención que la población misma. Es evidente que todos esperaban que el sufragio popular ponga fin a la era de Bush y que las relaciones ex tranjeras de Estados Unidos se tornen más pacíficas.

El sistema político estadounidense se basa en conceptos políticos muy alejados de los que se practican en el resto del mundo. La Constitución de 1787 se proclama republicana, no democrática: fue redactada por los padres fundadores para defender el interés general «contra la tiranía de la mayoría».

No reconoce la soberanía popular sino la de los Estados federados, que tienen cada uno su propia constitución y reglas políticas propias. Con el transcurso de la Historia, al ser adoptado el sufragio universal por todos los Estados federados e ir extendiéndose este a todas las categorías étnicas, la elección del presidente se convirtió en definitiva en una elección en segundo grado que se realiza por intermedio de un colegio de grandes electores designados por la población en cada Estado.

Inspirándose en el análisis de Montesquieu, los padres fundadores se ocuparon de organizar una estricta separación de poderes. Sin embargo, durante la elección del 2000 fue el poder judicial, la Corte Suprema en ese caso, quien, al pronunciarse sobre un litigio en particular, designó de facto al presidente. Y, como se sabe, la mayoría de los miembros de la Corte que designó a George W. Bush habían sido nombrados por George H. Bush, el padre.

Para resolver el caso Gore versus Bush, la Corte Suprema simplemente constató que, teniendo en cuenta los problemas inesperados que se produjeron en la Florida, no era posible establecer el resultado en ese Estado respetando al pie de la letra el reglamento local. A partir de lo cual, la Corte Suprema no deseaba conocer dicho resultado ya que lo importante, para ella, no era expresar la voluntad popular sino respetar reglas formales permitiendo así la manifestación de la Providencia. El voto no tiene aquí nada que ver con el concepto de contrato social establecido por Rousseau sino que se acerca más bien a la ordalía medieval.

James Madison, uno de los principales redactores de la Constitución, afirmaba que esta había sido concebida «para proteger a la minoría pudiente ante la mayoría». Por esa razón, las elecciones no debían hacerse sobre la base de un programa sino a un balance de resultados. Para Thomas Jefferson, las elecciones debían «corregir los errores y abusos de quienes ejercen el poder». El presidente no es, por consiguiente, el elegido del pueblo sino que se elige por obra y gracia de Dios y puede ser sancionado por el pueblo si comete errores. Puede ser incluso sancionado durante su mandato por el Congreso si sus faltas obstaculizan la realización del proyecto divino sobre América.

Fue así, entre dos plegarias, que los parlamentarios se plantearon la pregunta sobre si la vida privada de Hill Clinton afectaba al país y si debían sustituirlo para que «da mano invisible» reactivara la economía.

Las exigencias religiosas que se aplican al inquilino de la Casa Blanca se aplican también a los electores. Es por ello que numerosos Estados privan de sus derechos cívicos a los electores que han cometido alguna infracción penal. Según el caso, esta sanción puede ser de una duración determinada o para toda la vida. Dada la relación existente entre condena penal y condición social, este tipo de sanciones afecta prioritariamente a los pobres y, entre estos, a los negros.

En este contexto políticoreligioso, la elección está sometida a la menor cantidad de reglas posibles. Existen así cifras que limitan las donaciones destinadas a financiar las campañas, pero basta con entregarlas a asociaciones periféricas para sortear este obstáculo. Y no hay, en todo caso, nada que imponga límites al gasto de los candidatos.

En enero de 2004, George W. Bush acumulaba ya oficialmente donaciones por más de 110 millones de dólares, mientras que su principal adversario alcanzaba apenas los 40 millones. Esta diferencia seguirá aumentado en los meses siguientes. Los expertos estiman que Bush podría gastar directamente más de 300 millones de dólares en total, suma inalcanzable para sus competidores.

Ya que la elección no tiene como objetivo la expresión de la soberanía popular, sino permitir cuando más un arbitraje popular, el conteo de los votos no pertenece al pueblo.

Las autoridades locales encargadas de la organización del voto rivalizan en astucia para abaratarlas al máximo. Teniendo en cuenta la gran cantidad de mandatos y referendos que dan lugar a un voto, se busca agrupar los escrutinios. La elección presidencial coincide con un importante número de votaciones. De ahí que se haya recurrido sucesivamente a la utilización de empleados temporales en el conteo, después a sociedades privadas y, finalmente, a las máquinas de votar.

Las primeras máquinas utilizaban tarjetas que los electores debían perforar. Pero ese sistema provocó numerosos errores: según el tamaño de la perforación, la máquina la registraba o no.

El progreso técnico permite actualmente el uso de máquinas electrónicas en las cabinas electorales y de Internet para el voto por correspondencia. Los estados de Georgia y Maryland acaban de adoptar estos métodos modernos, que se extenderían progresivamente a gran parte del país. Sin embargo, estos no ofrecen ninguna garantía de sinceridad ni de confidencialidad. Resulta extremadamente fácil modificar o piratear los programas utilizados.

A partir de ahí, es posible votar varias veces, modificar los votos de otros y conocer la identidad de los votantes. De las tres sociedades presentes en ese mercado, Diebold Inc. parece ser la empresa llamada a obtener los pedidos públicos. Sin embargo, se ha demostrado lo fácil que resulta «hackear» sus máquinas. Y, «the last, but not the least», se ha sabido que el director general de Diebold, Walden O'Dell, fue uno de los principales responsables de la búsqueda de fondos a favor del candidato Bush. Incluso presidió la reunión de los Rangers and Pionneers, benefactores de la campaña, que tuvo lugar en agosto pasado en el rancho presidencial de Crawford.

En tales condiciones, y si llegara a utilizarse ese sistema, la elección presidencial estadounidense sería más digna de una república bananera que de una democracia, incluso imperfecta.

Según un sondeo reciente de Zogby citado por el *New York Times*, el 32% de los electores norteamericanos de los Estados que votaron por Bush en el 2000 piensa hoy que aquella elección estuvo «arreglada». Esta cifra se eleva al 44% en los Estados que votaron por Gore. Sin embargo, el fraude presentaba, en aquel momento, más dificultades que en noviembre de 2004: solamente hubo entonces un 7% de votos electrónicos y un 20% de votos perforados.

En el 2000, a la administración ClintonGore no se le ocurrió recurrir a la asistencia de observadores electorales extranjeros. Fue un error. ¿La administración BushCheney, que no fue elegida sino designada, aceptará ahora observadores electorales y se arriesgará a ser derrotada?

¿ESTÁ CLARA LA MENTE DEL PRESIDENTE?

Reconocimiento de un patrón:

¿Está loco el Presidente? pregunta Carol Wolman, Doctora en Medicina. Mucha gente, dentro, y especialmente fuera de este país, cree que el presidente de los Estados Unidos está loco y que está llevando al mundo por un "camino suicida". [Counterpunch Oct. 2, 2002]

La Dra. Wolman, una siquiatra titulada y con 30 años de práctica profesional, se ve forzada a comprender la "sicopatología de un hombre bajo la tremenda presión de su familia/amigos y del mundo en general". La Dra. Wolman se pregunta si G.W. sufre de un Desorden de Personalidad Antisocial, tal y como lo describe el Manual de Diagnóstico y Estadísticas en su cuarta edición: "Es un patrón persistente que consiste en ignorar e infringir los derechos de los demás":

1) Incapacidad de ajustarse a las normas sociales relacionadas con el cumplimiento de las leyes, cometiendo de forma reiterada actos que se penalizan con arresto;

2) Engaño, como lo indican sus repetidas mentiras, al emplear seudónimos y al manipular a otros para su propio beneficio o placer;

3) Temerario desprecio por su propia seguridad o la de los demás;

4) Falta de remordimiento siendo indiferente con o para racionalizar que ha lastimado, maltratado o robado a otros.

Borrachera seca:

G.W. Bush es altamente considerado por "haberle dado la patada a la adicción de los demonios gemelos de la cocaína y el alcohol. Si aún está libre de ellos (y no hay prueba de que no lo esté), un triunfo como ese, logrado con la ayuda y el ánimo de su esposa, es loable. Pero cuando se examinan los misterios de la química cerebral de Bush, un punto clave que es necesario considerar es que el daño causado a las células cerebrales debido al abuso de drogas es permanente e irreversible".

La cuáquera y profesora universitaria Katherine Van Wormer es coautora de "El Tratamiento Definitivo contra la Adicción 2002". Esta experta escribe que "George W. Bush manifiesta los patrones clásicos de comportamiento que los alcohólicos en proceso de recuperación llaman 'La Borrachera seca'. Su comportamiento es consistente con el de quien ha bebido grandes cantidades de alcohol por años y con posible uso de cocaína".

Como lo explica la profesora, "La Borrachera Seca" es la jerga común entre los miembros y el personal de apoyo de Alcohólicos Anónimos y los adictos, para describir al alcohólico en recuperación que no ha vuelto a beber (aquel que está sobrio pero cuyo pensamiento es confuso). Esa persona no ha vuelto a beber pero no está verdaderamente sobria; esos individuos tienden a perder el control.

Un buen ejemplo del "pensamiento polarizado" de Bush es su convocatoria a "Una cruzada" basada en "la justicia infinita" para "aquellos malvados que conforman el eje del mal". "La repetición obsesiva" de Bush me recuerda "a muchos de los alcohólicos/adictos a los que he tratado", dice Van Wormer, a quien le preocupa porque "Su poder es de tal magnitud que si él tiene una crisis de paranoia, gran parte del mundo colapsará con él". ¿Paranoia? ¿Impaciencia? ¿Un punto de vista rígido y enjuiciador? ¿Comportamiento ostentoso? ¿Comportamiento infantil? ¿Comportamiento irresponsable? ¿Racionalización irracional? ¿Proyección futura? ¿Reacción exagerada? Todas estas conductas caracterizan a una personalidad de "borrachera seca", comenta Van Wormer y se refiere al pomposo discurso de Bush:

"Debemos estar preparados para detener a los países perniciosos y a sus clientes terroristas antes de que ellos se conviertan en una amenaza o utilicen armas de destrucción masiva." Este es el vaticinio del estado más pernicioso que lidera al mundo preparándose para atacar con armas uncleares. Debemos notar "La tendencia de Bush de polarizar la realidad". La Profesora Van Wormer describe esto como un razonamiento del tipo "es blanco o es negro; o están con nosotros o en contra nuestra". Como lo dice un vocero de la casa Blanca "El presidente considera que esta nación está en guerra y cualquier oposición a sus políticas es considerada nada más y nada menos como un acto de traición". [Capitol Hill Blue Jan, 22, 2003].

Las juergas de Bush en el pasado afecta el presente:

Las juergas de Bush han sido legendarias. Van Wormer dice que "La juerga con la bebida comenzó desde los primeros años de universidad; se sabe de una acusación por conducir bajo influencia de alcohol en 1976 en Maine, y de un arresto en una ocasión anterior que, además de abuso de alcohol, incluyó el robo de una corona navideña".

Ella añade: "La biografía de Bush revela la historia de un chico bautizado con el mismo nombre de su padre, que fue enviado a un exclusivo colegio privado en el este del país, en el que la reputación de su padre era la de un excelente atleta y un héroe de guerra. Los logros escolares del joven Bush se vieron menguados por el recuerdo de su padre. Atléticamente, tampoco pudo alcanzar los laureles de su padre pues es más pequeño y quizás menos fuerte. Sus hábitos de bebida y la falta de dones intelectuales también lo menguaron. Su historial militar fue mediocre, comparado con el de su padre. (Abandonó el servicio. Como el mismo Bush explicó en "Fortunate Son". El alcohol menguaba mis energías "perdí el rumbo"). Una vez dijo que no podía recordar un día que hubiera pasado sin un trago, aunque rápidamente añadió la desprevenida frase de que no creía que él era un "alcohólico clínicamente hablando".

Van Wormer anota que "Bush abusó de la bebida por más de 20 años, hasta que decidió abstenerse a los 40, tiempo en el que se convirtió en un 'Cristiano que renació'", (como usualmente lo hace, va de un extremo al otro)". Una vez en una entrevista, al preguntársele acerca de su adicción a la cocaína respondió razonablemente "Yo no voy a hablar de algo que hice 20 ó 30 años atrás". Una de las motivaciones de Dubya sería su necesidad de "Probarse así mismo y a su padre (que puede lograr lo que su padre no pudo) y terminar el trabajo en el Golfo, al capturar al 'maléfico' Saddam". Y añade la Dra. Van Wormer "Su compromiso de terminar la batalla de su padre no es insignificante, sicológicamente hablando".

Daño cerebral:

De acuerdo con Van Wormer, "los científicos pueden demostrar los cambios que ocurren en el cerebro como resultado del abuso de drogas y alcohol. Algunos de esos cambios pueden ser permanentes". Van Wormer denota este daño como "poco notable, pero significativo". Los investigadores han encontrado que las irregularidades en la química cerebral causadas por largos períodos de abuso de drogas y alcohol causan que "los mensajes de una parte del cerebro se queden atascados allí". Uno de esos poderosos "pensamientos atascados" es que el presidente Bush parece excesivamente concentrado en vengarse de Saddam Hussein (Él intentó matar a mi papá), y por ende, está llevando al país y al mundo a la guerra.

El delirio de grandeza es otra característica típica de los exadictos que sufrieron daño cerebral. Bush ha reversado la exitosa política que los EE.UU. sigue desde hace 50 anos de autocontrol y de no responder a la primera provocación. Ahora, dice él, los norteamericanos pueden atacar a cualquiera, en cualquier lugar y momento con las armas que escojan, incluyendo armas prohibidas como bombas racimo, bombas nucleares, explosivos radiactivos.

¿Un agente del armagedón?:

De acuerdo con el Manual de Diagnóstico y Estadísticas, una persona con síndrome de Personalidad narcisista "Tiene un sentido extremo de su propia importancia, exagera sus logros y talentos y espera un reconocimiento superior al que le corresponde por sus logros". ¿Les suena familiar?

Este tipo de personalidad fantasea con detentar el poder y ser amado. Tal persona requiere "obediencia automática".

La persona "se aprovecha de otros, carece de empatía y no tiene la inclinación a reconocer e identificar los sentimientos y necesidades de los demás". También "muestra comportamientos y actitudes arrogantes".

Este conjunto de características, dice la Dra. Wolman, no muy convincente, "puede describir a Rumsfeld y Cheney mejor que a Duby.

Algunos como Joseph Stieglitz, ganador del premio Nóbel, han advertido que Bush "está atrapado por un pequeño grupo de ideólogos"; una persona con un desorden de personalidad dependiente describe a alguien que "tiene dificultad para tomar decisiones sin recibir excesivo consejo y ánimo de otros". [CBC Feb. 10, 2003]. Desde la perspectiva junguiana, escribe la Dra. Wolman, "Dubya podrá ser identificado con un arquetipo que está mas allá del libro de las Revelaciones, quizás, donde él se ve a sí mismo como un instrumento del deseo de Dios de acabar con el mundo." Y Katherine Van Wormer concluye que casi en un sentido bíblico, "En su lucha contra el mal, Bush está listo para llevarse el mundo por delante".

Una patología presidencial:

¿La beligerancia de Bush es una tentativa de asegurar el suministro de petróleo? Katherine van Wormer cree que la pancarta que decía "Borracho al poder" exhibida por un manifestante en Portland, dio en el blanco. Y añade, "La carrera por el poder puede darte una sed incontrolable, y es de por sí adictiva". El senador William Fulbright está de acuerdo con esta opinión; en su bestseller "La Arrogancia del Poder", define el poder político como la búsqueda de poder. "Las causas y consecuencias de una guerra muchas veces tienen que ver más con una patología que con la política", escribió.

Una característica clave del "Borracho Seco" es la impaciencia. Bush se describe a menudo como un "hombre paciente", algo que no es. Tan sólo cuatro semanas antes de que los inspectores fueran a Irak, él estaba pidiendo la aniquilación de Bagdad. "Si esperamos a que las amenazas se materialicen, habremos esperado demasiado" dijo Bush. Traducción: Está bien atacar los vaticinios de nuestros propios miedos imaginarios en caso de que esas amenazas fantasmales puedan volverse reales algún día.

En un artículo publicado en "American Politics Journal", "El borracho seco - ¿Está Bush implorando ayuda?", Alan Bisbort dice que la "incoherencia de Bush cuando habla sin ceñirse a sus discursos preparados, es un signo clásico de daño cerebral en los adictos". Para él, otro signo de la "borrachera seca" es la irritabilidad de Dubya cuando alguien está en desacuerdo con él (incluyendo al nuevo líder de Alemania), quién insiste en oponerse a la locura de Bush en Irak desde la óptica de un viejo amigo de los Estados Unidos (la esposa de Schroeder es americana).

Otro signo de "Borrachera seca dice Van Wormer, es la peligrosa obsesión de Dubya con un asunto específico (Irak), excluyendo todo lo demás". El diagnostico básico de Van Wormer sugiere que: "George W. Bush parece tener las características de las personas adictas que siguen el mismo patrón de pensamiento que acompaña al abuso de drogas". "El hecho de que algunos efectos residuales (aunque leves) del anterior abuso de drogas puedan nublar el pensamiento y el juicio del presidente de los EE.UU. es atemorizante en el contexto de una crisis global."

En Austin, Texas, el 8 de Junio del 2001 Bárbara Bush, una de las hijas gemelas del presidente de Estados Unidos, George W. Bush, fue sentenciada a prestar ocho horas de servicio comunitario por consumir bebidas alcohólicas, señalaron fuentes judiciales.

De acuerdo con documentos obtenidos en la corte comunitaria de Austin, Bárbara Bush, de 19 años de edad, fue sentenciada a asistir a clases de concientización sobre consumo de bebidas embriagantes y a pagar cien dólares por servicios de la corte.

El abogado de Bárbara, Berry Morris compareció ante la corte y respondió a los cargos en nombre de su cliente.

Bárbara había sido citada por agentes de la policía el pasado 31 de mayo, dos días después de haber sido sorprendida junto con su hermana Jenna y un amigo de ambas en posesión de una bebida alcohólica dentro de un restaurante mexicano del Sur de Austin.

La edad mínima para consumir alcohol en Texas es de 21 años de edad y bajo la ley estatal de substancias controladas, un menor en posesión de bebidas embriagantes incurre en una violación menor de clase C, que puede ser castigable hasta con 500 dólares de multa.

Jenna Bush se declaró inocente ante la misma corte del cargo de falsear su edad al tratar de comprar una bebida alcohólica con la tarjeta de identificación de otra persona.

El abogado de Jenna, Bill Allison, notificó en una carta a la corte la declaración de inocencia de su cliente. La decisión sobre el caso de Jenna se postergó entonces para el próximo 31 de julio.

Ambas hermanas habían sido citadas a comparecer ante la corte municipal de Austin el próximo 18 de junio, pero sus abogados decidieron rendir sus declaraciones antes sin que ninguna de las jóvenes estuviera presente. De tal palo tal astilla. ¡Igualita a su papá!

John Ellis Bush, hijo menor del gobernador de Florida, Jeb Bush, y sobrino del presidente George W. Bush, fue detenido la madrugada del viernes 16 de septiembre de 2005 en Austin, Texas, bajo cargos de intoxicación pública y resistencia al arresto.

El joven de 21 años de edad fue puesto bajo custodia alrededor de las 02:30 horas (07:30 GMT) en calles del centro de Austin, una zona muy popular entre estudiantes universitarios por sus bares y restaurantes.

El caso es el mismo donde en abril de 2001 su prima Jenna Bush, una de las hijas gemelas del presidente estadounidense, fue multada por agentes de la policía de Austin, al ser encontrada en posesión de alcohol cuando entonces era una menor de edad.

John Ellis Bush fue dejado en libertad a las 10:30 horas luego de fijársele una fianza de dos mil 500 dólares.

David Ferrero, agente de la Comisión de Bebidas Alcohólicas de Texas, explicó que el joven se acercó a un grupo de oficiales de esa dependencia y del Departamento de Policía de Austin para preguntarles sobre personas conocidas por él que habían sido arrestadas poco antes.

Ferrero dijo que los agentes observaron que Bush se encontraba intoxicado y procedieron a detenerlo sin conocer su identidad. Una vez que se le detuvo y se observó su licencia de conducir, emitida en el estado de Florida, se supo de quien se trataba.

Una declaración jurada, emitida por uno de los policías que participaron en el arresto, señala que el joven empujó en forma continua a un agente de la Comisión de Bebidas Alcohólicas de Texas cuando éste trataba de esposarlo.

"El sujeto se resistió empujando con su cuerpo al estar siendo sujetado", indica el documento.

Ferrero informó que cuando era arrestado, el joven Bush sufrió una cortada en la barbilla y fue conducido al Hospital Brackenridge, donde fue atendido para luego ser trasladado a la cárcel del condado de Travis.

John Ellis Bush, es el tercer hijo del gobernador de Florida, Jeb Bush, y de su esposa de origen mexicano Columba Garnica Gallo. Sus hermanos mayores son George Presscott y Noelle.

En enero de 2002, Noelle fue arrestada en una farmacia bajo cargos de mostrar una receta falsa para tratar de obtener el fármaco Xanax. Fue enviada a una clínica de rehabilitación, donde pasó casi un año.

George Prescott, el hermano mayor de John Ellis y Noelle, no se ha visto involucrado en ningún escándalo público, y el joven abogado es visto como el heredero político de la dinastía Bush, con un brillante futuro en cargos de elección popular.

Se imagina al lector que este "sobrinito" del Presidente llegara a gobernar este país.

Cuando el ahora vicepresidente fue funcionario de la firma *Halliburton*, abastecedora de campos petroleros, llevó a cabo operaciones por 23.8 millones de dólares con el gobierno de Bagdad. Al salir de esa empresa recibió 3.4 millones de dólares por paquete de renuncia, pese a que el contrato más grande en su carrera fue la adquisición de Dresser Industries, que terminó siendo un gran fraude, porque la compañía cargaba ya con obligaciones legales relativas a un asunto de asbestos.

Un viejo conocido de Saddam encabezaría la invasión estadounidense en Irak.

Austin. Texas. Disculpe usted: no quiero enchinchar ni nada parecido, pero ¿no se le ha ocurrido a nadie en Washington que enviar al vicepresidente Dick Cheney a encabezar una invasión en Irak, invocando el pretexto de que Saddam Hussein es un "dictador asesino", es algo intermedio entre el mal gusto y la hipocresía rampante?

Cuando Dick Cheney fue funcionario de la firma abastecedora de campos petroleros *Halliburton*, la compañía hizo negocios por 23.8 millones de dólares con Saddam Hussein, ese malvado que se prepara a "compartir sus armas de destrucción masiva con los terroristas".

Así que, si Saddam es el "peor líder del mundo", ¿cómo es que Cheney le vendió equipo para que sus despilfarradores campos petroleros funcionaran hasta el punto de permitirle fabricar armas de destrucción masiva?

En 1998, Naciones Unidas pasó una resolución que permitía a Irak comprar refacciones para sus campos de petróleo, pero otras de las muchas sanciones contra dicho país quedaron como estaban. Estados Unidos sigue presionando a la ONU para que deje de exportarle medicinas y otros abastos básicos sobre la base de que podrían tener "doble uso". Siendo secretario de Defensa durante el gobierno de Bush el viejo, Cheney tenía una posición particularmente vulnerable, por la hipocresía de mantener negocios con Irak. (Aunque en 1991, después de la Guerra del Golfo, Cheney le dijo a un grupo de ejecutivos de la industria petrolera que él estaba enfáticamente en contra de derrocar a Hussein.)

Mediante dos subsidiarias DresserRand e IngersollDresser, *Halliburton* ayudó a reconstruir los campos petroleros de Saddam, dañados por la guerra. El valor combinado de estos contratos a cuenta de partes y equipo fue mayor que el de cualquier otra compañía estadounidense con negocios en Irak: empresas como Schlumberger, Flowserve, FisherRosemount, General Electric. Su acción la mediaban subsidiarias extranjeras o compañías filiales en Francia, Bélgica, Alemania, India, Suiza, Bahrein, Egipto u Holanda.

En muchos casos, queda claro que lo único que hicieron las compañías europeas fue prestarle el nombre a las firmas estadounidenses para que trataran con Hussein. Irak se convirtió en el segundo abastecedor petrolero más grande del Medio Oriente a Estados Unidos.

El relato de todo esto apareció por vez primera en el *Financial Times* de Londres, hace más de dos años, y desde entonces la prensa europea le ha dado mayor cobertura. Pero como ha pasado con el caso de *Harken Energy* y otras historias más, existe una diferencia entre un relato que se publica y uno al que se le presta atención (distinción que a algunos periodistas les cuesta trabajo). Así, el gobierno pudo, en el caso de Harken y sus nebulosas negociaciones, menospreciar nuevas informaciones pues "eran noticia vieja", simplemente por el hecho de que nunca le prestaron atención cuando la noticia vieja era nueva.

Cuando Cheney dejó *Halliburton* recibió 34 millones de dólares de paquete de renuncia, pese a que el contrato más grande en su carrera de cinco años en esa empresa fue la adquisición de Dresser Industries, que terminó siendo un gran fraude porque la compañía cargaba ya con obligaciones legales relativas a un asunto de asbestos. (En su campaña, Cheney se ufanó mucho de que "había estado en el sector privado creando empleos". Lo primero que hizo después de la fusión de Dresser fue despedir a 10 mil personas).

Halliburton, la compañía estadounidense número uno en servicios petroleros, es la quinta más grande concesionaria militar de la nación y la empresa que más empleos no sindicalizados ocupa en Estados Unidos. Tiene contratados a más de 10 mil trabajadores en el mundo y gana más de 15 mil millones de dólares anuales. Con Cheney, *Halliburton* hizo negocios con varias dictaduras brutales, incluido el despreciable gobierno de Birmania. La compañía tuvo acomodos cuestionables en Argelia, Angola, Bosnia, Croacia, Haití, Somalia e Indonesia.

Halliburton hizo negocios con Irán y Libia, ambos países en la lista de Estados terroristas del Departamento de Estado. La subsidiaria de *Halliburton*, Brown&Root, la vieja firma constructora texana que emprende muchos negocios con los militares estadounidenses, fue multada con 3.8 millones de dólares por exportar a Libia, en violación a las sanciones estadounidenses.

Si quieren saber por qué los demócratas no se arrebataron este reportaje, ni hicieron gran escándalo con él, diremos que porque como siempre los demócratas también tienen negocios semejantes. El antiguo director de la CIA, John Deutsch, está en la junta directiva de Schlumberger, la segunda firma de servicios petroleros después de *Halliburton*, que también hace negocios con Irak a través de subsidiarias.

Hace ya rato que los estadounidenses están conscientes de que el dinero ha corrompido la política interior en favor de los intereses corporativos, y que ambos partidos están sojuzgados por las enormes donaciones de campaña provenientes de las corporaciones. Estamos menos acostumbrados a conectar puntos cuando se trata de política exterior. Pero las corporaciones le confieren igual importancia a sus ganancias en el extranjero que a las de sus negocios nacionales.

Enron, como siempre, nos puede adosar algunos ejemplos, de manual, de cómo pueden ser indiferentes a los derechos humanos las compañías estadounidenses. Los negocios de *Halliburton* en Nigeria, en sociedad con *Shell* y *Chevron*, proporcionan otro ejemplo así, que implica serias violaciones a los derechos humanos y abusos ambientales.

Nadie se va a poner a argumentar que Saddam Hussein es un gran tipo, pero Dick Cheney no es el hombre correcto para enfrentarlo. Nunca he entendido por qué la prensa de Washington no puede recordar nada por más de 10 minutos, pero escuchar a Cheney denunciando a Hussein es como para decirle: "Te pasas, de veras".

La empresa que construye las barracas, limpia las letrinas y da de comer a los soldados en la guerra de EU contra el terrorismo alrededor del mundo es la misma que dirigió el vicepresidente Dick Cheney hasta que asumió su cargo. El Pentágono le ha otorgado contratos de miles de millones de dólares sin tener que pasar por un proceso normal de licitación, y además en unas condiciones inexplicablemente ventajosas, contrarias a la política de control presupuestario del Gobierno: cuanto más gasten, más les pagan.

La empresa de servicios Brown & Root, subsidiaria de la petrolera *Halliburton*, de la que Cheney fue consejero delegado, fue elegida a pesar de que la estaban investigando en California por fraude y de que la Oficina de Control del Congreso recomendara al Pentágono que no se lo dieran porque anteriormente había pasado facturas infladas en decenas de millones de dólares. Por ejemplo, la factura de luz de las tropas estadounidense estacionadas en Kosovo ha ascendido anualmente a $ 17 millones de, el doble de lo necesario, según un informe del Congreso.

Tanto los altos mandos militares como la propia compañía afirman que los dos contratos actuales, con el Ejército y la Marina no los han conseguido con tráfico de influencias, sino por su experiencia y calidad de servicio. La portavoz de la empresa, Zelma Branch, dice que ni ellos se pusieron en contacto con Cheney cuando su propuesta la estaba evaluando el departamento de intendencia del Pentágono ni Cheney les llamó. 'Nadie en su sano juicio concede un contrato así', opina el profesor Steven Schooner, especialista en contratos del Gobierno.

El Vicepresidente Richard B. Cheney ha tenido una distinguida carrera como hombre de negocios y funcionario público. Ha prestado sus servicios a cuatro Presidentes y como funcionario electo. Durante sus años de servicio, el Sr. Cheney se ha desempeñado con responsabilidad, honor y liderazgo inquebrantable, lo cual le ha ganado el respeto del pueblo estadounidense durante épocas militarmente difíciles.

El Sr. Cheney nació en Lincoln, Nebraska, el 30 de enero de 1941 y creció en Casper, Wyoming. Obtuvo un bachillerato y una maestría en letras en la University of Wyoming. Su carrera de servicio público se inició en 1969 cuando se incorporó al gobierno de Nixon y prestó servicios en un sinnúmero de cargos en el Concilio del Costo de Vida (Cost of Living Council), la Oficina de Oportunidades Económicas (Office of Economic Opportunity), y dentro de la Casa Blanca.

Cuando Gerald Ford asumió la presidencia en agosto de 1974, el Sr. Cheney fungió como parte del equipo de transición y más adelante como Auxiliar Adjunto al Presidente. En Noviembre de 1975, fue nombrado Auxiliar al Presidente y Jefe del Gabinete de la Casa Blanca, un cargo que retuvo durante el resto del gobierno del Presidente Ford.

Tras su retorno a su estado de residencia, Wyoming, en 1977, el Sr. Cheney fue elegido a la Cámara de Representantes de Estados Unidos para servir el único cargo de congresista del estado. Fue vuelto a elegir cinco veces y sus colegas lo seleccionaron para que prestara servicios como Presidente del Comité Republicano de Política (Republican Policy Committee) de 1981 a 1987. Fue elegido Presidente de la Asamblea Republicana de la Cámara de Representantes (House Republican Conference) en 1987 y líder de la minoría de esa cámara en 1988. Durante sus años en la cámara, el Sr. Cheney adquirió la reputación de una persona de sabiduría, carácter y accesibilidad.

El Sr. Cheney también prestó servicios en una función crucial cuando los Estados Unidos más lo necesitaban. Como Secretario de Defensa de marzo del 1989 a enero del 1993, el Sr. Cheney dirigió dos de las más grandes campañas militares de los últimos años –la Operación Justa Causa en Panamá y la Operación Tormenta del Desierto en el Mediano Oriente–. Fue responsable por perfilar el futuro de las fuerzas militares del país durante una época de profundo y rápido cambio al concluirse la Guerra Fría. El Secretario Cheney fue otorgado la Medalla Presidencial de Libertad por el Presidente George Bush el 3 de julio de 1991 por su liderazgo durante la Guerra del Golfo.

El Sr. Cheney se casó con su novia de la escuela secundaria, Lynne Ann Vincent, en 1964, y la pareja tiene dos hijas adultas, Elizabeth y Mary, y tres nietas.

De 1998 a 2003, bajo la dirección del vicepresidente de los EE.UU. Dick Cheney, un reducido grupo crea un aparato secreto para organizar la manipulación sobre las «armas de destrucción masiva» iraquíes. Sus miembros se infiltran en los centros especializados del Departamento de Estado, del Consejo de Seguridad Nacional y del Pentágono y se apoderan progresivamente del control de estos. El grupo fabrica informaciones ficticias y recluta testigos falsos que lleva a los medios de difusión. La Red Voltaire revela los detalles de esta manipulación del aparato estatal norteamericano y revela los nombres de los responsables.

Después de las declaraciones de David Kay, ex jefe del grupo de inspección en Irak, según las cuales Irak no disponía de «armas de destruícíon masiva», George Tenet, director de la CIA, asumió la defensa de su agencia.

El señor Tenet, que no había tomado la palabra en público desde el 23 de mayo de 2003, lanzó su ofensiva el 5 de febrero de 2004, durante su conferencia anual en Georgetown. Esta prestigiosa universidad de Washington DC, fundada por los jesuitas, ha dado numerosos cuadros a la CIA. El propio Tenet estudió en ella. Los vínculos actuales entre los jesuitas estadounidenses y la CIA pasan por el cardenal Avery Dulles, sobrino del fundador de la CIA.

George Tenet reconoció que sus oyentes tenían «derecho a saber» en qué había parado el asunto de las armas iraquíes de destrucción masiva pero que necesitarían «tiempo y paciencia» y terminó diciendo, en definitiva, que «cuando todos los hechos se hayan compilado, se verá que ni estábamos completamente equivocados ni teníamos toda la razón». Los estudiantes aplaudieron calurosamente esa defensa pro domo pero uno no puede menos que preguntarse de qué sirve una agencia de inteligencia que se contenta con informaciones inexactas. No se esperaba menos de Tenet, quien tiene la reputación de «tapar» a sus subordinados cuando se ataca a la agencia. Lo que se le reprocha, sin embargo, no es tanto haberse equivocado como haber permitido que el Pentágono destilara informaciones falsas. La CIA y el Departamento de Estado se mantuvieron siempre en una posición evasiva en lo tocante a las armas iraquíes, mientras que el Departamento de Defensa había creado una comisión ad hoc que dio origen al engaño.

En realidad, Tenet está atrapado en su propio juego. A lo largo de la crisis sus servicios produjeron múltiples informes previniendo sobre las exageraciones del Departamento de Defensa, pero, para salvar su propio presupuesto, acabó aceptando publicar un documento de conveniencia que daba crédito a lo que él sabía que era falso. Vamos a contar aquí cómo lograron los políticos meter en cintura a los servicios de inteligencia y obligarlos a aceptar el discurso que ellos querían.

Hay que recordar, en primer lugar, que la decisión de atacar Irak no fue tomada en 2002 sino el 29 de septiembre de 1998 cuando el Congreso de Estados Unidos votó la ley sobre la liberación de Irak como resultado de una campaña del Proyecto por un Nuevo Siglo Norteamericano (PNAC), que no es otra cosa que el think tank [Centro de investigación, de propaganda y divulgación de ideas, generalmente de carácter político. Nota del Traductor] electoral de George W. Bush. Se trataba, entonces, de derrocar a Saddam Hussein, no de desarmarlo.

El presidente Clinton se había negado a aplicar esa decisión del Congreso. Pero, desde su nominación como candidato, e incluso antes de su llegada a la Casa Blanca, el presidente Bush planificó su aplicación. En efecto, durante el traspaso de poderes en el Pentágono, el 9 de enero de 2001, Bush interrumpió a los generales que le presentaban sus balances de trabajo para preguntarles qué planes habían preparado para atacar Irak.

George W. Bush vaciló en explotar los atentados del 11 de septiembre en función de la invasión de Irak, pero se decidió en definitiva a aprovecharlos para atacar Afganistán. Ante la opinión pública interna, el régimen de Bush tenía que encontrar una forma de presentar esa expedición colonial como una respuesta en legítima defensa. Era necesario, por consiguiente, un pretexto para la guerra.

La operación de intoxicación se llevó a cabo por encargo directo de la Casa Blanca y el Pentágono. Fue dirigida directamente por Lewis «Scotter» Libby, jefe de gabinete del vicepresidente, y por

Douglas J. Feiht, subsecretario de Defensa encargado de la planificación política, por cuenta de Dick Cheney y Ronald Rumsfeld.

Abogado internacional, Libby se dio a conocer defendiendo personalidades judías de la mafia como Marc Rich. Premiado por la Organización Sionista norteamericana, Douglas J. Feith también es abogado internacional. Su socio en el gabinete Feith & Zell es el vocero de una organización de colonos israelíes. El propio Feith fue consejero del primer ministro Benjamin Netanyahu y milita a favor de la anexión de la totalidad de los territorios palestinos por Israel y la deportación de los habitantes de Gaza y Cisjordania a Irak.

La operación fue confiada inicialmente a Harold Rhode, de origen lituano y especialista en la solución final, quien presidió la Sociedad Judía de Genealogía del Gran Washington. Rhode es también un eminente especialista del Medio Oriente. Habla árabe, farsi, hebreo y turco. Trabaja en el Buró de Evaluaciones del Pentágono, un grupo burocrático encargado de evaluar la validez de los programas en aplicación. Andrew Marshall dirige ese grupo desde su creación, en 1973. Exasperado ante el anticomunismo primitivo y pasado de moda de Marshall, Bill Clinton había tratado en vano de cerrar este buró.

Con el pretexto de una evaluación, Rhode y Marshall comenzaron a purgar los servicios del Pentágono que debían ocuparse de Irak, en primer lugar la Sección de Asuntos del Medio Oriente y el Sur de Asia, bajo la dirección de William Luti.

A finales de 2001, Harold Rhode empieza a reclutar nuevos colaboradores. Para hacerlo con la mayor discreción, las entrevistas ni siquiera se desarrollaron en las oficinas del Pentágono sino en las del American Enterprise Institute. Algunas se hicieron en presencia de Richard Perle. Todos los candidatos seleccionados fueron sometidos a la aprobación de Douglas J. Feith.

Uno de los primeros reclutados de peso fue David Wurmser, quien trabajaba en el American Enterprise Institute, para el cual publicó en marzo de 1999 El aliado de la tiranía: el fracaso de América en vencer a Saddam Hussein, con prefacio de Richard Perle. Se trata además de uno de los siete autores del estudio místicopolítico intitulado Una ruptura clara: nueva estrategia para la seguridad del reino de Israel, que inspiró la política de Benjamin Netanyahu. Entre los demás firmantes de la obra están Richard Perle y Douglas J. Feith, así como su esposa Meyrav Wurmser. Esta última es una de las responsables del MEMRI, agencia de presa conducida por oficiales de Tsahal (el ejécito esraelí).

La segunda recluta fue F. Michael Maloof, un maronita libanés que había sido asistente de Perle en el Pentágono en los años 80. Una veintena de persona fue reclutada así en poco tiempo. A principios de 2002, Feith creó en el Pentágono un Buró de Planes Especiales al que se incorporó todo ese personal, bajo la dirección de Abram N. Shulsky, un veterano en operaciones psicológicas y especialista universitario en el filósofo predilecto de los neoconservadores, Leo Strauss.

Shulsky comenzó su carrera como asistente del senador Daniel P. Moynihan en la Comisión de Inteligencia del Senado. Trabajaba en aquella época con Gary Schmitt (actual director del Proyecto para un Nuevo Siglo Norteamericano) con quien trabó amistad. Juntos publicaron, en 1991, La guerra silenciosa: comprender el mundo de la inteligencia. Shulsky trabajó después en un think tank anticomunista, el National Strategy Information Center, bajo la dirección de Prescott Bush Jr. Finalmente redactó varios estudios para la Rand Corporation en la época en que Donald Rumsfeld y Condoleezza Rice eran sus administradores, específicamente un informe sobre el remodelaje de Asia central que firmó junto a Zalmay Khalilzad, actual representante especial de George W. Bush para Afganistán e Irak.

Para acreditar sus informaciones falsas, el Buró de Planes Especiales utilizó testigos que habían visto las «armas de destrucción masiva» y conocían sus escondites. Estos testigos fueron reclutados entre los exilados iraquíes por el coronel William Bruner con ayuda del Congreso Nacional Iraquí de Ahmed Chalabi.

El Congreso Nacional Iraquí es una organización títere creada por el gabinete de relaciones públicas Rendon Group por encargo de la CIA y el Pentágono. Después de la caída de Bagdad, el Congreso Nacional Iraquí habría podido jugar el papel de gobierno iraquí provisional si los franceses y los rusos no hubieran expresado su oposición. Su presidente, Ahmed Chalabi, ha sido descrito a menudo como un estafador internacional después de la quiebra del banco Petra que dirigía en Jordania. Muy pocos saben que Chalabi fue escogido por Richard Perle, quien lo conocía por medio de su suegro, Albert Wohlstetter, el teórico de la bomba norteamericana. En aquella época, Chalabi estudiaba matemáticas en Chicago. Actualmente lo apadrina James Woolsey, exdirector de la CIA.

Por ejemplo, fue por esa vía que se reclutó a Hussain alShahristani cuyas seudo revelaciones alimentaron los informes del Foreign Office británico y varias espectaculares conferencias de prensa.

Sin embargo, las «informaciones» que recogió el Buró de Planes Especiales del Pentágono fueron desmentidas punto por punto por el Buró de Asuntos del Medio Oriente y el Sur de Asia del Departamento de Estado. Pero Dick Cheney, que había previsto el surgimiento de este contrainforme, tenía previsto también cómo neutralizarlo. Cheney había obligado a Colin Powell a incluir a su propia hija, Elisabeth Cheney, en el seno de su dirección. Esta última expulsó a los funcionarios rebeldes, entre ellos a Greg Thielmann.

El mismo problema habría podido aparecer en el Consejo Nacional de Seguridad. Previsor, Dick Cheney había incluido en él, en junio de 2001, a su amigo Elliot Abrams para que se ocupara de los asuntos del Medio Oriente. Abrams empezó su carrera como colaborador del senador demócrata Henry «Scoop» Jackson, junto a Richard Perle. Después trabajó para el senador demócrata Daniel P. Moynihan junto a Abram N. Shulsky y Gary Schmitt.

Durante las administraciones de Nixon y Reagan, supervisó los escuadrones de la muerte en América Central y participó activamente en el Irangate. Fundamentalista judío, creó el Centro para la Ética y la Política Pública donde estudió y denunció la influencia del materialismo estadounidense sobre la sociedad israelí. Es también uno de los mayores adversarios de los Acuerdos de Oslo.

Finalmente, para garantizar el éxito de la operación, Dick Cheney tenía que neutralizar también las posibles iniciativas de paz de Saddam Hussein. El Buró de Planes Especiales organizó una compleja operación para hacer esperar al presidente iraquí y que este creyera, durante el mayor tiempo posible, que sería posible alcanzar una solución pacífica a la crisis. Era absolutamente necesario impedir que Saddam Hussein aceptara plenamente las demandas de los expertos de la ONU.

El miembro libanés del Buró, Michael Maloof, se puso en contacto con los iraquíes y Richard Perle dirigió negociaciones secretas en Londres. El procedimiento utilizado fue exactamente el mismo que en 1991, cuando Bush padre recurrió a François Mitterrand (ex presidente francés) para hacer esperar a Saddam Hussein enviándole dos emisarios franceses, Marc Bourreau d'Argonne y Edgard Pisani.

En definitiva, toda la operación fue conducida por Dick Cheney gracias a un pequeño equipo de fieles colaboradores. Cheney no vaciló en implicar a su esposa Lyne quien monitoreó las actividades del American Enterprise Institute y a su propia hija Elizabeth quien impidió la interferencia de Colin Powell en el Departamento de Estado.

Casi todos los cuadros de la operación fueron reclutados en los medios sionistas más extremistas con la promesa de acabar con Irak y de enviar allí a los palestinos algún día. La mayoría son miembros del Centro para la Política de Seguridad y habían publicado juntos una carta abierta al presidente Clinton, en 1998, pidiendo un ataque contra Irak.

El pueblo afronorteamericano desde la esclavitud hasta este día ha tenido que llevar a cabo una lucha fuerte, amarga y sangrienta para tener derecho al voto. El derecho al voto, por lo tanto, es sagrado; es parte básica para lograr la plena democracia.

Un 83 por ciento de los votantes negros le dijeron a CBS/NET que votarían el año 2001. Es más que el récord de 71 que votaron en el 2000. Sería un factor decisivo para la derrota de George W Bush y los republicanos ultraderechistas.

El Partido Republicano y la derecha llevan a cabo una campaña bien financiada para debilitar y destruir el impacto del voto afronorteamericano. Esta campaña viola la Ley del Derecho al Voto y el principio de una persona, un voto. Esto es un ejemplo claro de la naturaleza racista de la administración Bush.

A pesar de su discurso demagógico de una sociedad ciega al color, la administración Bush ha sido racista y consciente del color. Están atacando la idea del sufragio universal y la democracia multirracial.

Una conspiración racista para reprimir el voto negro, realizada en nombre de la lucha contra el fraude, fue clave para que la campaña BushCheney se pudiera robar las elecciones del 2000. Pasó no solo en Florida sino en otras partes del país.

El gobernador de Florida Jeb Bush y la secretaria de Estado Katherine Harris contrataron Database Technologies (DBT) para purgar a menos de 90.000 personas de la lista de votantes, incorrectamente los identificados "delincuentes." DBT fue pagado más que $ 1 millón de fondos públicos para realizar esta operación, en violación flagrante a la Ley del Derecho al Voto. De estos que quitaron, 80 por ciento no fueron delincuentes.

Barricadas de la policía estatal evitaron que votantes, principalmente negros, fueran a votar. En las urnas, se les pidió identificación adicional con foto a los negros. Folletos fueron repartidos con la incorrecta fecha para el día de la elección, y con la advertencia de que la gente con multas de estacionamiento o problemas con sus impuestos tal vez tendrían problemas si votaban. Máquinas de votar con problemas mecánicos fueron concentradas en los distritos negros y demócratas.

La campaña de Bush evidentemente concluyó que no puedía ganar en 2004 sin usar las mismas tácticas. La NAACP y People for the American Way (PFAW) han publicado un excelente informe, "La Larga Sombra de Jim Crow: La intimidación de votantes y la supresión en América hoy". Documenta la conspiración racista para robar votos en las próximas elecciones.

El informe concluye, "Con muchas predicciones de una elección nacional estrecha y una ola sin precedencia de nuevos votantes inscritos, agentes políticos sin escrúpulos buscarán cualquier ventaja, incluyendo la represión y los esfuerzos de intimidación. Como en el pasado, los votantes minoritarios y poblaciones pobres serán los blancos de trucos sucios en las urnas".

El informe cita que la nueva lista para la purga que la secretaria de Estado de Florida Glenda Hood envió en donde intenta quitar a miles de "delincuentes potenciales" de la lista de votantes. Esto nos recuerda de la purga de votantes negros en 2000. Un clamor furioso forzó al gobernador Jeb Bush retirar la lista, pero la lista está todavía en manos de 67 supervisores encargados de las elecciones. Policía armada sin uniformes visitó a votantes negros ancianos en Orlando esta primavera en un esfuerzo similar para reprimir e intimidar a votantes negros.

La campaña Bush ha calculado que si pueden aumentar el voto negro para los republicanos en 1 o 2 por ciento, o disminuir el voto negro para los demócratas por un margen similar, ellos ganarán las elecciones por una segunda vez.

Al mismo tiempo, el FBI, bajo el secretario de Justicia John Ashcroft, puso un micrófono oculto en la oficina del alcalde John Street. Cuando el personal de Street descubrió el micrófono, la gente de la ciudad le dio coraje. Entendieron que fue un truco sucio de los republicanos con el fin de poner uno de los suyo como alcalde en la ciudad más grande de Pensilvania.

Hay reportes que el vicepresidente Dick Cheney tiene $750.000 para contratar matones profesionales de Vance International para entrar a lugares de votación en los vecindarios de clase trabajadora y de minorías este noviembre. Afortunadamente, muchos votantes se dieron cuenta de lo que pasó en el 2000 y están determinados a que esto no pasé otra vez.

Todas las áreas mayores de la vida –empleo, pobreza, niveles de encarcelación, educación, vivienda y el hambre–, han empeorado para los afronorteamericanos desde que Bush tomó poder. El perfilamiento racial es extenso especialmente después del 11 de septiembre. Los altos niveles de pobreza y menos oportunidades para educación y empleo están forzando a muchos jóvenes afronorteamericanos ingresar en los servicios militares. Por estas razones Bush casi no tiene apoyo entre los afronorteamericanos.

El 16 de julio, la congresista Corrine Brown (Demócrata por Florida) fue una de varios representantes de negros y blancos que hablaron en la Cámara de Representantes en favor de a ONU monitorear nuestras elecciones el 2 de noviembre. Dijo que en su distrito durante las Elec.ciones del 2000, botaron 27.000 papeletas de sus constituyentes afronorteamericanos. Ella audazmente acusó a la administración BushCheney de robarse las elecciones y al liderazgo republicano de la Cámara como cómplices en un criminal golpe de estado. Los republicanos quitaron sus palabras del registro oficial, la censuraron y pasaron una resolución que no permite que la ONU monitoreé la elecciónes.

En el país, miles de voluntarios del movimiento sindical, jovenes y grupos estudiantiles, de mujeres y ancianos han estado inscribiendo y educando votantes sobre lo que hay en estas elecciones. Las organizaciones principales de derechos civiles están inscribiendo a millones en las comunidades negras y latinas. Como dijo Julian Bond, presidente del NAACP, en su reciente convención, "Cualquier sección que no esté involucrado en inscribir votantes debe renunciar a la organización".

Grupos como Rock the Vote, Move On, la Black Radical Congress, la comunidad de raperos, el AFL CIO, la Coalición de Mujeres Sindicalistas y la Coalición de Sindicalistas Negros están inscribiendo y educando a votantes a través del país, especialmente en estados claves. El Partido Comunista de EE.UU. y la Liga de Jóvenes Comunistas también están enviando equipos a los estados claves. De sus acciones es claro que hay comprensión amplia que la democracia está en riesgo en estas elecciones.

Hace dos años, la representante Demócrata por Georgia, Cynthia McKinney, afronorteamericana y una de la más consistente luchadoras contra la agenda de Bush, fue una víctima de un esfuerzo de la Administración para silenciar a los oficiales elegidos afronorteamericanos. Miles de votantes republicanos la derrotaron en la primaria demócrata de Georgia.

McKinney fue persistente. En julio regresó para ganar la primaria demócrata, igual a la reelección en su distrito demócrata. Esta victoria muestra que con la lucha, la conspiración racista puede ser vencida.

Bush se robó las elecciones del 2000 debido a la supresión del voto negro y llevó la nación a la guerra y retrasó los derechos democráticos de la mayoría del pueblo norteamericana. Todos los que creen en la democracia y justicia tienen un interés en esta lucha.

Mentiras, chantajes, sobornos, intereses económicos inconfesables, prepotencia, hipocresía... en una palabra, inmoralidad y crimen contra la humanidad es lo que rodea a la guerra de invasión y conquista emprendida por Estados Unidos y Reino Unido, con el apoyo de Aznar. Para ellos, todo nuestro desprecio.

"Es cuestión de conciencia". Esa fue la respuesta de un manifestante cuando le preguntaron por qué se oponía a la guerra contra Irak. Y es que las diferencias políticas, el pluralismo político no puede ser absoluto. Solo podemos aceptarlo dentro de los límites de lo consideramos moral.

Tenemos también diferentes puntos de vista morales, pero todos los seres humanos compartimos unos valores morales básicos, fuera de los cuales ni siquiera reconocemos la ``humanidad" de una conducta. Asesinar, por ejemplo, es algo que consideramos inhumano. A quien mata por intereses económicos no lo consideramos ``humano". Con ello no pretendemos negar que él también sea un ser humano, ni siquiera que le otorguemos los derechos que él mismo está dispuesto a privar a los demás. Pero sí queremos decir que su conducta no cabe entre nosotros. ``Es una cuestión de conciencia''. ¡No a la guerra! ¡No al terrorismo vestido de uniforme! ¡No al crimen, aunque sea perpetrado por gobiernos supuestamente democráticos!

A quienes todavía sean incapaces de distinguir cuándo una guerra es justa y cuándo no lo es, les recomiendo la lectura de un apasionante libro de Jonathan Glover, *Humanidad e inhumanidad. Una historia moral del siglo XX*, editado por Cátedra.

Otro informe de Greenpeace muestra cuáles pueden ser las verdaderas razones de la invasión de Irak. Cita un informe del Foro de Política Global, un organismo de Naciones Unidas, que revela la preocupación de las compañías petroleras norteamericanas ante la posibilidad de perder el liderazgo mundial.

Las reservas de petróleo de Estados Unidos han descendido notablemente, hasta alcanzar el nivel más bajo desde 1975. Sus rivales franceses, chinos y rusos han firmado contratos con Irak para la explotación de sus pozos petrolíferos.

"Las compañías de Estados Unidos y Reino Unido están nerviosas pero entusiastas por las opciones de guerra de Washington, ya que ven que es el único medio de desbancar a sus rivales y establecer una presencia dominante en el beneficioso mercado de producción de petróleo en Irak", dice el informe del citado foro.

Es bien conocido los fuertes vínculos de la familia Bush y del gobierno de Washington con la industria petrolera y energética de Estados Unidos. Kenneth Lay, director de *Enron*, es o era, vaya usted a saber amigo íntimo de Bush y *Enron* ha sido el contribuyente más generoso de las campañas electorales del tejano: más de 623.000 dólares a lo largo de su carrera política. El escándalo financiero de *Enron* ha salpicado a Bush, pero no tanto como el que ha vinculado al vicepresidente Dick Cheney con *Halliburton*, compañía energética de la que fue director cuando se produjeron los supuestos fraudes financieros. Los accionistas de esta compañía se han querellado contra Cheney, pero el gobierno se ha opuesto a que el Tribunal de Cuentas investigue al segundo de Bush. Por cierto que *Halliburton* hizo negocios con Irak hasta 73 millones de dólares en suministros de equipos petrolíferos a través de varias subsidiarias después de que se impusieran las sanciones contra el régimen iraquí. Cheney negó que su empresa hubiera hecho negocios con Irak, pero posteriormente todo quedó al descubierto, lo que, además, supone una violación de las leyes de Estados Unidos.

Lo cierto es que el gabinete de Bush está repleto de magnates y antiguos ejecutivos de la industria petrolífera y energética, incluido el propio presidente.

La inconsistencia de las acusaciones contra el régimen iraquí, la doble moral para enjuiciar a unos y otros sobre la posesión de armas de destrucción masiva y sobre el incumplimiento de resoluciones de Naciones Unidas, junto a los vínculos del gobierno de Washington con la industria petrolífera, todo ello no deja mucho lugar a las dudas: lo que Estados Unidos pretende no es acabar con un régimen dictatorial ni con las armas de destrucción masiva ni con una inexistente amenaza para su seguridad, sino derrocar a Hussein y colocar en su lugar a un pelele, tal vez con acento tejano, que se pliegue a los intereses económicos de la industria petrolífera norteamericana.

Mulles y sus amigos del Ministerio de Guerra desarrollaron y pusieron a punto un segundo programa "topsecret": el proyecto "Overcast", rebautizado más tarde proyecto "Paperclip". El objetivo era buscar y reclutar para la industria de guerra norteamericana, los científicos nazis, los especialistas en aeronáutica, en guerra biológica y química, en investigación nuclear y tratamiento del uranio. Un documento con fecha del 2 de junio 1953 señala que en esa época, al menos 820 nazis inglesaron a los Estados Unidos vía la Operación "Paperclip". Entre ellos, el generalmayor nazi Walter Emil Schreiber.

Este hombre experimentó sobre los prisioneros el gasgangrena, el virus del tifus, ciertas drogas, el agua helada, las cámaras de baja presión. El generalmayor Schreiber fue asignado a la Escuela de Medicina de la Fuerza Aérea en Texas. El general mayor Kurt Blome, otro especialista en guerra biológica que experimentó con la vacuna de la peste, fue contratado por el Departamento de Química del Ejército de los Estados Unidos.

Von Braun ingeniero que trabajó para Hitler fue enviado a Fort Bliss en Texas. Von Braun junto con Walter Dornberger fueron contratados por el abogado de la familia Bush, Allen Dulles, para que trabajaran en la industria bélica norteamericana, así como a muchos otros miles de criminales nazis. Dornberger trabajó en Bell Aircraft (Bell Textron), Von Braun fue nombrado director de la Marshall Space Flight y de la NASA. Von Braun elaboró durante la segunda guerra mundial en Peenemunde el proyecto de los cohetes V2 alemán, el cual estaba dirigido por el general Walter Dornberger. Se estima que la fabricación de dichos cohetes como sus instalaciones fue responsable de la muerte de 20,000 prisioneros de los campos de concentración de Dora y de Nordhaussen. El ejército norteamericano hizo transportar a los Estados Unidos varias toneladas de las V2, los documentos técnicos y los 1200 especialistas alemanes en la materia al final de la Segunda Guerra Mundial.Los Estados Unidos utilizarán esta experiencia adquirida en armas biológicas contra Grecia, en la guerra de Corea y en la Guerra del Vietnam.

El club de amigos de George Bush padre fue y es muy activo en dichas cuestiones y objetivos. Pasztor, Nazarenko y Melianovich hacen parte del lobby estadounidense del armamento "Coalición para la Paz por la Fuerza" del Concejo de Seguridad Norteamericano (ASC). La ASC es una iniciativa militaroindustrial lanzada principalmente por la Aircraft Industries Association, Standard Oil, Honeywell, US Stell y la United Fruit, todas estas grandes multinacionales norteamericanas. La ASC era partidaria abiertamente para "una ofensiva nuclear sorpresa contra la Unión Soviética" durante la Guerra Fría. Después del 11 de septiembre, este lobby ha alcanzado al fin su objetivo: la Cámara y el Senado de los Estados Unidos aprueban hacer uso del arma atómica en primer lugar y antes que nadie y esto de manera unilateral como política oficial del Gobierno.

La obra maestra y clave de Allen Dulles fue la Operación Sunshine. Reinhard Gehlen era jefe de la red de espionaje alemán en Unión Soviética (*Fremde Heere Ost*), o sea el más alto oficial del espionaje nazi de Hitler. Trabajaba en el "Frente del Este". Gehlen obtenía sus informaciones interrogando ferozmente a los prisioneros de guerra. Tortura, malos tratos y asesinatos ordenados por Gehlen costaron la vida a 4 millones de prisioneros de guerra soviéticos. Gehlen propuso a los norteamericanos una alianza contra el comunismo y les remitió una lista de los agentes nazis. El 22 de agosto 1945, el avión personal del general Smith los lleva a los Estados Unidos.

Durante diez años, la CIA gastó al menos 200 millones de dólares y pagó a 4,000 agentes clandestinos, para que las redes de Gehlen sigan funcionando a tiempo completo y a favor de los Estados Unidos.

El nazi SS *Sturmbannfuhrer* Alois Brunner era un experto en deportación de "terroristas": comunistas, dirigentes sindicales y judíos. Fue el arquitecto en persona de los ghettos y los convoyes hacia los campos de concentración. Se le considera directamente responsable de la muerte de 128.500 personas.

La CIA hace trabajar a todos estos expertos de la "lucha contra el terrorismo" en sus locales de Fort Bragg. Es allí que George Bush padre dirigió (¿dirige?) él mismo y en persona todas las operaciones secretas de la CIA, bajo el nombre de código "Contraterrorismo".

Todas estas informaciones demuestran que el Ministerio de Guerra de los Estados Unidos incorporó en el pasado expertos en guerra biológica y en armas de destrucción masiva nazis, quiénes tuvieron la oportunidad de ensayar y probar su "especialidad" sobre los millones de civiles que la padecieron durante la Segunda Guerra Mundial. Durante medio siglo, estos nazis aceptaron de trabajar en el más grande secreto en Fort Bragg (Estados Unidos), en la NASA, en el complejo militarindustrial, en el lobby del armamento y en la CIA.

Fueron ellos los que desarrollaron los conceptos de "Guerra contra el Terrorismo" y la "Lucha contra los Estados Irresponsables". Desde 1981 George Bush padre dirigió en persona todas la operaciones secretas de la CIA, bajo el nombre de código "Contraterrorismo".

La relación del presidente Bush y sus hermanos Marvin y Neil con la corporación de gas natural *Enron* es ilustrativa de la trayectoria, rica en intrigas y conspiraciones nefastas, de esta poderosa familia. George no tiene empacho en usar sus conexiones familiares para ejercer influencia de manera impropia en beneficio de *Enron*, como se evidenció en un escándalo en Argentina en 1988. Entonces Rodolfo Terragno, ministro de obras públicas de aquel país, estaba estudiando la construcción de un gasoeducto de 300 millones de dólares y se supo que fue presionado por la familia Bush para que concediera el proyecto a *Enron* a través de la sociedad Westfield. Los americanos pretendían sobornar al ministro y el escándalo acabó siendo publicado en prensa. Pero después de la victoria de Menem en 1989 las relaciones con la familia Bush se normalizaron. Al día siguiente de ganar las elecciones Menem recibió una visita personal de Neil Bush, un hermano del actual residente de la Casa Blanca. Y es que durante la presidencia de George Bush, padre, viajó a Buenos

Aires ocho veces para visitar a Menem y finalmente el contrato del gaseoducto se decantó hacia *Enron*.

La familia Bush también hizo de mediadora a favor de *Enron* en Kuwait para reconstruir el complejo energético Shuaiba Norte. Este complejo de 400 megavatios había sido destruido en la Guerra del Golfo en 1991. *Enron* ofrecía sus servicios a este emirato árabe a un precio mucho más elevado que su competidor *Deutsche Babcock*, firma alemana que también codiciaba el contrato. Pero la suerte le sonrió a *Enron* tras la visita del ya expresidente Bush a Kuwait en 1993, que vino acompañado de sus dos hijos, Marvin y Neil, y el exsecretario de estado James Baker. El primer ministro kuwaití intercedió personalmente en favor de la energética americana apadrinada por la administración americana.

La *Enron* está muy pero que muy agradecida a la familia Bush por la ayuda que le ha brindado. Kenneth Lay, fundador y jefe de la compañía, es amigo personal de George Bush, padre, y recaudó fondos para su campaña presidencial de 1992. Además, donó 100 mil dólares para las dos campañas de Bush, hijo, para la gobernación de Texas. Según la revista *Mother Jones*, ejecutivos de *Enron* y comités de acción política asociados con la compañía le proveyeron 90000 dólares a la campaña presidencial de Bush, hijo, en sólo tres meses. La *Enron* figura en el lugar número 14 en la lista de donantes del Partido Republicano, con 1.46 millones de dólares en aportaciones entre 1991 y 1999, de acuerdo a datos de la Comisión Federal de Elecciones.

Millonario y petrolero hizo sus negocios especuladores y de puro pelotazo en la industria del petroleo. A continuación algunos:

Funda *Zapata Oil* e hizo perder más de 2 millones de dólares a sus inversores.

Funda en 1978 Arbusto Oil teniendo como socio a un hermano de Usamah bin Laden. Philip Uzielli, socio de su padre y ejecutivo de una firma panameña, compró un 10 % de la empresa por 1 millón de dólares cuando toda la compañía no cotizaba por más de 400,000. Después *Harken Energy*, dirigida por el republicano Alan Quasha, la compra tras conseguir un contrato por 35 años con el emirato de Bahrain. Bush aprovechó para vender su parte y salió beneficiado pues los contratos existían pero la explotación petrolífera en la región nunca se produjo aún siendo ese emirato una razón para el ataque a Irak.

También crea Bush Exploration, otro verdadero fracaso por el que se enriqueció y salió impune.

Es sabido que en la financiación de su campaña electoral han contribuido compañías del sector energético. Los casos más flagrantes son los de la energética *Enron*, recientemente en bancarrota, o el apoyo del grupo *Alfa Group*, empresa causante del desastre del Prestige. A cambio su política se ha flexibilizado en cuanto a medidas de protección ambiental que hacen que el país sea de los más contaminados del planeta: se dan permisos para nuevas prospecciones de petróleo en Alaska, se han rebajado los niveles de contaminación del aire y del agua, se ha vuelto a promover la energía nuclear con nuevas centrales y se ha boicoteado el ya por sí tímido Protocolo de Kyoto que regula este campo a nivel Inter.nacional.

"George W. Bush Junior, El brazo ejecutor" podría ser el título que definiera su fase como gobernador de Texas. Y es que durante su mandato firmó 137 sentencias de muerte en un estado como Texas, la cuna del racismo del Sur, donde la pena de muerte, la ley, el orden o la exclusión y los recortes sociales son dogmas casi inmodificables. A buen seguro esas ejecuciones le consolidaron una imagen de politico coherente y rigido entre su electorado ultraconservador. Algo con lo que muchos en Yankilandia se identifican. Su curriculum ejecutor es brillante, tajante, contundente. Quizas la historia lo recuerde como el gobernador que más jeringuillas fatales clavó a presuntos criminales capitales. El hijo del otrora presidente de los Estados Unidos puso a 137 personas en manos de los verdugos, de las 230 ejecutadas en le historia del estado de Texas. Un record dificil de superar. Sus últimas ejecuciones (como las de Shaka Shankofa, Kanau y Brian Roberson) nos plantean un concepto de justicia muy cuestionable. Las tres eran negras. Las tres eran revolucionarias. Las tres sufrieron irregularidades en sus juicios.

Paradójicamente el mismísimo George Bush Junior habia afirmado en una ocasión que "la peor pesadilla para alguien que apoya la pena de muerte o que cree en el sistema jurídico americano es el ejecutar a un inocente" (desconocemos la fecha y el contexto de esta cita). Por ello repasemos los hechos de esas tres últimas condenas.

Brian Roberson fue ejecutado el nueve de agosto del 2000. Brian (o como se autobautizó africanizando su nombre, Bomani Bandele) fue sentenciado a muerte por el asesinato de dos personas. Sus defensores esgrimen que el jurado nunca pudo demostrar que la muerte fue deliberada. También que fue juzgado por un jurado enteramente blanco cuando el era negro, y blancos también eran los que le acusaban. Como Mumia AbuJamal exige en su caso, el y cualquier ciudadano estadounidense como se da en el caso de Bomani, tiene el derecho a ser juzgados por sus iguales o personas que comparten con el acusado raza, posición económica y procedencia social e incluso geográfica.

El jurado también obvió circunstancias personales como que su padre fue asesinado de una puñalada cuando el era niño (en este caso el asesino de su padre solo cumplió unos años de sentencia: el asesino de su padre era blanco) y que esto causó un trauma en Brian que le empujó a consumir drogas. Es de sobra sabido que la adicción de cocaína, como cualquier otra droga dura, altera la estabilidad del que la consume. Nada de esto fue presentado en su juicio. Tras años de estar en prisión su abogada confesaría que en aquel entonces estaba mal preparada. Bomani en su tiempo en la cárcel desarrolló un interés político y, como decíamos, profundizó en su identidad africana aprendiendo Swahili.

El abogado que defendió a Shaka Shankofa (Gary Grahams) también era inexperto. Porque si vienes del guetto, si eres negro, pobre y no puedes costearte un abogado, tu defensa se pone en manos de un abogado de guardia. Así les ocurre al 90 % de los que están en el corredor de la muerte. Como Mumia tambien apunta, la razón por la que el también negro y estrella de beisbol OJ Simpson fue indultado fue porque él tenía los millones de dólares para permitirse un abogado que lo defendiera. Más del 40 % de los enjuiciados sin embargo pertenecen a minorías étnicas. Más del 40 % no son juzgados por sus iguales.

Shaka Shankofa (Gary Graham) fue también ejecutado tras la orden de George Bush el 22 de junio del 2000 por un asesinato que no cometió. El juez lo sentenció teniendo en cuenta el único testimonio de una mujer que lo vio de pasada. El testimonio de otras seis personas que lo negaron fue rechazado. El arma que presentaron en el caso no fue encontrada en el lugar de los hechos. Como

Shankofa expresó el día de su ejecución, él era inocente. Eso fue un "linchamiento". También expresó morir luchando por lo que creía justo. Fue arrastrado a la camara de ejecución resistiendo a que pusieran fin a su vida. "Podeis matar un revolucionario pero no podreis matar la revolución" fueron sus ultimas palabras. Por ese compromiso había sido apaleado y gaseado con gas pimienta en su largo cautiverio. Ponchai Kanau Wilkinson lo fue el 14 de marzo del 2000. Como Shankofa y Bandele él tambien era negro (afroasiatico) y también sufrió considerables irregularidades en su caso. A diferencia con Mumia que ingresó en prisión tras años de militancia, Shankofa y Kamau tomaron conciencia política en la cárcel. Como George Jackson, como Eldridge Cleaver o el mismísimo Malcolm antes que ellos. Los dos formaron parte de un grupo llamado P.U.R.E que es acrónimo de Panteras Unidas para la Educación Revolucionaria pero que traducido significa tambien "puro". P.U.R.E es un grupo de convictos a la pena capital en Texas profundizando en teoría revolucionaria.

Kanau reivindicaba que su juicio había sido una farsa: uno de los miembros del jurado era amigo de un testigo contra él (cosa que ni su abogado objetó). El fiscal fue autorizado a colocar a Kanau en posiciones para explicar el crimen que no se correspondían en nada con lo que Kanau había hecho. Él sin embargo no fue autorizado a mostrar su versión de los hechos. Kanau se declaró culpable pero no de delito capital. Kanau tampoco fue juzgado por sus iguales. Los dos tuvieron serio apoyo y tras su ejecución protestas que darían que pensar a Bush Junior. El porcentaje de ciudadanos tejanos que apoyan la pena de muerte ha disminuido considerablemente estimándose en un 66%. El menor índice desde que la pena se estableció en este estado.

Ese fraude comenzó en 1999 con la participación directa de Katherine Harris, codirectora de la campaña presidencial de Bush II y Secretaria del Estado de Florida a cargo de las elecciones. Esta mujer pagó 4 millones de dólares a Database Technologies para eliminar del registro de electores a miles de ciudadanos, especialmente negros, con antecedentes policiales y de paso a otros miles negros y blancos que jamás habían cometido ni siquiera una infracción de tránsito; pero que siempre votaban por los demócratas.

Jeb Bush, gobernador del Estado de Florida y hermano del ungido Bush II intervino gustosamente en el fraude. Además, los socios del ilícito electoral fueron los dirigentes que integra la Fundación Cubano Americana en Miami.

A pesar del inmoral y espeluznante fraude George W. Bush perdió las elecciones, y no le importó porque contaba con el apoyo de su padre que sabía manipular a los retrógrados miembros republicanos del Tribunal Supremo de Estados Unidos que, el 9 de diciembre de 2000 detuvo el recuento de votos, justo cuando conocían que Bush jamás ganó las elecciones.

"El Tribunal contaba entre sus miembros con Sandra Day O´ Connor, nombrada por Reagan, y estaba presidido por William Rehnquist, hombre de Nixon. Ambos eran septuagenarios y esperaban poder retirarse bajo una administración republicana para que sus sucesores compartieran su ideología conservadora. Según testigos, en una fiesta celebrada en Georgetown la noche de las elecciones, O´ Connor se lamentó de no poder permanecer otros cuatro u ocho años en el cargo. Bush junior era su única esperanza de asegurarse un feliz retiro... Otros dos jueces abiertamente reaccionarios se encontraban ante un conflicto de intereses. La esposa de Clarence Thomas, Virginia Lamp Thomas, trabajaba para el Heritage Foundation, un destacado think link conservador de la capital; sin embargo, George W. Bush acababa de contratarla para que le ayudara a reclutar colaboradores con vistas a su inminente toma del poder. Al mismo tiempo Eugene Scalia hijo del Juez Antonin Scalia, era abogado del bufete Gibson, Dunn & Crutcher, el mismo que representaba a Bush ante el Tribunal Supremo", informa Michael Moore en su libro Estúpidos hombres blancos. Scalia es un juez supremo de dudosa moral y hombre de la extrema derecha republicana. Con jueces así, cualquiera gana las elecciones y Bush, siendo un cualquiera, un mediocre a carta cabal, un ex alcohólico y ex drogadicto, un zafio por vocación y un corrupto por naturaleza, se convirtió en Presidente de la nación más poderosa de la tierra.

Bush hizo del engaño y la mentira sus mejores armas en la práctica política al estilo estadounidense, y con ellas ha conducido a su país y su pueblo a guerras de agresión injustificadas en Afganistán e Irak, para satisfacer apetitos personales en negocios y operaciones financieras fraudulentas, y de su grupo que, insaciable, busca reacumular capitales y poder político. Igualmente, Bush II es el responsable del resurgimiento mundial del antinorteamericanismo, del odio al belicismo imperial y del peligro que sufre el pueblo de Estados Unidos ante posibles nuevos ataques terroristas que, sistemáticamente, son anunciados por los órganos de seguridad del imperio y que, indudablemente, de producirse, serán actos de violenta venganza.

En la actualidad, nadie duda que la invasión a Irak, patrocinada por Bush II, que causó miles de muertos y heridos entre tropas y civiles, y en particular, niños, mujeres y ancianos, se debió al ansia de apoderarse de la segunda reserva mundial de petróleo para remediar la mengua de reservas en Estados Unidos y, sobre todo, para enriquecer más aún a los socios de Bush en la administración y en sus turbios negocios particulares.

Efectivamente, ahora se sabe que en Irak no hubo y no hay armas de destrucción masiva que fue el argumento de Bush II y sus secuaces para desencadenar la invasión guerrerista en contra de Irak. Sectores políticos y de inteligencia de Estados Unidos aseveran que Irak nunca fue una amenaza para la seguridad de EE. UU., y en Gran Bretaña se realizó una investigación en el Parlamento para demostrar que Tony Blair, el socio guerrerista de Bush II, también mintió a los ingleses para justificar la criminal agresión al pueblo de Irak.

El socio menor del neofascismo acuñado por Bush II y Tony Blair, José María Aznar que ha recibido el repudio del pueblo español, también es investigado en su país y en muchos círculos se lo califica como un gran mentiroso por cuanto en febrero pasado llegó a afirmar, categóricamente, que Irak gobernado por el dictador Saddam Hussein poseía armas de destrucción masiva, a fin de seguir en la línea bélica del discurso de su patrón Bush II, y a pesar de que los informes de los servicios de inteligencia de España negaban que Bagdad esté en capacidad de desatar una guerra químicobacteriológica. El diario madrileño El País sostenía que los informes del Centro Nacional de Inteligencia "no avalaban la rotundidad con la cual se pronunció públicamente Aznar". Ese mismo diario español sostenía que los informes de inteligencia, jamás demostraron que el régimen de Hussein tenga algún tipo de relación con Al Qaeda.

Bush II, el emperador mentiroso y belicista, negociante republicano y empedernido empresario petrolero, muchas veces en sociedad con la familia de Osama Bin Laden, 'el genio del terrorismo internacional', es investigado por sus fechorías y mentiras en diversos estamentos de la administración yanqui. Allá, congresistas demócratas y algunos republicanos, horrorizados por la mentiras del gobierno Bush II desarrollan una seria y profunda investigación sobre los informes de la CIA y otros órganos de inteligencia de Estados Unidos relacionados con 'armas de destrucción masiva', y con el 'peligro que Irak representaba para la seguridad nacional de Estados Unidos'.

Especial atención merecen las compañías vinculadas con la Administración de Bush II que han sido beneficiadas con el desate de la guerra de agresión contra Irak, y aquellas compañías relacionadas con los negocios que la familia Bush y sus cercanos amigos y colaboradores han mantenido o mantienen, y que están domiciliadas en países patrocinadores del terrorismo internacional.

Su llegada a la casa Blanca para dirigir "el nuevo orden mundial" fue del todo polémica ya que obtuvo menos votos que su adversario Al Gore y en aquellos comicios el nivel de abstención fue elevado, cercano al 20 %. Además el viejo sistema de recuento por correo parece ser que se manipuló y sirvió para darle la victoria. Las reclamaciones del partido demócrata nada podían hacer después de que los lobbies de poder hubieran decidido quién debía de ser su presidente para los próximos años. La administración Bush vuelve a apostar por el belicismo a pesar de la lacra de la pobreza existente en EUA (35 millones de pobres, 11 millones de niños sin cobertura sanitaria y más de 2 millones de personas viviendo sin un techo donde cobijarse). Los presupuestos para este 2003 lo ponen a las claras pues los más de 390,000 millones de dólares aprobados para el gasto militar hacen temblar a cualquiera. Mientras tanto el dinero aportado para la asistencia social se ha recortado en un 23 % en dos años, el presupuesto para obras públicas como las autopistas ha sido reducido en un 24 % y los recortes en educación se suman en casi un 4 %.

Y el Pentágono tiene previsto en las próximas dos décadas desembolsar más de 320,000 millones de dólares en el desarrollo de tres nuevos cazas (el F22, el caza Joint Strike y el Super Hornet F18 A/E). Empleando ese dinero en educación, según un estudio de la Asociación para la Educación Nacional, se podrían modernizar *todas* las escuelas de ese enorme país. Para continuar temblando, aunque esas cifras no suponen novedad alguna visto el historial belicoso de los USA. Se invierte más de un 15 % en armamento que cuando la guerra fria y superan en 6 y 9 veces los presupuestos militares de grandes países como Rusia y China respectivamente.

Bush, como miembro del ala ultra del partido republicano, se ha rodeado de toda una camarilla de "demócratas de toda la vida" que claman al cielo. Por ello, merecen un apartado especial estos colaboradores que demuestran el talante de esa administración así como la consecución de su política represiva.

Asesorado por Henry Kissinger y George Schultz. Ambos veteranos en la política intervencionista americana.

Dick Cheney, el vicepresidente. Punto y aparte. Casi merece una página para él donde repasar el cúmulo de trapicheos sucios en los que anda implicado dentro de los principales sectores del país. Este personaje fue en su día director de la CIA, miembro del Consejo de Seguridad Nacional y responsable de defensa con el gobierno de George Bush padre. Se le considera el ideólogo de la agresión contra Irak de 1991 y es el que impone la nueva doctrina Monroe. Con frases pronunciadas como "América para los americanos", "Somoza es un hijo de puta pero es nuestro hijo de puta" o el más ambicioso y descarado "el mundo para los americanos" nada bueno podemos esperar por su parte. Presidió entre 1995 y el 2000 el grupo privado Hallibarton y ha conseguido para su compañía, de la que es el socio privado mayoritario con más de 45.5 millones de dólares, desde que está en el poder uno de los mejores contratos con el estado en materia de defensa durante los próximos 10 años. La filial *Brown & Root* (dedicada a la construcción de pozos petroleros, puertos, gasoeductos, carreteras, centrales nucleares y estructuras militares) ya en el 2001 facturó 13000 millones de dólares. Brown and Root también participa en el negocio de la reconstrucción de los Balcanes, donde obtuvo contratos millonarios ofreciendo soporte logístico a les tropas norteamericanas. También queda relacionado con los propietarios del crudo del *Prestige, Alfa Group*, y en concreto con el mafioso ruso Mikhail Fridman que en su día financió en más de 2.2 milones su campaña política y la de Bush. A mediados de los 90 el lobby que representa *Halliburton* y Cheney desbloquearon los créditos, que estaban congelados, en Estados Unidos a consecuencia de los escándalos financieros del ruso. La recompensa para Cheney se tradujo en compra de equipamientos para los yacimientos que Alfa Group tenía en Siberia.

Tom Bridge es el nuevo responsable de la Comisión Nacional de Seguridad Antiterrorista. También fue el gobernador de Pennsylvania y al igual que Bush se caracterizó en ser el gobernador que más sentencias de muerte firmó (más de 170 desde 1994 –cinco veces el número firmado por sus predecesores en un período de 25 años. El noventa y nueve por ciento de esas órdenes fueron firmadas por Ridge mientras los internos aún tenían tiempo para apelar). Precisamente como gobernador de aquel estado estuvo encabezonado también en el asesinato, vía sentencia de muerte N° 171 de su macabro ránking, del periodista Mumia AbuJamal.

Lewis Libby y **Paul O´Neil**, asesor de Seguridad Nacional de Bush y secretario del Tesoro respectivamente, han sido abogado y socio de March Rich, otro de los propietarios del crudo del Prestige, por ese orden.

Las conexiones con el mundo empresarial, principalmente con grandes corporaciones y multinacionales, de la mayoría de los miembros del gabinete de George W. Bush y de los puestos más importantes de la Casa Blanca, son realmente preocupantes.

George W. Bush es, por supuesto, un magnate del petróleo de Texas, aunque no uno de los de más éxito. Su compañía, *Bush Exploration/ Arbusto*, se fusionó con *Spectrum 7* en 1984 ya que estaba al borde de la bancarrota, y más tarde fue adquirida por *Harken Energy*. A cambio, George W. Bush recibió 600.000 dólares en acciones, obtuvo un contrato de 120.000 dólares al año y un montón de amigos en el mundo del petróleo en Texas.

Su presencia ayudó a *Harken Energy* a conseguir contratos en Oriente Medio cuando la dirección de la compañía mencionó al Gobierno de Bahrein que el hijo del Presidente Bush *"forma parte de nuestro Consejo de Administración"*. Durante la campaña presidencial de George W. Bush, el dinero del mundo del petróleo manó para su campaña, procedente de las compañías energéticas y de las del sector automovilístico. *Enron* por sí sola donó más de un millón de dólares al Comité Nacional Republicano. Bush tiene acciones en *General Electric, BP, Duke Energy, ExxonMobil, Newmont Gold Mining Corporation, Pennzoil* y *Tom Brown, Inc.*

El Vicepresidente Dick Cheney. Sus contactos empresariales están en la compañía petrolera *Halliburton*, en *Procter & Gamble, Union Pacific* y *Electronic Data Systems Corp.*

En 1993, Cheney entró a formar parte del *American Enterprise Institute* en Washington como miembro destacado. En octubre de 1995, llegó a ser Presidente y Director General de *Halliburton Company* en Dallas, Texas. *Durante el mandato de Cheney, se acusó a la compañía Halliburton de estar implicada en la violación de derechos humanos.* El caso más grave ocurrió en septiembre de 1997 en el cual dieciocho agentes de la Policía Móvil de Nigeria (MOPOL) bajo las órdenes de *Halliburton* (contratada por *Chevron Oil Co.*) dispararon y mataron a Gidikumo Sule en la estación de Opuama en Egbema, en la ciudad de Warri.

En el año 2000, como Director General de la compañía, Cheney se embolsó 1,28 millones de dólares en concepto de salario y otros 640.914 dólares en otras compensaciones del año anterior, además de opciones sobre acciones por valor de 7,4 a 18,8 millones de dólares según el rendimiento futuro de las acciones de la compañía. Comparar estas cantidades con los 181.400 dólares de su salario como Vicepresidente del Gobierno, suscita interesantes preguntas.

Cheney es socio de un grupo llamado COMPASS (Committee to Preserve American Security and Sovereignty: Comité para Preservar la Soberanía y la Seguridad Americana). Los socios de COMPASS, entre ellos Cheney, escribieron al presidente Clinton en 1998 para protestar por el Protocolo de Kioto sobre cambio climático.

Colin Powell, Ex Secretario de Estado: Sus contactos empresariales principales son: *America Online (AOL), Time Warner, Gulastream Aerospace* y *General Dynamics*. Como civil, Colin Powell fue miembro del Consejo de Administración de dos empresas: *Gulfstream Aerospace* y *America Online*. Gulfstream Aerospace fabrica aviones tipo "jet" especializados para gobiernos extranjeros como Kuwait y Arabia Saudí. Posteriormente, la compañía fue adquirida por General Dynamics una de las empresas contratistas más importantes en el sector de la industria de defensa. Recientemente el Presidente Bush ha nombrado a **Michael Powell** hijo de Colin Powell presidente de la Comisión Federal de Comunicaciones, quien defendió dejar pasar el acuerdo comercial entre AOL y Time Warner sin un examen minucioso del mismo. Las acciones de Colin Powell en la compañía aumentaron de valor en 4 millones de dólares cuando AOL se fusionó finalmente con Time Warner a principios de este año.

Donald Rumsfeld, Ex Secretario de Defensa: Sus contactos empresariales son: *G.D. Searle/Pharmacia, General Instrument/ Motorola, Gulfstream Aerospace, General Dynamics, Tribune Company, Gilead Sciences, Amylin Pharmaceuticals, Sears, Roebuck & Co, Allstate, Kellogg y Asea Brown Boveri.*

Después de desempeñar el cargo de Secretario de Defensa durante el mandato de Gerald Ford en 1977, se unió al sector privado como Director General de G.D. Searle, compañía farmacéutica, que en la actualidad es una filial de Pharmacia. Fue también Director General de *General Instrument*, empresa proveedora de componentes de telecomunicaciones que sería comprada por Motorola.

En los últimos años, Rumsfeld ha sido miembro del Consejo de Administración de varias compañías: *Gilead Sciences*, novel compañía biotecnológica; el gigante de la prensa *Tribune*, dueña de *Los Angeles Times* y *Chicago Tribune*; de *Amylin Pharmaceuticals*, la firma suiza *Asea Brown Boveri, Kellogg, Sears* y *Allstate*. Como director de *Gulfstream Aerospace*, sus acciones de la compañía estaban valoradas en 11 millones de dólares cuando ésta fue absorbida por General Dynamics.

Condoleezza Rice, Secretaria de Estado: Sus contactos empresariales son: *Chevron, Charles Schwab* y *Transamerica Corp.* La Junta Directiva de Chevron le puso su nombre a uno de los petroleros de 130.000 toneladas, en gratitud por los servicios prestados.

Además de ser vocal del Consejo de Administración de Chevron, Rice fue también directora de otras dos multinacionales: la agencia de inversión en Bolsa *Charles Schwab* y la compañía de seguros *Transamerica Corp.*

Spencer Abraham Secretario de Energía Sus contactos empresariales son: *General Motors, Ford Motor Company, Lear Corp.* y *DaimlerChrysler*. Spencer Abraham recibió más de 700.000 dólares de la industria automovilística durante la campaña electoral. La Coalition for Vehicle Choice, de la que *Daimler Chrysler* es socio, aportó 178.674 dólares a Abraham para las elecciones. *Esta coalición es un grupo de presión que se opone al establecimiento de regulaciones en el sector de los combustibles fósiles.*

Gale Norton Secretaria de Interior Sus contactos empresariales son: *Hyatt&Farber, Delta Petroleum, NL Industries, BP Amoco* y *Ford Motor Company*. La confirmación de Gale Norton como Secretaria de Interior, un puesto que tiene las competencias sobre los parques nacionales y las tierras públicas nacionales, fue una decepción enorme para el movimiento ecologista. *Estos destacaron los contactos de Norton con las industrias contaminantes*, señalando que cuando trabajaba como abogada para *Brownstein Hyatt & Farber*, Norton había representado a Delta Petroleum y presionado a favor de **NL Industries**, la cual estaba acusada en diversas demandas sobre niños que habían estado expuestos a pintura con plomo. Norton también fue Presidenta Nacional de la Coalición de Abogados Republicanos del Medio Ambiente (*Coalition of Republican Environmental Advocates*), grupo financiado, entre otros, por *Ford Motor Company* y el gigante del petróleo, *BP Amoco*.

Gale Norton, exrepresentante en EE.UU. de los intereses de la compañía saudita *Delta Oil* y *BP Amoco* (segunda multinacional del petróleo con 257,500 mil millones de dólares).

John Ashcroft Ex Fiscal General del Estado: Sus conexiones empresariales son: *AT&T, Microsoft, ScheringPlough, Enterprise RentA Car* y *Monsanto*. Ashcroft formó parte de un pequeño grupo de senadores que patrocinaron en el año 2000 una propuesta de ley para extender a *ScheringPlough* la patente de un medicamento muy lucrativo para la alergia: el "Claritin". La prórroga de la patente (que expiraba en 2002) hubiera supuesto a *Schering Plough* miles de millones de dólares de ingresos. La propuesta no siguió adelante, al no ser aprobada por el Comité del Senado, pero aún así *Schering Plough* dio a Ashcroft 50.000 dólares por su fracasada operación.

El comité de Ashcroft registró aportaciones de *AT&T* y *Microsoft*. Microsoft, por supuesto, confiaba que el nuevo Fiscal General retirase del Departamento de Justicia el pleito sobre prácticas contrarias a la normativa antimonopolio que pesaba sobre Microsoft.

Paul O'Neill Secretario del Tesoro: Sus contactos empresariales son: *International Paper, Lucent Technologies* y *Eastman Kodak*. Fue Director General y Presidente de **Alcoa**, la empresa fabricante de aluminio más grande del mundo. Cuando Bush era todavía Gobernador de Texas, el bufete de abogados *Vinson & Elkins*, que presionó al Gobierno en favor de Alcoa, logró un vacío legal en las regulaciones del Estado sobre medioambiente *que permitirá a Alcoa continuar emitiendo 60.000 toneladas anuales de dióxido de azufre a la atmósfera.* Vinson & Elkins fue el tercer donante más importante en la campaña de George Bush, con una aportación de más de 200.000 dólares.

Elaine Chao, Secretaria de Trabajo: Sus contactos empresariales están en: *Northwest Airlines, Clorox, C.R.Bard, HCA The Healthcare Company, Dole Food, Bank of America.* Elaine Chao fue Directora General de *United Way of America* y trabajó para *The Peace Corps.* Pero además de sus actividades con fines no lucrativos, encontró tiempo para formar parte del Consejo de Administración de cinco empresas, entre ellas *Dole Food, Clorox, C.R.Bard* y *HCA.* Chao fue también una ejecutiva del *Bank of America.*

Donald L. Evans, Secretario de Comercio: Sus contactos empresariales son: *Tom Brown Inc.* y *TMBR/Sharp Drilling.* Ha sido el mejor amigo de George W. Bush desde sus primeros días en el negocio del petróleo. Pero, mientras que Bush finalmente abandonó la industria del petróleo por la política, Don Evans pasó 25 años en *Tom Brown Inc.,* compañía de petróleo y gas. Fue Presidente y Director General de la compañía, valorada en más de 1.200 millones de dólares. También fue vocal del Consejo de Administración de *TMBR/Sharp Drilling,* compañía de perforación de petróleo y gas. Evans todavía encontró tiempo para ayudar a Bush en su carrera política. Evans también supervisa la *National Oceanic and Atmospheric Administration,* agencia que tiene bajo su control directo la costa del país. El 25% del petróleo del país y el 26% de su gas natural tiene su origen en los océanos.

Norman Y. Mineta, Secretario de transporte: Sus contactos empresariales son: *Lockheed Martin, Northwest Airlines, Greyhound, United Airlines, Union Pacific* y *Boeing.* La compañía *Lockheed Martin,* que también contribuyó a la campaña electoral, es principalmente una empresa contratista en la industria de defensa, pero también suministra materiales de construcción para carreteras y edificios, y piezas para aerolíneas comerciales.

Anthony Principi, Secretario de Asuntos sobre los Veteranos: Sus contactos empresariales son: *Lockheed Martin, Microsoft, Schering-Plough Corp, Ford Motor Company* y *Qualcomm Inc.* Anthony Principi fue el Presidente de *Federal Network,* una compañía de Telecomunicaciones inalámbricas. Principi ha sido también Director General de la división de Soluciones Integradas de la compañía de la industria de defensa *Lockheed Martin,* y presidente de *QTC Medical.* Principi, veterano de la guerra de Vietnam, tiene acciones en *Microsoft, Schering*

Plough, Ford y Qualcomm por un valor estimado entre 15.000 y 50.000 dólares.

Timmoty G. Thompson, Secretario de Salud y Servicios Sociales: Sus contactos empresariales son: *Philip Morris* (La famosa productora de tabaco), *Amtrak, America Online, Time Warner, General Electric, Merck y Abbott Laboratories.* Antiguo Gobernador de Wisconsin, se vio obligado a vender sus acciones de las empresas farmacéuticas Merck y *Abbott Laboratories* una vez que se confirmó su puesto de Secretario de Salud y Servicios Sociales. Pero mantuvo acciones de *AOL Time Warner* y *General Electric* por valor de 15.000 a 50.000 dólares ya que se consideró que no había conflicto de intereses. Thompson también sorprendió con su relación cercana al gigante del tabaco Philip Morris. Vendió las acciones que tenía en la compañía (valoradas entre 15.000 y 50.000 dólares), pero como Gobernador aceptó de esta compañía más de 72.000 dólares en aportaciones a su campaña.

Ann M. Veneran, Secretaria de Agricultura: Sus contactos empresariales son: *Calgene/Monsanto* y *Pharmacia.* Entre su mandato en el Ministerio de Agricultura de Estados Unidos (durante la etapa de George Bush padre) y su nombramiento como directora del Departamento de Agricultura y Alimentación de California en 1995, Ann Veneman fue miembro del Consejo de Administración de *Colgene Inc.* En 1994, Calgene se convirtió en la primera compañía que introdujo alimentos modificados genéticamente, el tomate Flavr Savr, en las estanterías de los supermercados. En 1997 *Monsanto*, la compañía bistecnológica líder en el país, compró Calgene. A su vez, en el año 2000, Monsanto pasó a ser parte de la compañía farmacéutica *Pharmacia. Monsanto*, que aportó más de 12.000 dólares a la campaña presidencial de George Bush, quería que no fuese obligatorio el etiquetado de los alimentos bistecnológicos y lograr un mejor acceso a los mercados internacionales.

Veneman fue también miembro del Consejo de Política Internacional en Agricultura, Alimentación y Comercio, grupo financiado por *Cargill, Nestle, Kraft* y *Archer Daniels Midland.*

Andrew H. Card, Jr., Director de Personal: Card ha sido el lobbista jefe de la *General Motors* durante más de un año, puesto que abandonó al convertirse en Director de Personal del Presidente George W. Bush. Anteriormente, Card había sido el portavoz principal de la industria automovilística como Director General de la Asociación Americana de Fabricantes de Automóviles (*American Automobile Manufacturers Association, AAMA*). La principal función de la AAMA fue luchar comercialmente con Japón y presionar al Gobierno de Estados Unidos contra el establecimiento de normas más estrictas sobre contaminación por combustibles fósiles.

Mitch Daniels, Jr., Director de la Oficina de Gestión y Presupuesto: Sus contactos empresariales están, entre otros, en el sector farmacéutico y eléctrico. Destacan sus vínculos con *Eli Lilly, Citigroup, General Electric* y *Merck*. Antiguo vicepresidente primero de Eli Lilly, Mitch Daniels estuvo encargado de asesorar al Presidente Bush sobre el presupuesto federal cuando se discutía sobre el control de precios de los medicamentos. La materialización de estos controles estaba vinculada a la aprobación del presupuesto federal.

Bush no tenía la confianza de la CIA y está solo en Iraq, en Afganistán y en esa guerra mundial contra el terrorismo que está perdiendo.

Tenet cometió un gran error, un error que todos los directores de la CIA pueden cometer alguna vez: acercarse demasiado al presidente.

La crisis del Gobierno de Bush se agudiza cada día y la dimisión de George Tenet, director de la CIA, muestra la magnitud del actual deterioro. Resulta sorprendente que un cargo gubernamental importante dimita tan cerca de unas elecciones, por lo que en Washington abundan los rumores y las especulaciones acerca de su significado. ¿Ha sido destituido o ha renunciado?

En realidad, creo que todas las pruebas apuntan a que Tenet ha presentado su renuncia. Se ha encontrado a lo largo de muchos meses en una situación cada vez más insostenible; en ciertos aspectos, es una figura trágica de competencia y profesionalismo atrapada en el estrambótico carácter del aparato de la política exterior de Bush.

Hay muchas razones para respetar a George Tenet. Mejoró muchísimo la CIA en sus primeros años en el cargo, aumentando la moral de la organización y, sobre todo, restaurando la importancia de las fuentes humanas de inteligencia. Los dos directores anteriores habían sido unos entusiastas del papel de la tecnología como respuesta a la mejora de la inteligencia estadounidense. Este culto a la tecnología en el ámbito de la política es una debilidad típicamente estadounidense: la creencia de que de algún modo es posible evitar la naturaleza confusa e imprecisa de la interacción humana mediante algún tipo de tecnosolución o panacea tecnológica que cambie las cosas. Ha sido esa obsesión técnica la que ha debilitado la política militar y de inteligencia estadounidense durante mucho tiempo, puesto que los dirigentes han preferido la simplicidad y la fiabilidad de la tecnología por encima de los complejos problemas de comprender la motivación humana y la naturaleza de las diferentes culturas políticas del mundo. Si el Gobierno de Bush se hubiera dedicado a estudiar la historia y la cultura política de Iraq, no habría albergado ideas tremendamente ingenuas sobre los acontecimientos que se producirían tras la caída de Saddam. Tenet regresó a formas más tradicionales de inteligencia, pero no de modo suficiente y no a tiempo para predecir el 11S.

No cabe duda de que Tenet y la CIA fracasaron a la hora de predecir el 11S. De todos modos, en mi opinión no resulta realista esperar que una organización de inteligencia prevea todas las tramas terroristas del mundo. El fracaso a la hora de impedir el 11S fue un fracaso que involucró a todo el establishment de política exterior y seguridad de Estados Unidos. No hablamos aquí de historia o cultura política, sino de intentar penetrar en una organización terrorista cerrada y secreta. No será la primera vez que Estados Unidos o cualquier otro país fracasen en esa tarea.

Sin embargo, Tenet cometió un error aún mayor, un error que todos los directores de la CIA pueden cometer alguna vez: aproximarse demasiado al presidente. Uno de los secretos del oficio es que la relación entre los funcionarios de los servicios de inteligencia y los encargados de formular políticas siempre comporta tensión. El primero siempre da malas noticias al segundo: le habla de problemas de los que éste no quiere oír hablar o que le dan a entender que sus políticas no funcionan. El director de la CIA debe caminar sobre una línea muy fina. Por un lado, debe tener acceso al presidente, contar con su confianza y capacidad para hablarle con libertad. A los funcionaros de los servicios de inteligencia se les paga para que hagan una sola cosa: presentar noticias y valoraciones precisas, pero no para formular políticas. De modo que el jefe de los servicios secretos debe entregar buenas o malas noticias, pero por encima de todo no verse implicado en la formulación de políticas, por más que el presidente le pida consejo. Porque desde el momento en que el jefe de inteligencia se vea envuelto en la creación de políticas, haga recomendaciones o sugerencias, se verá comprometido. Se mostrará entonces reacio a comunicar malas noticias que puedan indicar que sus sugerencias políticas eran equivocadas. Debe limitarse a aportar las noticias y previsiones, y dejar que los otros decidan las políticas. George Tenet cayó en esa trampa. El presidente Bush lo arrastró hasta los círculos de la elaboración de políticas y Tenet acabó como asesor político, es decir, inevitablemente comprometido. Se resistió al presidente en muchas cuestiones, pero al final perdió su independencia. Además, Tenet tuvo que enfrentarse a otras situaciones imposibles. El Pentágono, con una dirección muy politizada bajo Rumsfeld y los neoconservadores, detestaba a la CIA. Tanto Rumsfeld como Bush deseaban infomaciones de los servicios de inteligencia que apoyaran y justificaran sus objetivos políticos: el derrocamiento de Saddam Hussein. Rumsfeld creó su oficina de inteligencia privada en el Pentágono, desde la que suministrar al presidente los datos de inteligencia que deseaba oír. Según sabemos ahora, gran parte de esos datos espectacularmente equivocados sobre Iraq procedieron del iraquí preferido del Pentágono, Ahmed Chalabi.

Hay en la actualidad una guerra abierta entre el Pentágono y la CIA. De modo sorprendente, la CIA ha divulgado algunas pruebas muy confidenciales que demuestran que Ahmed Chalabi ha filtrado a los iraníes la información muy confidencial de que Washington había descifrado los códigos de comunicación secretos iraníes. El objetivo era desacreditar por completo a Ahmed Chalabi y a la dirección del Pentágono, que utilizaba a Chalabi como principal fuente de (falsa) información y que había planeado convertirlo en presidente del nuevo Iraq.

Bush se vio atrapado entre esas dos poderosas fuerzas, la CIA y el Pentágono. En su caso, la situación es aún peor, porque carece de cualquier conocimiento básico sobre asuntos exteriores, historia, geografía o geopolítica, e incluso de la curiosidad básica sobre esas cuestiones. Posee poca base para un juicio independiente. Es probable que se sienta aterrorizado cuando está sin asesores que le digan lo que debe pensar sobre ellas. Sin embargo, George Tenet ha decidido que ya tenía bastante y ha renunciado antes de continuar con un trabajo imposible. Además, Tenet sabía que iba a recibir bastantes críticas en el informe que dará a conocer dentro de poco la comisión que investiga el 11S.

El Gobierno estadounidense se enfrenta cada día a mayores crisis, a medida que reaparecen los errores no resueltos del pasado. La situación se pone en Washington cada vez más negra. Es evidente que Tenet percibió que no tenía sentido seguir en el cargo, puesto que todos los indicios apuntan a un posible desmoronamiento dentro del Gobierno.

Cualesquiera que sean los logros y las cualidades de Tenet, debe cargar con la responsabilidad última del fracaso por no prever el 11S. Hacía tiempo que tenía que haber renunciado, pero no tanto por el 11S, como por el más importante fracaso de los servicios de inteligencia respecto a la existencia de armas de destrucción masiva en Iraq. El Gobierno –y, en especial, el vicepresidente Cheney– coaccionó durante meses a la CIA con el fin de que proporcionara los datos de inteligencia que probaran que Saddam tenía esas armas. Tenet resistió durante mucho tiempo, pero al final se inclinó ante la enorme presión presidencial y proporcionó algunas valoraciones erróneas sobre esa cuestión. Sin embargo, debemos recordar que la información de inteligencia rara vez es blanca o negra. Exige complicados análisis basados en la experiencia e, incluso a veces, en conjeturas. Los expertos pueden disentir, y a menudo lo hacen. El caso es que los juicios finales de la CIA estaban equivocados y fueron más exagerados aún por el propio presidente.

George Tenet podrá cargar con la culpa de gran parte de lo que ha ido mal, pero George Bush está ahora solo en Iraq, Afganistán y en toda esa guerra mundial contra el terrorismo que está perdiendo. Ya no tiene la confianza de la CIA, y se ha enajenado al Departamento de Estado. El Gobierno recoge ahora la cosecha de una de sus peores acciones: la corrupción de todo el proceso de inteligencia. Tenet debía irse, pero aparentemente el Gobierno no ha aprendido nada. Debería cargar con la responsabilidad del desastre.

Un organismo de control financiero del gasto revela en su web un complot republicano contra el recuento de votos que llevó a Bush a la Casa Blanca.

Un organismo de control financiero del gasto revela en su web un complot republicano contra el recuento de votos que llevó a

Bush a la Casa Blanca. Un nuevo escándalo involucra al presidente de Estados Unidos, George W. Bush. Ahora, apareció un expediente que revela supuestos pagos a activistas republicanos para frenar el recuento de votos en Miami, Florida, cuya elección definió la llegada de Bush a la Casa Blanca. Los pagos se hicieron para financiar la denominada "Protesta de los Brooks Brothers", que se llevó a cabo el 22 de noviembre de 2000. La maniobra había sido denunciada por los medios estadounidenses, pero recién la publicación de los documentos confirmó sus fines, otra mancha para uno de los procesos electorales más turbios de la historia norteamericana.

La protesta fue montada por los republicanos para frustrar el recuento de votos. La discutida legitimidad del proceso electoral que llevó al republicano George W. Bush a la Casa Blanca sigue sumando cuestionamientos. La elección, celebrada en noviembre de 2000, no sólo planteó dudas sobre la racionalidad del sistema electivo de Estados Unidos, sino que, paradójicamente, hizo presidente al candidato que tuvo menos votos. A pesar de que el demócrata Albert Gore obtuvo medio millón de sufragios más que Bush Jr., el candidato republicano se quedó con la presidencia de la máxima potencia planetaria porque la ley vigente dice que la llave de la Casa Blanca quedará en manos de quien obtenga más electores y no más votos. Crucial para el triunfo de Bush fue el no menos polémico resultado del estado de Florida, donde se impugnaron unos 180 mil votos que no pudieron ser leídos por las máquinas para, luego, merced a un muy cuestionable fallo de la Corte Suprema, descartar la posibilidad de recontarlos manualmente.

Si se trata de dar con las causas que impidieron el polémico recuento oficial de votos, hay que retrotraerse al 22 de noviembre de 2000, precisamente a la llamada "Protesta de los Brooks Brothers", una manifestación realizada en Miami, EU, por un grupo de activistas republicanos que, sin duda alguna, contribuyó a detener el recuento manual de votos y que, para muchos, significó la primera demostración cabal de hasta dónde eran capaces de llegar los partidarios de Bush para instalarlo en la Casa Blanca. Tras la marcha, también conocida como "la protesta de los chicos bien", durante la que la policía rescató a varios militantes demócratas de las garras de sus iguales republicanos, no se abrió una sola causa legal. Nadie investigó nada. Sin embargo, una serie de documentos aparecidos hace pocos días demuestra que, por lo menos, media docena de los manifestantes identificados por distintos medios estadounidenses fue pagada por el Comité de Recuento de Bush.

Los pagos a los activistas se documentan en una serie de expedientes que el Comité de Campaña de Bush entregó a regañadientes el mes pasado, 19 meses después de que la batalla por el recuento terminó, al Servicio de Renta Pública (IRS), un organismo contralor dependiente del Departamento del Tesoro estadounidense. La lista, publicada en la página del IRS, indica que el comité de George W. Bush invirtió un total de 13.8 millones de dólares para frustrar el recuento de votos en Florida y, así, confirmar la exigua diferencia que permitió su acceso a la presidencia. Por la misma operación de recuento, Al Gore pagó apenas 3.2 millones, menos incluso que lo que Bush gastó en abogados, que sumó 4.4 millones. La evidencia fue remitida al IRS por el comité republicano durante el plazo extendido de confesión de gastos de campaña, mientras que los derrotados demócratas presentaron su declaración varios meses antes. Inicialmente, los abogados de Bush argumentaron que no estaban legalmente obligados a divulgar cómo habían recaudado y gastado su dinero, pero, finalmente, entregaron sus archivos, que fueron subidos al sitio del IRS (www.irs.gov) el 15 de julio. De su contenido, se desprende que la gente de Bush repartió más de 1.2 millones de dólares entre unas 250 personas a cambio de que se trasladaran a Florida para entorpecer el tramo final de la elección. La documentación también confirma que el comité republicano se hizo cargo de sus cuentas de hotel, que sumaron más de un millón, y que, para facilitar los traslados, Bush contó con una flota de aviones de distintas corporaciones estadounidenses, que "casualmente" incluyó los jets privados de la empresa de energía *Enron*, protagonista de la quiebra más sonada de la historia estadounidense y gran contribuyente a la campaña republicana, y de la petrolera *Halliburton*, en cuyo directorio figuraba el actual vicepresidente, Dick Cheney.

Sin embargo, sólo un puñado de los protagonistas de la "Protesta de los Brooks Brothers" fueron públicamente identificados; la mayoría, a través de fotografías de entonces publicadas en el diario *The Washington Post*. Al mismo tiempo, varias investigaciones periodísticas revelaron los puntos oscuros de la extraña protesta. El libro *Bajo y sucio*, dedicado a "la batalla del recuento" y firmado por el

Jake Tapper, contiene una lista de 12 operadores republicanos que participaron en la manifestación y explica los detalles de la operación, "incitada y financiada por los republicanos para impedir el recuento de votos". Según los expedientes publicados en Internet por el IRS, la mitad de los 12 identificados por Tapper recibió pagos del comité republicano. Según divulgó el diario *The Miami Herald*, la oficina de personal de la presidencia enlista oficialmente a otros tres, que trabajan para Bush en la Casa Blanca. Estos últimos no son desconocidos: Garry Malphrus es director del consejo político local del presidente y Matt Schlapp y Joel Kaplan son asistentes personales del presidente. Los documentos difundidos por el IRS también revelan que los republicanos pagaron el hotel donde los manifestantes de Miami celebraron el éxito de su protesta, que fue transmitida en vivo por la televisión norteamericana y marcó un punto de inflexión en el recuento, ya que se inició justamente cuando Bush se había aferrado a los algo más de 100 votos por los que aventajaba a Gore, quien pugnaba por finalizar el recuento. La manifestación y sus perspectivas violentas fue una de las causas esgrimidas por la Corte Suprema para, el 12 de diciembre de 2000, invalidar el recuento de Florida y ceder la presidencia a Bush. Un recuento no oficial realizado por varios medios y disponible en *http://www.consortiumnews.com/ 2001/112101a.html* reveló que la revisión de todas las boletas habría hecho presidente a Al Gore.

El fraudulento presidente de los Estados Unidos de Norteamérica, George Bush, afirmó que el gobierno de Irak tenía armas de destrucción masiva y que eso le daba derecho a invadir ese país. Con la complicidad del premier británico Tony Blair y del presidente español José María Aznar, entre otros, Intervino militarmente, derrocó al gobierno iraquí, destruyó medio país y desató una guerra interminable entre los invasores y el pueblo que no está dispuesto a someterse al dominio del imperio y sus cómplices. Investigaciones realizadas en los EE.UU. han probado que el gobierno de George W. Bush le mintió al pueblo norteamericano en casi 300 oportunidades: no había armas de destrucción masiva.

La política de la mentira y de la corrupción de los gobiernos de los Estados Unidos de Norteamérica no es nueva. Por el contrario, tiene una larga historia. En mayo de 1973, simultáneamente con las audiencias del Comité Watergate del Senado norteamericano, vio la luz el libro "The Politics of Lying", escrito por David Wise, reeditado en castellano en 1976 como La política de la mentira en EE.UU. En rigor de verdad, tampoco empezaba la política de la mentira con el "Caso Watergate".

Decisiones políticas impulsoras de la mentira judicial fueron las muertes por ahorcamiento, en 1887, de los "Mártires de Chicago", Albert Parson, August Spies, Adolph Fisher, y George Engel. A Samuel Fieldem y Michael Schwab, los condenaron a prisión perpetua. A Louis Lingg lo "suicidaron" en su celda. A Oscar Neebe, lo condenaron a 15 años de prisión. La mentira la demostró el juez John Peter Altgeld que, años después, como gobernador de Illinois, revisó el caso y dispuso la libertad de ellos. Lamentablemente, los ahorcados no tuvieron el beneficio de esa libertad.

Decisiones políticas impulsoras de la mentira judicial fueron las muertes en la silla eléctrica, en 1927, de los anarquistas italianos Nicolás Sacco y Bartolomé Vanzetti, como lo probó el gobernador de Massachusetts, Michael Dukakis en 1977, que las calificó de asesinato y limpió sus nombres.

Decisiones políticas impulsoras de la mentira judicial fueron las muertes en la silla eléctrica, en 1953, del matrimonio compuesto por Julius y Ethel Rosemberg, acusados por la CIA de espionaje, jamás probado. Pero nunca se había llegado tan lejos como en el "Caso Watergate'.

Como se ve, la corrupción y la mentira de los gobiernos norteamericanos no nacieron con el Partido Republicano, ni con la gestión del presidente Richard Nixon. Eran y son parte natural del accionar de los gobiernos plutocráticos de los Estados Uni dos de Norteamérica, agravado por la desjerarquización de la vida política yanqui y el incremento del poder militar de esa nación, que gasta en ello sólo más de 400.000 millones de dólares anuales.

También el presidente de España, José María Aznar ha mentido al pueblo español. Mintió cuando, a pesar del rechazo a la guerra manifestado por más del 90% de la población, con el pretexto de la supuesta existencia de armas de destrucción masiva, incorporó a España al nuevo Eje que intervino en Irak, devastó y mató sin piedad a miles de civiles indefensos, como lo había hecho el nazismo al invadir Polonia en septiembre de 1939. Mintió, también, al atribuir a la ETA el acto de barbarie ocurrido el 11 de marzo, cuando tenía datos fehacientes de sus servicios de informaciones de que esos actos terroristas habían sido ejecutados por grupos vinculados a Al-Qaeda. Mintió a sabiendas cuando intimó a todos los medios de comunicación de España a que atribuyeran a ETA la colocación de las cargas explosivas.

Pero las mentiras no sólo tienen patas cortas sino que se pagan las consecuencias de ellas. El pueblo español al votar al Partido Socialista Obrero Español, que marchaba segundo en las encuestas, en 72 horas dio vuelta el cálculo y derrotó al Partido Popular, esto es derrotó al gobierno de Aznar y a su lacaya política de colaborar militarmente en la intervención norteamericana. El candidato triunfante José Luis Rodríguez Zapatero ha dicho que retirará las tropas de España en Irak, lo que a la par de recibir el aplauso del pueblo español, agravará la débil situación del premier británico Tony Blair e influirá en los resultados electorales en los Estados Unidos.

En pocos meses le toca compulsar electoralmente al fraudulento presidente George W. Bush. No será reelecto, porque los pueblos no soportan las mentiras de sus gobernantes, mucho menos cuando esas mentiras han costado la vida de cientos de jóvenes norteamericanos llevados a una invasión y a una guerra inmorales que, en vez de éxitos, suma cadáveres como les ocurrió en Vietnam, donde 50.000 jóvenes norteamericanos dejaron su vida como precio a la soberbia y al fracaso.

Febrero de 1998: El presidente Bill Clinton recibe una carta de un grupo de influyentes conservadores incluyendo a Donald Rumsfeld y Paul Wolfowitz pidiendo un cambio de régimen en Iraq. En octubre, Clinton firma el Acta de Liberación Iraquí, la que destina 97 millones de dólares a grupos como el Congreso Nacional Iraquí de Ahmad Chalabi.

Hace unos cuantos años, terroristas destruyeron dos embajadas estadounidenses. El Presidente Clinton efectuó represalias contra presuntas instalaciones de Osama Bin Laden. En su discurso televisivo, el Presidente dijo al pueblo estadounidense que éramos blanco del terrorismo porque representábamos la democracia, la libertad y los derechos humanos en el mundo.

En esa ocasión, escribí: "Diga la verdad al pueblo, señor Presidente... acerca del terrorismo, no acerca de la pobre de Monica. Si sus mentiras en torno al terrorismo no son denunciadas, entonces la

guerra terrorista que ha desatado continuará probablemente hasta que nos destruya."
"La amenaza del terrorismo nuclear nos está rondando. El terrorismo químico se encuentra al alcance de la mano y el terrorismo biológico es un peligro futuro. Ninguna de nuestras miles de armas nucleares puede protegernos de estas amenazas. Estos ídolos de plutonio, titanio y acero son impotentes. La adoración que hemos tenido por ellos a lo largo de más de cinco décadas no nos ha traído seguridad, sino sólo un peligro mayor. Ningún sistema de 'Guerra de las Galaxias'... por más técnicamente avanzado que sea, por más billones de dólares que le hayan sido inyectados... nos puede proteger de tan sólo una bomba terrorista. Ninguna arma de nuestro extenso arsenal puede ampararnos de una arma nuclear colocada en un velero o una avioneta Piper Cub o una maleta o un camión de mudanza rentado. Ningún centavo de los 273,000 millones de dólares que gastamos anualmente en lo que llamamos defensa puede en realidad defendernos contra una bomba terrorista. Nada en nuestro enorme establishment militar puede en realidad darnos una pizca de seguridad. Eso es un hecho militar."
"Señor Presidente, no le dijo la verdad al pueblo estadounidense acerca de la razón por la cual somos blanco del terrorismo. Dijo que éramos blanco porque representamos la democracia, la libertad y los derechos humanos en el mundo. ¡Mentiras! Somos blanco de los terroristas porque representamos la dictadura, la esclavitud y la explotación humana en el mundo. Somos blanco de los terroristas porque somos odiados. Y somos odiados porque nuestro Gobierno ha hecho cosas odiosas."
"¿En cuántos países hemos derrocado a líderes electos popularmente y los hemos sustituido por dictadores militares títeres, quienes estaban dispuestos a vender a su propio pueblo a las corporaciones multitacionales estadounidenses? Lo hicimos en Irán cuando depusimos a Mossadegh porque quería nacionalizar la industria petrolera. Lo sustituimos con el Sha, y entrenamos, armamos y pagamos su odiada guardia nacional Savak, que esclavizó y brutalizó al pueblo iraní. Todo ello con el fin de proteger los intereses financieros de nuestras compañías petroleras. ¿Acaso es sorprendente que haya personas en Irán que nos odien? Lo hicimos en Chile cuando depusimos a Allende, electo de forma democrática por el pueblo para introducir el socialis-

mo. Lo sustituimos con el General Pinochet, brutal dictador militar de ala derecha. Chile aún no se ha recuperado."

"Lo hicimos en Vietnam cuando impedimos elecciones democráticas en el Sur que hubieran unido el país bajo la batuta de Ho Chi Minh. Lo sustituimos con una serie de ineficientes títeres estafadores quienes nos invitaron a entrar y asesinar a su pueblo, y lo hicimos. (Volé en 101 misiones de combate en esa guerra a la cual adecuadamente se opuso). Lo hicimos en Iraq, donde matamos a 250,000 civiles en un intento fallido por derrocar a Saddam Hussein, y donde hemos matado a un millón de personas desde entonces con nuestras sanciones. Cerca de la mitad de estas víctimas inocentes han sido niños menores de cinco años de edad."

"Y, claro está, ¿cuántas veces lo hemos hecho en Nicaragua y todas las demás repúblicas tercermundistas de Latinoamérica? Una y otra vez hemos expulsado a líderes populares quienes querían que las riquezas de la tierra fueran compartidas por la gente que trabajaba en ella. Los sustituimos con tiranos asesinos que vendieron y controlaron a su propio pueblo con el fin de que la prosperidad de la tierra pudiera ser explotada por las compañías Domingo Sugar, United Fruit Company, Folgers y Chiquita Banana."

"En un país tras otro, nuestro Gobierno ha obstruido la democracia, ahogado la libertad y pisoteado los derechos humanos. Esa es la razón por la cual somos odiados alrededor del mundo. Y es la razón por la cual somos blanco de los terroristas."

"Los canadienses gozan de una mejor democracia, mayor libertad y de mejores derechos humanos que nosotros. Los noruegos y los suecos también. ¿Acaso ha oído hablar de bombardeos a embajadas canadienses? ¿O a embajadas noruegas? ¿O a embajadas suecas? No."

"No somos odiados porque pongamos en práctica la democracia, la libertad y los derechos humanos. Somos odiados porque nuestro Gobierno niega estas cosas a los habitantes de los países del Tercer Mundo cuyos recursos son codiciados por nuestras corporaciones multitacionales. Y ese odio que hemos sembrado ha regresado para perseguirnos bajo la forma del terrorismo y, en el futuro, del terrorismo nuclear."

"Una vez que se entiende la verdad acerca de la razón por la que existe la amenaza, la solución se vuelve obvia. Debemos cambiar nuestros métodos de Gobierno."

"En lugar de mandar a nuestros hijos e hijas alrededor del mundo a matar árabes con el fin de que las compañías petroleras puedan vender el crudo bajo su arena, debemos mandarlos a reconstruir su infraestructura, suministrar agua limpia y alimentar a los niños hambrientos."

"En lugar de seguir matando a miles de niños iraquíes cada día con nuestras sanciones, debemos ayudarles a reconstruir sus plantas eléctricas, sus instalaciones de tratamiento de agua, sus hospitales, todas las cosas que destruimos en nuestra guerra contra ellos y que nuestras sanciones les impidieron reconstruir."

"En lugar de buscar ser un mandamás, debemos convertirnos en miembro responsable de la familia de naciones. En lugar de colocar a cientos de miles de soldados alrededor del mundo para proteger los intereses financieros de nuestras corporaciones multinacionales, debemos traerlos de regreso a casa y ampliar el Cuerpo de Paz."

"En lugar de capacitar a terroristas y escuadrones de la muerte en técnicas de tortura y asesinato, debemos cerrar la Escuela de las Américas (cualquiera que sea el nombre que se use). En lugar de apoyar a las dictaduras militares, debemos apoyar a la verdadera democracia, el derecho del pueblo a escoger sus propios líderes. En lugar de apoyar la insurrección, la desestabilización, el asesinato y el terror alrededor del mundo, debemos abolir la CIA y donar el dinero a organismos de ayuda."

"En resumen, hacer el bien en lugar del mal. Convertirnos en los buenos, nuevamente. La amenaza del terrorismo desaparecería. Esa es la verdad, señor Presidente. Eso es lo que los estadounidenses necesitan oír. Somos buenas personas. Sólo necesitamos que nos digan la verdad y que nos den la visión. Lo puede hacer, señor Presidente. Detenga las matanzas. Deje de justificarse. Detenga las represalias. Dé un lugar preponderante a la gente. Dígale la verdad."

Sobra decir que no lo hizo... y tampoco lo ha hecho George W. Bush. Pues bien, las semillas que nuestras políticas han sembrado han producido su amargo fruto. El World Trade Center ha desaparecido. El Pentágono está dañado. Y miles de estadounidenses han muerto. Casi todos los expertos de la televisión están pidiendo a gritos una represalia militar masiva contra quienquiera que pueda haber hecho esto (presuntamente el mismo Osama Bin Laden) y contra quienquiera que proteja o ayude a los terroristas (principalmente el gobierno talibán de Afganistán). Steve Dunleavy, del diario New York Post, vocifera: "¡Maten a los desgraciados! Entrenen a asesinos, contraten a mercenarios, ofrezcan un par de millones de dólares a los cazarrecompensas para que los atrapen muertos o vivos, preferentemente muertos. En cuanto a las ciudades o los países anfitriones de estos gusanos, bombardeen hasta sus canchas de basquetbol." Es tentador estar de acuerdo, pero la represalia no ha resuelto el problema en el pasado, y no lo hará esta vez.

El mejor aparato antiterrorista del mundo es, con creces, el de Israel. Medido en términos militares, ha sido fenomenalmente exitoso. No obstante, Israel sigue siendo el blanco principal de los terroristas y sufre más ataques que todas las demás naciones combinadas. Si la represalia fuera eficiente, los israelíes serían el pueblo más seguro del mundo.

Sólo una cosa ha puesto término a una campaña terrorista, el negarle a la organización terrorista el apoyo de la comunidad más amplia a la cual representa. Y la única forma de lograrlo es escuchando y mitigando los resentimientos legítimos de la gente. Si acaso Osama Bin Laden estuvo detrás de los cuatro secuestros de aviones y de la subsecuente matanza, eso implica prestar atención a las preocupaciones de los árabes y de los musulmanes en general y de los palestinos en particular. No significa abandonar a Israel. Pero podría muy bien significar el cese de todo apoyo financiero y militar hasta que abandone los asentamientos de los territorios ocupados y cumpla con su obligación de regresar a las fronteras de 1967. También puede significar permitir que los países árabes tengan líderes que ellos mismos escojan, no dictadores designados e instalados por la CIA dispuestos a cooperar con las compañías petroleras occidentales.

Chester Gillings lo ha dicho muy bien: "¿Cómo contraatacamos a Bin Laden? La primera cosa que tenemos que determinar es qué cosa esperamos lograr, ¿seguridad o venganza? Ambas son mutuamente excluyentes; busquemos venganza y reduciremos nuestra seguridad. Si lo que buscamos es seguridad, entonces tenemos que empezar a contestar las preguntas difíciles: ¿Cuáles son los agravios de los palestinos y del mundo árabe respecto a Estados Unidos y cuál es nuestra verdadera culpabilidad en esos agravios? Donde encontremos legítima culpabilidad, debemos estar preparados para remediar el agravio donde sea posible. Donde no podamos encontrar culpabilidad o un remedio, debemos honestamente comunicar nuestras posiciones directamente a los árabes. En resumen, nuestro mejor curso de acción es abandonar nuestra posición de combatiente en las disputas de la región." El asesinar a Bin Laden ahora lo convertiría en mártir para siempre. Miles de personas aparecerían para tomar su lugar. En un año, enfrentaríamos otra ola de terrorismo, probablemente mucho peor aún que ésta.

La inmensa mayoría de los árabes y los musulmanes son personas buenas y pacíficas. Pero una buena cantidad de ellos, a causa de su desesperación, su enojo y su miedo, se ha vuelto primero hacia Arafat y ahora hacia Bin Laden para aliviar su miseria. Elimine la desesperación, déles alguna esperanza, y el apoyo al terrorismo se desvanecerá. En ese punto Bin Laden estará obligado a abandonar el terrorismo (como lo ha hecho Arafat) o ser tratado como un criminal común y corriente. De todas formas, él y su dinero dejan de constituir una amenaza. Podemos tener seguridad... o podemos tener venganza. No podemos tener ambas.

Doctor Robert M. Bowman, Teniente Coronel jubilado de la Fuerza Aérea estadounidense, dirigió todos los programas "Guerra de las Galaxias" bajo los Presidentes Ford y Carter y voló en 101 misiones de combate en Vietnam. Tiene un doctorado en Ingeniería Aeronáutica y Nuclear del Instituto Tecnológico de California. Preside el Instituto de Estudios Espaciales y de Seguridad y es Arzobispo presidente de la Iglesia Católica Unida. Este artículo fue publicado en "Space and Security News Home Page". Traducción: Grupo Reforma/Olivier Tafoir (V.periódico Reforma del 13 de octubre de 2001).

Los futuros secuestradores de aviones fueron detectados antes del 11/9 por organismos del gobierno, incluidas la CIA y la inteligencia militar, y nada se hizo para arrestarlos o poner fin a sus actividades. ¿Por qué habrá sido?

El periodista Patrick Martin acuñó una respuesta: "Hay una sola explicación política seria de este hecho hoy indiscutible: sectores poderosos del complejo militar y de inteligencia de EU querían un incidente terrorista en suelo norteamericano a fin de crear el imprescindible vuelco de la opinión pública necesario para emprender una campaña, largamente planeada, de intervención militar en Asia Central y el Medio Oriente" (World Socialist Web Site, 19805). Las filas neoconservadoras alimentan y cobijan ese programa desde hace mucho tiempo: en 2000 el thinktank de William Kristol lo formuló claramente en su imperial "Proyecto para el nuevo siglo estadounidense". Anthony Shaffer, ex oficial de inteligencia del Ejército de EU, convalida las conclusiones que habían redondeado ya a varios investigadores y periodistas independientes.

El ex militar norteamericano Mike Ruppert señala en su libro "Crossing the Rubicon" (New Society Publishers, Canadá, 2004): "*The Washington Post* sugirió expresamente que la verdadera relación entre el gobierno de EU y Osama Bin Laden podría ser exactamente inversa a su apariencia. "En marzo de 1996 cita, el gobierno de Sudán ofreció extraditar a Bin Laden a EU. Los funcionarios estadounidenses rechazaron el ofrecimiento, tal vez preferían usarlo como 'combatiente en una guerra clandestina'". "Si esto significa agrega Ruppert que Osama Bin Laden está para 'ser usado como combatiente' del lado del gobierno norteamericano, surge con fuerza la inferencia de que participa voluntariamente en ese esfuerzo y que sigue adscrito a la CIA desde la guerra de los mujaidines de los años 80. Si la misma frase significa que Osama Bin Laden está para ser 'usado' como combatiente del lado terrorista y contra el gobierno norteamericano en la presunta guerra contra el terrorismo, surge con fuerza la inferencia de que el gobierno de EU está empeñado en la tarea de proporcionarse enemigos. Esa práctica se llama 'operativo bandera falsa' y el 11/9 es su mayor ejemplo en la historia". Dicho de otra manera: el atentado contra las Torres Gemelas no se produjo porque los servicios de inteligencia estadounidenses fracasaron.

Está empezando a hacer olas en Estados Unidos el memorándum de una reunión de alto nivel que tuvo lugar en Downing Street 10, sede del primer ministro Tony Blair, el 23 de julio de 2002, ocho meses antes de la invasión a Irak y mientras W.Bush proclamaba que el ataque era apenas una opción entre otras. Lo publicó *The Sunday Times* el 1o.de mayo pasado, los principales medios estadounidenses no le dieron importancia, pero viene golpeando las puertas del Congreso.

La minuta "sólo para ojos británicos", sintetiza, entre otras, la exposición del jefe del servicio nacional de espionaje (el novelísticamente famoso M16) Richard Dearlove a su regreso de un viaje a

Washington: "Se percibe dijo un cambio de actitud. La acción militar se considera inevitable. Bush quiere derrocar a Sadam mediante una acción militar justificada por la conjunción de terrorismo y armas de destrucción masiva (ADM). Pero los datos de inteligencia y los hechos están siendo manipulados en función de la política". Jack Straw, secretario de Foreign Office, manifestó que analizaría el tema con Colin Powell y añadió: "Parece claro que Bush ha resuelto emprender una acción militar, aunque no ha decidido cuando. La justificación, sin embargo, es débil. Sadam no está amenazando a sus vecinos y la capacidad de sus ADM es menor que la de Libia, Corea del Norte o Irán". La imperturbabilidad británica no salió lastimada por eso: la primera conclusión del cónclave fue que Londres "debe trabajar partiendo de la hipótesis de que el Reino Unido participará en cualquier acción militar". Así fue.

Preguntado por el representante Jim Moran por qué EU había derrocado a Sadam Husein si éste no tenía ADM, ni vínculos con Al Qaeda, ni algo que ver con el 11S, el testigo Ray McGovern, ex analista de la CIA, "declaró que EU fue a la guerra con Irak por petróleo, por Israel y por la instalación de bases militares, ardientemente anheladas por los 'neoconservadores' del gobierno para que 'Estados Unidos e Israel puedan dominar esa parte del mundo'. Dijo que no se debía considerar a Israel un aliado y que Bush servía la voluntad del primer ministro israelí Ariel Sharon" (*The Washington Post*, 17605).

Ya en el mes de abril de ese año Tony Blair había prometido a W. Bush, en el encuentro que con él mantuvo en su rancho de Crawford, Texas, "que el Reino Unido apoyaría una acción militar para cambiar el régimen" iraquí, pero a la vez se señala que "un cambio de régimen no es per se, en el derecho internacional, un fundamento suficiente para una acción militar". Mientras los especialistas buceaban en "la necesidad de crear condiciones que permitieran [a Gran Bretaña] apoyar legalmente una acción militar" [de EU], la fuerza aérea de los dos países bombardeaba territorio iraquí buscando una respuesta militar a la provocación: 10 toneladas de bombas en julio, 54.6 toneladas en septiembre. En vano. Sadam Husein no reaccionó y hasta permitió que los inspectores de la ONU destruyeran sus misiles Al Samoud, cuyo alcance superaba el límite permitido por las resoluciones del organismo Internacional.

Sólo después de la actuación de Colin Powell ante el Cosejo de Seguridad de las Naciones Unidas, en febrero de 2003, cuando el entonces secretario de Estado vociferó pruebas falsas de las presuntas ADM de Husein, la Casa Blanca invadió Irak y concretó la meta ya fijada un año atrás.

El "embrollo" viene costando la muerte de más de 100,000 civiles iraquíes y de casi 1,600 efectivos estadounidenses, para no hablar de las decenas de miles de heridos y del aumento notorio de las actividades terroristas. Y tal vez los grandes medios de EU poca atención prestaron al memorándum del Reino Unido porque sólo certifica claro que desde un nivel de gobierno inusitado una verdad más que sabida a estas alturas: los halconesgallina mintieron alevosamente al pueblo estadounidense y al mundo.

La tragedia de Husein es estar sentado sobre el segundo yacimiento de petróleo más grande del mundo; si no tuviera petróleo podría torturar y asesinar a placer a sus conciudadanos.

Estados Unidos ha entrado en uno de sus periodos de locura histórica, pero éste es el peor de cuantos recuerdos: peor que el macartismo, peor que Bahía de Cochinos y, a largo plazo, potencialmente más desastroso que la guerra de Vietman. La reacción al 11S ha ido más allá de lo que Osama hubiera esperado en sus sueños más siniestros. Como en la época de McCarthy, los derechos y libertades nacionales, que han hecho de EU la envidia del mundo, están siendo erosionados de forma sistemática. La persecución de residentes extranjeros en EU sigue a buen ritmo. Personas no permanentes de sexo masculino y origen norcoreano o de Oriente Próximo, desaparecen en cárceles secretas tras acusaciones secretas por la palabra secreta de los jueces. Palestinos que residen en Estados Unidos, a quienes antes se consideraba ciudadanos sin Estado, y por tanto no deportables, están siendo entregados a Israel para ser reasentados en Gaza y en Cisjordania, lugares que quizá no hayan pisado jamás.

Ningún gobierno de Estados Unidos ha escamoteado tanto la información que debiera revelarse.

Los servicios de inteligencia no saben nada, ése será el secreto mejor guardado de todos. Recuerden que se trata de las mismas organizaciones que nos mostraron el mayor fracaso en la historia de la inteligencia: el 11S. Esta guerra inminente estaba planeada años antes de que atacara Osama bin Laden, pero fue Osama quien la hizo posible. Sin Osama, la junta de Bush seguiría intentando explicar asuntos tan peliagudos como la forma en que logró salir elegida; *Enron*; sus desvergonzados favores a quienes son ya demasiado ricos; su desprecio irresponsable por los pobres del mundo, por la ecología, y por un sinnúmero de tratados internacionales derogados unilateralmente. Quizá también tendrían que explicarnos por qué apoyan a Israel en su desprecio continuado por las resoluciones de la ONU. Pero, oportunamente, Osama barrió todo eso bajo la alfombra. Los Bush cabalgan de nuevo. Se dice que el 88 por ciento de los norteamericanos quiere la guerra. El presupuesto de defensa de EU ha aumentado en 60 mil millones de dólares, hasta alcanzar alrededor de los 360 mil millones de dólares. Un asunto mucho menos claro es cuál es exactamente la guerra que el 88 por ciento de los norteamericanos piensa que está apoyando. ¿Una guerra que durará cuánto, por favor? ¿A qué precio en vidas de estadounidenses? ¿A qué precio para el bolsillo de los contribuyentes norteamericanos? ¿A qué precio (porque la mayor parte de este 88 por ciento son gente profundamente decente y humanitaria) en vidas de iraquíes? Ahora ya probablemente sea un secreto de Estado, pero la Tormenta del Desierto costó a Iraq al menos el doble de las vidas que perdió EU en toda la guerra de Vietman. El modo en que Bush y su junta consiguieron desviar la ira de EU contra Osama bin Laden hacia Sadam Hussein es uno de los grandes trucos de prestidigitación en relaciones públicas de la historia. Pero les salió bien: una encuesta reciente dice que uno de cada dos estadounidenses cree ahora que Sadam fue responsable del ataque del World Trade Center.

Pero la opinión pública estadounidense no sólo está siendo engañada. Está siendo amenazada, acosada, reprendida y mantenida en un permanente estado de ignorancia y de miedo y, consecuentemente, de dependencia de sus líderes. Esta neurosis cuidadosamente orquestada debería, con un poco de suerte, llevar cómodamente a Bush y a sus compañeros de conspiración hasta las siguientes elecciones. Los que no están con el señor Bush están contra él. O, lo que es peor (ver su discurso del 3 de enero), están con el enemigo. Cosa rara, porque yo estoy completamente en contra de Bush, pero me encantaría ver la caída de Sadam solo que no según los términos de Bush y no según sus métodos.

Y tampoco bajo una bandera de tan escandalosa hipocresía. Un colonialismo de EU al viejo estilo está a punto de extender sus alas de hierro sobre todos nosotros. Hay ahora más americanos impasibles infiltrándose en pueblos que nada sospechan de los que había en el momento más tenso de la guerra fría. La gazmoñería religiosa con la que van a enviar a las tropas estadounidenses al frente quizá sea el aspecto más nauseabundo de esta surrealista guerra que se acerca. Bush tiene a Dios agarrado por el cuello. Y Dios tiene opiniones políticas muy particulares. Dios eligió a EU para salvar al mundo de la manera que más convenga a EU.

En los dos años previos a la invasión de Irak, el presidente George W. Bush y sus allegados ofrecieron 935 declaraciones falsas sobre la amenaza que supuestamente presentaba Saddam Hussein, señalaron dos organizaciones periodísticas.

La conclusión del estudio fue que el gobierno incurrió en ``una campaña orquestada que galvanizó efectivamente la opinión pública y, en el proceso, condujo al país a la guerra decididamente de manera fraudelenta".

El estudio fue divulgado el 22 de Enero del 2008 en la noche en el sitio de internet del Centro por la Integridad Pública, que trabajó en la investigación conjuntamente con el Fondo por la Independencia en el Periodismo.

El vocero de la Casa Blanca, Scott Stanzel, no comentó ese día sobre los méritos del estudio, pero reiteró la posición del gobierno de que la comunidad mundial consideraba a Saddam una amenaza.

"Las acciones adoptadas en el 2003 se basaron en una evaluación colectiva de agencias de inteligencia alrededor del mundo", dijo Stanzel.

En el estudio se mencionaron 935 falsas declaraciones en un período de dos años, en discursos, entrevistas, y reuniones informativas con la prensa, entre otros medios de difusión. Tanto Bush como funcionarios de su administración señalaron de manera inequívoca, en al menos 532 ocasiones, que Irak tenía armas de destrucción masiva, o intentaba producirlas, o tenía vínculos con la red terrorista Al Qaida, o ambas cosas a la vez.

"Está ahora más allá de toda duda que Irak no poseía armas de destrucción masiva ni vínculos significativos con Al Qaida", dijeron Charles Lewis y Mark ReadingSmith, miembros del personal del

Fondo por la Independencia en el Periodismo, quienes escribieron una perspectiva general del estudio. "En resumidas cuentas, el gobierno de Bush condujo al país a la guerra sobre la base de información falsa que propagó de manera metódica y que culminó en la acción militar contra Irak el 19 de marzo del 2003'".

Entre los funcionarios que habrían brindado declaraciones falsas, además de Bush, y que fueron mencionados en el estudio, figuran el vicepresidente Dick Cheney; la entonces asesora de seguridad nacional Condoleezza Rice, actualmente secretaria de Estado; el ex secretario de Defensa Donald H. Rumsfeld; el entonces secretario de Estado Colin Powell; el subsecretario de Defensa Paul Wolfowitz y los ex secretarios de prensa de la Casa Blanca, Ari Fleischer y Scott McClellan. Bush encabezó la lista con 259 declaraciones falsas, determinó el estudio. En segundo lugar figuró Powell, con 244 declaraciones falsas.

A continuación la entrevista por Bernie Dwyer con John Stauber y Sheldon Rampton sobre su libro "Weapons of Mass Deception: The Uses of Propaganda in Bush's War on Iraq" (Armas de engaño en masa el empleo de la propaganda en la guerra de Bush contra Irak).

El residente de Estados Unidos George W. Bush pasó de ser el hazmerreír a ser considerado un héroe en relación con los sucesos del 11 de septiembre y la guerra en Afganistán. Los autores del libro "Las armas de engaño en masa: el uso de la mentira en la guerra de Bush contra Irak" demuestran cómo la administración del presidente Bush utilizó las agencias de inteligencia, a los "tanques pensantes", al personal de la Casa Blanca, una gigantesca maquinaria de relaciones públicas, a cínicos propietarios de medios de comunicación, a periodistas oportunistas y cuantiosas sumas de dinero para fabricar "pruebas" que justificaran la guerra contra un país que no poseía armas de exterminio en masa.

[Bernie Dwyer] Según sus palabras, éste es el primer libro que pone al descubierto la agresiva campaña de relaciones públicas desatada por el gobierno de Estados Unidos para convencer al pueblo estadounidense de que apoyara la guerra contra Irak. Resulta aterrador que se pueda vender una guerra de la misma manera que se vende un producto cualquiera. ¿Considera usted que este método ha funcionado con el pueblo estadounidense?

[Sheldon Rampton] John y yo llevamos alrededor de diez años escribiendo sobre la industria de las relaciones públicas y lo primero que puedo decirle es que éstas surgieron de una guerra: la Primera Guerra Mundial. Los fundadores de la industria de las relaciones públicas en Estados Unidos procedían de un comité que promovía el apoyo popular a la guerra.

A lo largo de la historia de las relaciones públicas como industria, se han aplicado las enseñanzas aprendidas de la propaganda de guerra. Es lo opuesto a lo que usted dice. No se trata de que la propaganda comercial se aplique a la guerra, sino que la propaganda de guerra se emplee para comercializar mercancías y pienso que, en cierto sentido, la propaganda desatada alrededor de la guerra contra Irak perseguía simplemente vender una mercancía.

[Bernie Dwyer] Otro aspecto preocupante es que, según usted, altos funcionarios de la administración del presidente Bush abogaban por la invasión contra Irak aún antes de que éste asumiera la presidencia, pero esperaron hasta septiembre del 2001 para informar a la opinión pública. Se aprovecharon del trágico suceso. ¿Considera que fue así realmente?

[John Stauber] Sí. Desgraciadamente, es evidente que altos funcionarios de política exterior de la administración del presidente Bush se aprovecharon, de manera totalmente inescrupulosa e insensible, de los ataques terroristas en Nueva York y Washington DC en septiembre del 2001. Conocemos, a través de los informes de Bob Woodward y de otros, que en la propia tarde del 11 de septiembre el Presidente Bush, en una reunión con el consejo de seguridad nacional, dijo que "por horribles que fueran los acontecimientos debían verse como una oportunidad". Al día siguiente, al parecer motivado por estas palabras del presidente, el subsecretario de defensa, Paul Wolfowicz, ya hablaba de desplegar un ataque contra Irak.

Desde entonces, ha salido a la luz información que demuestra hasta qué punto el jefe de Wolfowicz, Donald Rumsfeld, abogaba por un ataque inmediato contra Irak. Buscaban desesperados vincular a Irak con los sucesos del 11 de septiembre. Por supuesto, como sabemos no existe conexión alguna, pero ello no impidió que estos llamados neoconservadores, después de una década abogando por atacar a Irak, lanzaran la campaña de mentiras que terminó por convencer a la mayoría del pueblo estadounidense de que Saddam Hussein e Irak estaban detrás de la tragedia del 11 de septiembre y que había iraquíes en los aviones que atacaron Nueva York y Washington DC ese día.

Muchos de estos neoconservadores eran fundadores del denominado Proyecto para el Nuevo Siglo Americano de 1997, encabezado por Bill Cristal, el cual abogaba por un ataque contra Irak. El 11 de septiembre fue solo el pretexto de que se valieron para convertir la denominada guerra contra el terrorismo en una guerra contra Irak.

[Bernie Dwyer] En su libro usted plantea que la propaganda perseguía dos objetivos. Por un lado, crear un estado de opinión en el pueblo de Estados Unidos a favor de la guerra contra Irak y, por otro, suscitar la admiración internacional por el estilo de vida americano ¿Pudiera explicarnos cómo hicieron ellos para convencer a los estadounidenses y conseguir su apoyo a la guerra?

[Sheldon Rampton] La campaña para conseguir que los estadounidenses apoyaran la guerra no tiene que ver con la propaganda dirigida a lograr que otras naciones admiraran y secundaran a Estados Unidos. Son dos cosas diferentes. La campaña lanzada por Estados Unidos para convencer al pueblo de que apoyara la guerra aún hoy sigue enviando mensajes muy claros. Uno de esos mensajes es que Irak estaba acumulando armas. Otro se refiere a que Irak estaba de algún modo vinculada con los ataques del 11 de septiembre, en complicidad con Al Quaeda. El tercer mensaje es que el pueblo iraquí recibiría a los soldados estadounidenses como sus libertadores y les agradecería el derrocamiento de Saddam Hussein. Los funcionarios de la Casa Blanca repetían esos mensajes una y otra vez, aunque en algunos casos lo hacían de manera indirecta.

Por ejemplo, ellos nunca dijeron directamente tener pruebas que vincularan a Irak con Al Quaeda, porque realmente no hay evidencia alguna de que Irak y Al Quaeda operaran de manera conjunta. No existe prueba de que Irak tuvo que ver con los atentados del 11 de septiembre. Ellos simplemente lanzaron insinuaciones y luego la propaganda comercial en Estados Unidos se encargó de amplificarlas y difundirlas. Un funcionario de la administración del presidente Bush decía algo así como: "Hemos escuchado informes de que eso fue lo que ocurrió" y luego el periódico lo publicaba como un hecho verídico, sin dejar margen a la duda. Se creó el efecto de una cámara de resonancia. La administración del presidente Bush no tuvo realmente que mentir. Contaba con los medios de comunicación para exagerar y difundir sus mensajes.

[Bernie Dwyer] Los métodos que usaron fueron obviamente muy efectivos y ello explica el apoyo de la mayoría de los estadounidenses a la guerra en aquel momento ¿Cuáles fueron esos métodos?

[John Stauber] Primero hay que entender la rareza de los ataques terroristas contra Nueva York y Washington D.C. Ningún estadounidense de hoy recuerda un caso similar, en que enemigos foráneos atacaran Estados Unidos y causaran miles de muertos. Simplemente, no se conocía nada semejante y pienso que esos hechos causaron un terrible impacto en la psiquis del pueblo estadounidense. Fue un suceso que sorprendió y horrorizó a todos. El hecho de que el ataque tuviera cobertura televisiva en vivo y que todos alrededor del mundo con acceso a este medio presenciaran el horrendo acontecimiento, provocó que el impacto fuera inmensurablemente masivo.

La respuesta fue inmediata en reclamo de venganza, lo cuál es comprensible. La administración del presidente Bush se aprovechó de la fuerte conmoción, pues los ánimos en Estados Unidos eran favorables a una respuesta apropiada a los acontecimientos del 11 de septiembre. Sin embargo, fue necesario desatar una fuerte campaña de relaciones públicas, como se describe en nuestro libro, para lograr el apoyo a la guerra contra Irak. Como explicó Sheldon, se insinuó que Irak estaba detrás de los sucesos del 11 de septiembre. Luego, la administración del presidente Bush dijo saber dónde se encontraban las armas de exterminio en masa en Irak; que los esfuerzos internacionales por encontrar esas armas nunca resultarían y que si no las encontraban inmediatamente, como sugirió Condoleezza Rice, el próximo ataque terrorista bien podría ser una nube en forma de hongo elevándose por sobre el territorio estadounidense.

Pienso que el éxito de la campaña propagandística que convirtió la guerra contra el terrorismo en una guerra contra Irak se debió en gran medida a la incapacidad de los medios de comunicación en Estados Unidos para examinar y cuestionar esos reclamos. Es irónico, pues una de las quejas de los sectores de negocios contra los medios de comunicación que reciben apoyo gubernamental, ya sean los medios de comunicación en Estados Unidos o la BBC en Inglaterra, es que se han convertido en el brazo propagandístico del gobierno y eso es algo horrible. Lo que presenciamos en Estados Unidos fue que los grandes conglomerados de los medios de comunicación, como Rupert Murdoch, la cadena Fox y la cadena MSMBC, entre otros, se convirtieron en el brazo propagandístico de la administración del presidente Bush, repitiendo una y otra vez las insinuaciones y la falsa información como si se tratara de noticias ciertas.

Un aspecto interesante de nuestro libro "Armas de engaño en masa" es que incluimos muchos documentos y notas al pie de página. Por cada cuatro páginas de impresión hay una de documentos, y si nos detenemos a analizar ésta encontraremos que las fuentes son fundamentalmente medios masivos de comunicación, tales como *The Washington Post, The New York Times, The Wall Street Journal* o *ABC News*. La información contenida en nuestro libro, y que revela hasta qué punto el pueblo está siendo engañado, estaba al alcance de todos, pero la mayoría de los estadounidenses se informan a través de la televisión y en el caso de esta guerra, a través de una cadena en particular, la Fox, propiedad del multimillonario ultraderechista Rupert Murdoch, quien es un partidario acérrimo de la misma ideología del Nuevo Imperio Americano que defienden los neoconservadores Rumsfeld, Wolfowizc, Bill Crystal y otros.

Lo que realmente ocurrió fue que mientras la administración desataba su campaña propagandística y los tanques pensantes financiados por la ultraderecha, como el American Enterprise Institute, el Hudson Institute y otros, se lanzaban en esfuerzos similares, los medios de comunicación en Estados Unidos fueron incapaces de desenmascarar, confrontar y cuestionar esas campañas. De ahí el éxito de las mismas. Los medios de prensa estadounidenses pasaron a ser el brazo propagandístico de la administración del presidente Bush, el instrumento necesario para convencer al pueblo estadounidense y lograr que apoyaran la guerra, los estadounidenses tienden a confiar en lo que dicen los medios de comunicación y en este caso, los medios de comunicación se hacían eco de la campaña propagandística del gobierno.

[Bernie Dwyer] ¿Podría describir algunos de los métodos empleados para convencer a la opinión pública estadounidense?

[Sheldon Rampton] Una de las cosas que ellos hicieron fue abrir una oficina en la Casa Blanca, denominada Oficina de Comunicaciones Globales. Se hizo para garantizar la consistencia de los mensajes que se emitían desde la Casa Blanca, lo cuál pudiera parecer bastante inofensivo. Pero lo que ocurrió realmente era que ellos formulaban diariamente una serie de mensajes que enviaban vía correo electrónico, lo que denominaron Mensajero Global, a las embajadas estadounidenses en el exterior y a las oficinas de gobiernos simpatizantes, como el gobierno de Tony Blair en Inglaterra. Estos repetían el mensaje al cuál todos debían concretarse cuando hablaran sobre Irak ese día.

El objetivo era que nadie, ni siquiera el vicepresidente Dick Cheney, se aventurara a emitir declaraciones independientes sobre el tema Irak. Ésta es una técnica muy común de las relaciones públicas, la consistencia de los mensajes. Aunque parece inofensivo tiene en realidad un efecto bastante insidioso. Favorece el efecto de cámara de resonancia porque el mismo mensaje se repite una y otra vez desde múltiples fuentes y asume una cierta carga de veracidad debido a la repetición. También, tiene el efecto de silenciar a aquellas personas dentro del gobierno que tienen opiniones diferentes. De hecho, había opiniones contrarias dentro de la Agencia Central de Inteligencia, que advertían que el análisis de la Casa Blanca no era exacto: las denuncias referidas a la tenencia iraquí de armas de exterminio en masa no eran exactas y las aseveraciones de que los soldados estadounidenses serían bien recibidos por el pueblo Iraquí eran igualmente erróneas. La CIA emitió avisos claros, pero la necesidad de asegurar la consistencia de los mensajes impidió que esas voces fueran eficaces y a la larga el pueblo estadounidense las desoyó. Ese es un aspecto.

Otro aspecto es la técnica que ellos usan, denominada agencia de prensa. Una mujer llamada Illeana Benidor tiene una compañía de relaciones públicas bajo el nombre de Benidor Associates. Su trabajo consistía en monitorear diariamente todos los principales órganos de prensa en Estados Unidos y pedirles que invitaran a los clientes de su firma a charlas para exponer sus puntos de vista sobre el tema Irak. Ella contactaba a todas las cadenas de televisión y también a publicaciones periódicas como *The Wall Street Journal* o *The New York Times* y les pedía que aceptaran escritos de clientes de Benidor Associates, expresando sus puntos de vista sobre el tema Irak. Por supuesto, todos sus clientes estaban a favor de la guerra. Por ejemplo, *The Wall Street Journal* dijo que hubo un momento en que el periódico ya había utilizado a todos los clientes de la firma. Sin dudas, Illeana Benidor tuvo mucho éxito en lograr que sus enfoques salieran divulgados en los principales medios de comunicación.

El clima de patriotismo predominante en el país, exacerbado a partir de los sucesos del 11 de septiembre y la campaña propagandística a favor de la guerra desatada por la actual administración, impidieron que puntos de vista contrarios lograran algún espacio en los medios de comunicación. De hecho, John y yo conocemos a personas que trabajaban como consultores de relaciones públicas de grupos pacifistas. Ellos también llamaban a los periódicos y a las cadenas de televisión y les pedían que entrevistaran a miembros de esos grupos. Su petición era siempre rechazada. El efecto fue que un punto de vista tuvo toda la divulgación posible, mientras que el otro fue totalmente silenciado.

[Bernie Dwyer] Ellos parecían haber desarrollado un programa de acción detallado que podría aplicarse contra cualquier enemigo ¿Cree usted que algo así pudiera usarse contra Cuba?

[John Stauber] Desgraciadamente, hemos sido testigos del éxito de la campaña anticubana desarrollada conjuntamente por ambos partidos aquí en Estados Unidos desde la imposición del embargo décadas atrás. Resulta verdaderamente difícil encontrar en Estados Unidos un informe investigativo serio y objetivo sobre las relaciones entre ambos países. En parte, se debe a la gran influencia que ejerce el cabildeo anticastrista, en especial dentro del Partido Republicano, pero también dentro del Partido Demócrata, lo cuál se puso de manifiesto hasta cierto punto en la política seguida alrededor del caso del niño Elián González.

Pienso que el tipo de propaganda utilizada para conseguir el apoyo del pueblo estadounidense a esta guerra no es algo nuevo. Los estadounidenses nos engañamos a nosotros mismos, pensando que no hay propaganda en Estados Unidos porque contamos con medios de comunicación libres e independientes, tenemos la Primera Enmienda, derechos constitucionales que abogan y defienden la libertad de expresión y de asociación y una opinión pública con un alto grado de instrucción. Pero la realidad es que Estados Unidos es el país del mundo donde hay más propaganda y ésta es un negocio muy sofisticado publicidad y relaciones públicas y en las últimas décadas, las relaciones públicas y la política se han fusionado de varias maneras que nosotros abordamos en PR Watch y en nuestro sitio web: *www.prwatch.org.*

Pero si se fija bien en la actual administración, comprobará que muchos de los más altos funcionarios son veteranos de anteriores administraciones, como la del presidente Reagan o la de Bush padre. En nuestro primer libro "Toxic Sludge is Good for You", Sheldon y yo escribimos un extenso trabajo sobre las maneras en que se le vendió a la opinión pública la política de Estados Unidos respecto a Centroamérica, incluido el financiamiento de la Contra asesina en Nicaragua, a través de una campaña de relaciones públicas que violó las leyes estadounidenses. Sin embargo, la campaña de relaciones públicas, desatada durante la Adm.nistración del presidente Reagan, logró convencer a la mayoría del pueblo estadounidense de que los Contras eran en realidad luchadores por la libertad y la democracia.

Existe una larga historia reciente de cómo el gobierno de Estados Unidos utiliza la campaña propagandística, especialmente en su política exterior dirigida a Las Américas. Sin embargo, ésta última campaña propagandística que vendió la guerra en Irak, y que nosotros documentamos en nuestro libro ¨Armas de engaño en masa¨ constituye el mayor, más reciente y desconcertante esfuerzo porque aún hoy está en marcha.

[Bernie Dwyer] En su libro, usted desafía los sistemas de creencia de muchas personas ¿Tiene alguna alternativa que ofrecer?

[Sheldon Rampton] Pienso que a la larga necesitamos pensar en algunas alternativas a estas campañas propagandísticas. La propaganda es un estilo de la comunicación en el cuál el propagandista es el comunicador privilegiado. Su función es la de educar al resto de las personas a fin de volverlas destinatarios pasivos del mensaje diseñado por él, a quien deben ver como un ser superior a ellos. Existen otras formas de comunicación que las personas utilizan todo el tiempo. Si usted conversa con un vecino suyo, esa conversación no se considera propaganda. Ello no significa necesariamente que usted esté intentando educar o adoctrinar a su vecino.

Creo que debemos pensar seriamente en la era de la información en que vivimos y las maneras en que los medios masivos de comunicación pueden funcionar como instrumentos de propaganda. Debemos crear medios alternativos de comunicación. Esa sería una respuesta. Otra respuesta sería el buen activismo político como se hacía antes y que nos eduquemos a nosotros mismos, en lugar de permitir que poderosas instituciones, gobiernos y corporaciones nos digan qué pensar.

[John Stauber] Concuerdo con lo que ha dicho Sheldon. Es importante que nos volvamos pensadores críticos, que hagamos nuestros propios análisis y no confiemos ciegamente en cualquier información o fuente de información como si se tratara del evangelio. La propaganda sólo triunfa en la medida en que las personas son incapaces de pensar y decidir por sí mismas. Pienso que debemos desafiarnos a nosotros mismos para llegar a nuestras propias conclusiones. Como dijo Sheldon, un aspecto positivo sobre la actual situación es que hoy contamos con muchas fuentes alternativas de información. Sin embargo, probablemente el aspecto más negativo de la situación actual es que los medios masivos de comunicación, son la peor fuente informativa, pero son también los medios a los que recurren la mayoría de las personas en países como Estados Unidos. Por ende, resulta irónico que los medios masivos de comunicación, tales como la televisión, sean las fuentes a la que la mayoría de las personas recurren para informarse y que al propio tiempo sean los medios más propagandísticos. (John Stauber es fundador y director del Centro de Comunicación y Democracia de Madison, Wisconsin. Él y Sheldon Rampton han escrito varios libros, entre ellos "Trust Us, We´re Experts" y "Toxic Sludge is Good for You").

Señala el dicho popular que "la vaca no se acuerda de cuando fue ternera", afirmación que viene muy al caso cuando se le escucha hablar como un Rambo tonante al presidente George W. Bush a propósito de la mentirosa necesidad del mundo 'civilizado', 'cristiano y occidental', para atacar a Irak. Algunos despistados hasta lo califican de valiente. Sin embargo es preciso recordar que este supuesto 'supermacho', o 'machazo' muy bien protegido en la Casa Blanca por miles de elementos de los aparatos de seguridad, cuando tenía edad para integrarse en el servicio militar de su país, en años de la guerra de Vietnam, se negó a enrolarse en la army, y, con el apoyo del influyente 'papacito' alto jerarca de la CIA, entidad a la que luego dirigiría, se incorporó subrepticiamente en el cuerpo de bomberos! De este modo no iría a la guerra pues, según sus leyes, los bomberos son necesarios dentro de EE.UU. por si acaso 'los enemigos de la democracia' bombardeen las ciudades, resultando útiles para apagar incendios! ¡De este modo se zafó del servicio militar que tanto ponderaba su padre, uno de los más entusiastas apoyadores de la participación norteamericana en la guerra de Vietnam! Claro, pero siempre que vayan allá los hijos de las otras familias de EE.UU., en ningún caso los de la suya!

¿Para qué arriesgar a un crío de los Bush, deben haber pensado, cuando en una conflagración fallece todo tipo de personas involucradas en ella, como cuando en la II Guerra Mundial pereció Joseph Kennedy y quedó herido su hermano John, quien sería el presidente asesinado en 1963, en Dallas, capital del poder petrolero en EE.UU.? Como gallina clueca que cuida a su polluelo papá George intervino para precautelar con su poderosa ala protectora de la CIA a su 'bebecito', más aún cuando consideraba que en ese gigantesco país para algo existen decenas de millones de hispanos y negros, utilizados siempre como simple y barata carne de cañón, como ciudadanos siempre acosados por urgencias vitales y soldados descartables!

¿Quién reclama cuando muere un hispano o un negro enrolado por el hambre, la necesidad y la desocupación en la army? ¿Acaso no basta una medalla de hojalata, y las lágrimas de cocodrilo en algún discurso de ocasión, para consolar a sus deudos que pierden un ser querido e irrepetible para siempre? ¿Acaso en el país de la 'defensa de la civilización occidental y cristiana' no es conocido el viejo dogma de que en el cielo de los blancos racistas (del Ku Klux Klan, Skull and Bones, Brown Brothers Harriman y los Bilderberg) no pueden ingresar los negros, los hispanos y los blancos solidarios? ¿Acaso no es 'lógico', desde su perspectiva racista y pseudoreligiosa, que los soldados descartables también posean almas descartables y de menor jerarquía? ¿Quién puede exigir o garantizar un cielo permanente para las pobres almas descartables de los ciudadanos de segunda y tercera clase 'nacidos' para la inmolación al servicio de los intereses insaciables de las transnacionales del petróleo, la guerra y las finanzas?

¿De qué patriotismo puede hablar quien se negó a servir a su patria mientras su familia se solazaba mandando al matadero de Vietnam a los hijos de familias afroamericanas e hispanas? ¿Acaso no se conocen y se han denunciado hasta la saciedad los intereses de su abuelo Prescott Bush en la industria armamentística y en grupos financieros como el *Unión Banking Company* (UBC), donde en unidad con su suegro George Herbert Walker (bisabuelo materno del actual mandatario), se asociaron desde antes de la II Guerra Mundial con el industrial alemán Fritz Thyssen para financiar las labores de Hitler desde antes de la citada conflagración? ¿Acaso no es célebre la no menos denunciada incautación del 10 de octubre de 1942, por parte del gobierno de Franklin Delano Roosevelt, de las operaciones bancarias del nazismo a través del UBC, dirigido entonces por Prescott Bush, aplicando la legislación que prohibía el comercio con los enemigos de EE.UU.; dinero que fue restituido en parte a los Bush en 1951 merced a las gestiones de poderosas hermandades secretas a las cuales están vinculados?

¿Se han olvidado todos los ciudadanos del papel de George Bush padre y del coronel Oliver North en la creación y comercialización del 'crack' o cocaína artificial, en complicidad con la CIA, con cuyas ganancias financiaban tareas criminales en contra de Irán y la Nicaragua sandinista, todo ello sobre la base de destruir el cerebro de los consumidores de los barrios de negros e hispanos de las ciudades más importantes de los EE.UU.?

¿Acaso no son los desplazados a Kuwait y otros enclaves cercanos a Irak soldados descartables de origen negro y latino en su inmensa mayoría, mientras el mariscal de bomberos George W. Bush vocifera desde su muy bien guardado refugio, con el ánimo de sorprender a un pueblo creyente, desinformado y generoso, que Dios se ha alineado a su lado, como si Él fuese socio de rapiñas y genocidios? ¿No es un grave insulto y profanación religiosa tomar en vano su nombre al decir que Dios se ha convertido en socio de latrocinios y miembro de una poderosa banda de asesinos? ¿Es que alguien puede suponer que Dios está junto a quien prevé matar mujeres, ancianos y niños inocentes, y sin culpa alguna de lo que acontece, de todos los confines de Irak, como si fuese un vulgar Tony Blair cualquiera, galgo de maleantes? Si Herodes mató muchos niños con la esperanza tenebrosa de eliminar a Jesús, no es ni un pálido reflejo de la capacidad homicida de quienes han matado más de un millón y medio de niños con el embargo a este país y sin contar el eventual envío de miles de cohetes y mísiles que no escogen a las víctimas! ¿A cuántas personas e infantes podría haber matado Herodes si hubiese dispuesto en sus manos de los medios tenebrosos que dispone George W. Bush? ¿O es que acaso existe la reencarnación?

¿Es decente, honesto, sincero, transparente, un supuesto 'patriotismo' que busca la muerte de incontables hijos de hogares pobres de su propio país en una guerra de atraco y vulgar pirataje para matando a incontables seres humanos desconocidos de un lejano país como Irak, robar y apropiarse de sus reservas petroleras (las segundas más grandes del planeta) y demás recursos naturales, amenazándolo con utilizar bombas atómicas por ser sospechoso de poseer armas de destrucción masiva, como si dichas bombas atómicas no lo fueran y como si EE.UU. no fuese el único país que ya las utilizó en Hiroshima y Nagasaki en agosto de 1945? ¿Acaso la gente sensata e informada no conoce que los móviles de los Bush nunca han sido los de la nación norteamericana sino los de las transnacionales de las finanzas, del petróleo y del *complejo industrial-militar* con los que siempre han estado vinculados por generaciones? ¿Qué haría George W. Bush si sus hijos viviesen en Bagdad y Saddam Hussein le amenazara en la misma forma y con los mismos medios que él lo hace desde Washington? ¿Quién ganaría en el mundo en un concurso de matones a inocentes?

Salta a la vista el discurso farsante de Bush, quien aunque resulta simplón llega a entender que si dice la verdad, que la guerra es para apoderarse del petróleo de un pueblo embargado su economía desde hace más de una década, no tendría ningún apoyo; en tanto que si miente con osada desvergüenza, alegando que lucha por la libertad y que Dios está a su lado, puede sumar a ciudadanos cándidos o empobrecidos al extremo, capaces de olvidar por conveniencia, aunque sea en forma momentánea, que Dios, según las creencias de cualquier grupo religioso del mundo, jamás ha sido ni asesino ni ladrón y que antes bien está siempre dispuesto a castigar a sus cultores.

¿De qué respeto a las resoluciones de la ONU exige quien se hace de la vista gorda, con total desfachatez, a las decisiones que obligan, por reiteradas veces, a devolver, por parte de Israel, Gaza y Cisjordania? ¿De qué respeto a los derechos humanos habla el gobierno que se niega a cumplir con el acuerdo de Kyoto, Japón, ya firmado por su antecesor, que pretende suspender la destrucción y contaminación del planeta, hábitat de miles de millones de seres humanos? ¿No es acaso una farsa hablar de lucha contra el terrorismo y el crimen al negarse a suscribir su adhesión al Tribunal Penal Internacional, para evitar responder por crímenes tales como destruir una república entera como Afganistán dizque para neutralizar al agente de la CIA Osama Bin Laden, socio en el negocio petrolero, cuando todo el mundo sabe que la verdadera razón fue apoderarse de las reservas de gas e hidrocarburos de esa región? ¿Acaso es desconocido que el gobierno de los talibanes fue instalado en Kabul con el apoyo de los propios EE.UU., del mismo modo que Saddam Hussein recibía ese mismo apoyo para que atacara al Irán dirigido por el Ayatolla Komeini? ¡Difícilmente puede encontrarse tanto cinismo que en quien tanto miente alegando hipócrita y farsantemente que Dios está a su lado asociándose para tareas de pillaje y violando sus propios mandamientos de 'No matar' y 'No robar'!

En la "Breve Historia del Neocolonialismo Norteamericano", escrito por Nguyen Khac Vien, el autor nos recuerda que en las memorias del general Smedley Butler, comandante en jefe de los marines, éste relevante hombre de armas a quien le pretendieron sobornar las multitacionales para con su prestigio respaldar un eventual golpe de Estado y evitar que Roosvelt declarara la guerra al nazismo, escribió: 'He pasado 35 años y cinco meses en el servicio activo como miembro de la fuerza más eficaz de este país, el cuerpo de marines, y durante ese tiempo no fui más que un ganster a sueldo de los grandes consorcios de Wall Street y de los banqueros. Ayudé en 1914 a hacer de Méjico, especialmente de Tampico, lugar seguro para los intereses petroleros. Ayudé a hacer de Haití y Cuba lugares convenientes para que el National City Bank cobrara sus ganancias. Ayudé, entre 1909 y 1912, a purificar Nicaragua para la *Banking House of Brown Brothers*. Llevé la luz a República Dominicana en 1916, en favor de los intereses azucareros norteamericanos.'

En dicho texto quedó impregnado, una vez más, la desnudada y ordinaria condición de las fuerzas armadas de los EE.UU.: defender los insaciables intereses económicos de las transnacionales con la vida y contribuciones de sus ciudadanos. Nada más. A confesión de parte relevo de prueba: los soldados o 'combatientes por la libertad y la democracia' se convierten en simples gánsteres a sueldo de los grandes consorcios de Wall Street, de las multinacionales y de sus dueños, los banqueros! ¡Así fue ayer, así es hoy y así será mañana! ¡Constituyen el guardachoque de las grandes transnacionales que utilizando sus propios medios de comunicación les convencen a los uniformados despistados que pelean por la democracia, la libertad y otras palabras bonitas y nobles que, si embargo, encubren el osario permanente de centenares de miles y millones de seres humanos asesinados a causa de sus incursiones injustificadas en contra de pueblos cuyo mayor delito ha sido luchar por la independencia y soberanía nacionales, así como por el uso racional y autónomo de sus recursos naturales en una sociedad menos injusta.

Pero esa confesión reveladora del general Smedley Butler no es la única referencia que existe en este mismo sentido. Historiadores serios de los mismos Estados Unidos reconocen que, en 1916, el general John Persing invadió México para poner frente de las explotaciones petrolíferas de este hermano país a la Standard Oil de Nueva Jersey (hoy la Exxon) y a la Shell, empresas multinacionales que se mantendrían allí hasta 1938, año en que el entonces presidente de México, el general Lázaro Cárdenas, nacionalizó el petróleo.

Resulta notorio que los gobiernos elegidos y representantes de los intereses de los grupos financieros, complejos industrial militares y multinacionales de los hidrocarburos de EE.UU., necesitan mentir con habilidad para enrolar en su servicio a los incautos. Requieren engañar a la ciudadanía norteamericana para que ésta acepte el crimen y el genocidio como lucha por principios. Como lo recordaba el propio ex comandante en jefe de las tropas aliadas y de EE.UU. en la II Guerra Mundial, y presidente entre 1956 a 1960, el general Dwigth Eisenhower: 'Los hombres están dispuestos a morir por la libertad, pero no por una torre de petróleo'! ¿Cómo hacerles pelear a los cándidos, insensatos y crédulos por la torre de petróleo? ¡Ocultándoles la verdad y haciéndoles creer que pelean por la libertad y por su patria! Las multinacionales saben, además, por larguísima experiencia en el manejo del crimen, que los seres usados por su insaciable codicia cuando muertos ya no tienen oportunidad para reclamar nada y a nadie! ¡Preveyendo y vislumbrando en el tiempo los alcances de la codicia insaciable de las multinacionales, el dirigente francés Clemenceau ya reconoció, en este sentido, hace muchos años que 'Una gota de petróleo vale una gota de sangre'! ¡Allí la permuta de sangre de soldados afroamericanos e hispanos, así como de ciudadanos víctimas de las naciones atacadas, por el petróleo para las empresas manejadas desde Wall Street!

Como en otros períodos, caso de Richard Nixon, Henry Kissinger, Gerald Ford, Henry Kissinger, Ronald Reagan, George Bush padre, las acciones de quienes dirigen a EE.UU. han estado indisolublemente unidas a sus negocios particulares antes que a dudosos objetivos nacionales. Para evidenciarlo es conveniente repasar, en el caso presente, el tipo de nexos de los principales ejecutivos del actual régimen con las multitacionales.

El actual presidente, George W. Bush, tiene la siguiente 'hoja de vida': accionista de las compañías hidrocarburíferas Arbusto Oil y Bush Exploration; Harken Oil and Gas; como patrimonio familiar tiene nexos con importantes entidades financieras e inversiones en el complejo industrial militar, siendo conocido que su abuelo el senador Prescott Bush, desde principios del siglo XX, era accionista de empresas de armas y cuya fortuna se multiplicó desde la primera guerra mundial. Esta fortuna e intereses fueron heredados por George Bush padre, también presidente de los EE.UU. y quien desató la guerra por Kuwait en 1991 (provincia de Irak hasta 1959, cuando fue escindida por los ingleses para llevarse sus reservas petroleras colosales), por estrictos intereses hidrocarburíferos.

De acuerdo a la revista norteamericana FORTUNE, la guerra contra Irak en 1991 tenía el principal propósito de asegurarse Kuwait, donde 8 de las 9 más grandes compañías petroleras allí asentadas eran yanquis, y cuyas reservas totales reconocidas y en explotación en Kuwait tenían entonces los siguientes porcentajes de dichas transnacionales: la Texaco, el 92%; la Atlantic Richfield en el 51%; la US USX en el 31%; la Chevron en el 26%; la Amoco en el 23%; la Philip Petroleum en el 23%; la EXXON en el 22%; y la *Mobil Oil* en el 12%. ¡He allí el verdadero trasfondo de la falsa lucha por la 'libertad' y la 'democracia', palabras tras las cuales se esconden la codicia y avidez insaciables de las multitacionales del petróleo, la guerra y las finanzas! ¡Para defender estos intereses llevaron con tanta fanfarria patriotera cientos de miles de soldados afroamericanos, hispanos y algunos blancos pobres a esa región!

Pero eso no es todo. El vicepresidente Dick Cheney, ex secretario de Defensa con Ronald Reagan, fue gerente de la Haliburton, empresa en la cual ganó en cinco años 50 millones de dólares por servicios petroleros. Por su parte Condoleezza Rice, actual presidenta del Consejo de Seguridad Nacional de EE.UU. fue miembro del Directorio de la petrolera *Chevron* entre 1991 al 2001, habiéndose desempeñado también como gerente de la Exxon por varios años. Thomas White, Secretario Adjunto de Defensa, fue vicepresidente de la *Enron Corporation*. Donald Evans, Secretario de Comercio, se ha desempeñado como presidente de la petrolera *Tom Brown Inc.*, donde se conoce que tiene cinco millones de dólares en acciones, además se haber sido director de la petrolera *TMBR Sharp Drilling*. Kathleen Cooper, Secretaria de Asuntos Económicos, siempre ha sido conocida como importante ejecutiva de la *Exxon* (*Standard Oil* de Nueva Jersey, la más grande petrolera del mundo). Por su parte el frenético e incontrolable apologista de la guerra Donald Rumsfeld siempre fue identificado, en varias publicaciones, por mantener nexos con personeros de la *Hughes Aircraft Company* y la *Rockwell International Company*, grandes abastecedoras de armas y de las más importantes empresas del complejo industrial militar de los EE.UU. que controla el 32% de su economía, la más poderosa del globo terráqueo.

Conviene, a este propósito, no olvidar que en el discurso de despedida del poder por parte de Dwigth Eisenhower, en enero de 1960, éste advirtió con pleno y absoluto conocimiento de lo que decía, que el mayor riesgo que tendría EE.UU., a futuro, era 'el peligro del complejo industrial militar', e instó en varias oportunidades a que se cuidaran de él y supervigilaran sus actividades con todo celo. 'Sólo una ciudadanía vigilante y enterada puede obligar a que se concilie como es debido el enorme aparato industrial y militar de la defensa con nuestros métodos y fines pacíficos, de manera que la seguridad y la libertad puedan prosperar juntas... parece que ha llegado ya el momento de que los votantes exijan al Congreso hacer algo para poner bajo control democrático esa fuerza tan vasta y penetrante', advirtió en tono apremiante, en claro mensaje de despedida, como si fuese un consejo vital de un padre moribundo.

Lo que jamás imaginó entonces Eisenhower es que los más importantes accionistas de este terrible e incontrolado complejo industrial militar se apoderarían del poder político total mediante un escandaloso y descarado fraude electoral y serían, a la vez, los mismos dueños y representantes de las transnacionales de las finanzas y los hidrocarburos, y que utilizarían todo ese colosal e inimaginable poder acumulado, y capacidad de engaño sin límites, para depredar con inauditos actos de pirataje a los pueblos de todos los confines de la tierra y cuya tragedia mayor es haber dispuesto de incalculables recursos naturales, objeto de su ambición depredadora, incontrolable, frenética e insaciable! El asalto de Irak no es más que eso: una repulsiva rapiña imperial impuesta por los círculos insaciables de la industria de la guerra, del petróleo y las finanzas! Y lo que tampoco imaginó jamás Dwigth Eisenhower, es que alguien con muchísima mayor capacidad de hacer daño que Adolfo Hitler, un irresponsable conciudadano suyo, a nombre de un pueblo tan noble como el norteamericano que ha generado seres tan maravillosos como Martin Luther King, sería el encargado de concentrar en su contra el repudio y condena de un planeta entero al asistir estupefacto e inerme ante su capacidad cínica de mentir y predisposición para matar! Jamás habría de suponer que, con el paso de los años, le sucedería, en las más altas funciones de su país, un ser provisto de incurable descaro para encubrir su objetivo de despojar utilizando todos los medios a su alcance los recursos naturales de otros países, en nombre de nobles conceptos prostituidos en su boca, tales como 'democracia', 'libertad' y 'derechos humanos'! ¡Sin duda que los restos de George Washington, Thomas Jefferson y Abraham Lincoln, patriotas decorosos, deben revolcar de indignación y vergüenza en sus tumbas!

A finales de los años 80', en ese entonces cuando George W. Bush dirigía la *Harken Energy* Company, una pequeña sociedad petrolera texana, el actual presidente estadounidense hizo fortuna llevándose el contrato de la concesión petrolera del emirato de Bahreïn. Este arreglo y falsa transacción era nada menos que la retribución de una comisión sobre las ventas realizadas por el presidente Bush padre en el Kuweit. La operación implicaba diversos intermediarios de Arabia Saudita, en la cual se encontraba Salem Ben Laden, hermano mayor de Usama Ben Laden y accionario de la *Harken Energy*... Las informaciones revelan las redes financieras desarrolladas mancomunadamente desde hace veinte años por las familias Bush y Ben Laden. Un mundo oculto de comerciantes, traficantes de armas y drogas. Un mundo donde se cruzan el banquero nazi Francois Genoud como antiguos directores de la CIA y de los servicios secretos de Arabia Saudita. Y si esta llamada "Guerra al Terrorismo" ¿ocultaría intereses inimaginables?

Los autores de los atentados del 11 de septiembre 2001 y las personas que estuvieron informadas de estos hechos terroristas pudieron prever, anticipar y saber cuales serían las repercusiones económicas del ataque. En consecuencia, esto les permitió realizar movimientos especulativos en la Bolsa de valores sobre las acciones de las compañías aéreas propietarias de los aviones secuestrados, sobre las sociedades que tenían una sede social en las torres gemelas del World Trade Center y de sus respectivos seguros. Ellos también pudieron anticipar una probable baja general del conjunto de los valores cotizados en la Bolsa. Para poder realizar todo esto sólo tenían que especular a la baja comprando no las acciones de estas empresas, sino de "puts", esto significa "opciones de venta".

La identificación de los "iniciados" implicados en este delito financiero, no representa solamente una pieza clave en materia de fraude bursátil, sino y sobre todo un medio de establecer, directamente o indirectamente la identidad de los autores de los atentados del 11 de septiembre 2001.

Días después de los atentados del 11 de septiembre, movimientos en la Bolsa con las características de "delito financiero" fueron realizados seis días antes del ataque. La acción en la Bolsa de la United Airlines (compañía propietaria de los aviones que se estrellaron en la torre sud del WTC y a Pittsburg) bajo artificialmente de 42%. La de *American Airlines* (compañía propietaria del avión que se estrelló sobre la torre Norte del WTC, y del supuesto avión que desapareció en su impacto contra el Pentágono) cayó igualmente de 39%. Ninguna otra compañía aérea en el mundo había sido objeto de tales movimientos especulativos, a excepción de la KLM Royal Dutch Airlines. De manera que se puede deducir que un avión de la compañía holandesa también se habría encontrado en la mira de los terroristas para realizar tal vez, un quinto atentado, igualmente con un avión secuestrado.

Comportamientos idénticos se constataron sobre en las opciones de venta de los títulos de la *Morgan Stanley Dean Witter & Co* que fueron multiplicados por doce una semana antes de los atentados. Dicha sociedad ocupaba veintidos pisos del WTC. Lo mismo ocurrió sobre las opciones de venta del primer corredor en Bolsa del mundo, *Merry Lynch & Co*, cuya sede social se encuentra en un edificio vecino al WTC amenazado con desplomarse, sus acciones fueron multiplicadas por veinticinco. Y sobre todo para las opciones de venta respecto a las acciones de los aseguradores implicados: *Munich, Re, Swiss et Ax*a.

La Comisión de Control de las operaciones bursátiles de Chicago fue la primera en dar la alerta. Ella constató que en la Bolsa de Chicago, los iniciados habían realizado 5 millones de dólares de plusvalua o beneficio sobre la United Airlines, 4 millones de dólares sobre la *American Airlines* 1,2 millones de dólares sobre la *Morgan Stanley Dean Witter & Co* y 5,5 millones de dólares sobre la *Merril Lynch & Co*.

Las autoridades de control de cada gran plaza bursátil o Bolsa de valores, recensaron los beneficios realizados por los iniciados. Las investigaciones fueron coordenadas por la Organización internacional de comisiones de valores (IOSCO).

El 15 de octubre 2001 se realizó una videoconferencia donde las autoridades nacionales presentaron sus primeros informes. Aparece que las plusvaluas ilícitas sumarían centenas de millones de dólares, hecho que constituye el "más grande e importante delito financiero de todos los tiempos" llevado a cabo por estos "iniciados".

Fue posible de establecer que la mayor parte de las transacciones financieras habían sido "llevadas" a cabo por la *Deutsche Bank* y su filial norteamericana de inversiones, Alex Brown. Esta sociedad estaba dirigida hasta el año 1998 por une personaje singular, el señor A.B. Krongard. Capitán de los Marines, apasionado del tiro y de artes marciales. Este banquero se convirtió en consejero del director de la CIA y, desde el 26 de marzo del 2001, número tres de la Agencia de espionaje norteamericana (CIA). Teniendo en cuenta la importancia de la investigación y de la influencia de A.B. Krongard, se pensaba que la sociedad Alex Brown cooperaría sin dificultad con las autoridades para facilitar la identificación de los delincuentes financieros. No fue el caso y nada se ha hecho hasta ahora. Del mismo modo, se pensaba que las revelaciones hechas por Ernest Backes hace algunos meses, de la existencia de registros de los principales cambios interbancarios por dos organismos de "clearing", cosa que habría facilitado la cacería de los investigadores, una vez más, nada fue hecho para esclarecer el asunto.

A pesar de las declaraciones belicistas de los dirigentes occidentales contra el "Terrorismo", el hecho es que se ha renunciado a llevar las investigaciones hasta su término, cómo si se hubiese tirado la toalla en una pelea de box antes de empezar el combate, a pesar que la paz mundial está en juego o mucho depende de ello. Se trata de hacer creer a la opinión pública mundial que la discreción y opacidad de los paraísos fiscales no ayudaría ni permitiría encontrar las "pistas" de estas transacciones ilegales, lo que permitiría llegar hasta los criminales terroristas implicados en estos atentados.

Entre tanto, los delincuentes financieros renunciaron prudentemente de cobrar los 2,5 millones de dólares de plusvalua sobre la *American Airlines*, la alerta no les dio el tiempo de cobrar los últimos millones de ganancia.

Al mismo tiempo, otras investigaciones se han llevado a cabo para determinar la importancia de la fortuna de Usama Ben Laden, el presunto autor de los atentados terroristas y poder ubicar las sociedades financieras que él controla.

Graduado en administración y en economía de la *King Abdul Aziz University*, Usama Ben Laden es un hombre de negocios muy listo. En 1979 fue solicitado por su tutor, el príncipe Turki al Fayçal al Saud (director en ese entonces de los servicios secretos de Arabia Saudita, de 1977 a agosto 2001), para dirigir y administrar financieramente las operaciones secretas de la CIA en Afganistán. En pocos años, la CIA invirtió dos mil millones de dólares en Afganistán para hacer fracasar la invasión de la URSS, hecho que constituye como la operación secreta más costosa y nunca antes realizada por la Agencia de espionaje estadounidense: Sin equivalente en la historia.

En 1994, mientras que Ben Laden se había convertido en el enemigo público número uno de los Estados Unidos y que la Arabia Saudita lo había despojado de su nacionalidad, Usama Ben Laden heredó alrededor de 300 millones de dólares, parte que le correspondía en el seno de la sociedad familial la *Saudi Binladen Groupe SBG*.

Este holding, el más importante de Arabia Saudita, genera una mitad del monto total de sus beneficios en la construcción y los trabajaos públicos, la otra mitad de sus ganancias se hacían en la ingeniería, el inmobiliario, la distribución, las telecomunicaciones y la edición.

La SBG creó igualmente una sociedad suiza de inversiones, la SICO (*Saudi Investment Company*), quien creó a su vez varias otras sociedades con las filiales de la *National Commercial Bank* de Arabia Saudita.

La SBG detiene importantes participaciones en la *General Electric, Nortel Networks* y la *Cadbury Schweppes*. Las actividades industriales de la SBG están representadas en los Estados Unidos por Adnan Khashoggi (ex cuñado de Mohammed al Fayçal), mientras que sus capitales financieros son administrados por la *Carlyle Group*. Hasta 1996, todos los montajes de las filiales de la SBG eran preparadas en Lausana (Suiza) por su consejero, el banquero nazi Francois Genoud.

La SGB es también indisociable del régimen wahhabite, régimen reinante en Arabia Saudita, al punto de haber sido el contratante oficial y único para la construcción y la gestión de los lugares santos del reino, Medina y la Meca. Del mismo modo, se llevó la mayor parte de los contratos BTP para la construcción de las bases militares estadounidenses en Arabia Saudita y también para la reconstrucción del Kuwait después de la Guerra del Golfo.

El grupo SBG fue fundado en 1931 por el patriarca, el cheikh Mohammed Ben Laden. Después de haber fallecido en 1968, su hijo mayor Salem lo sucedió. Salem a su vez falleció en un "accidente" de avión ocurrido en Texas, EE.UU. en 1988. Hoy la SBG es dirigida por Bark, el segundo hijo del fundador. A pesar que la SBG declara que ha roto todo contacto con Usama Ben Laden desde 1994, son numerosos los autores y especialistas que hacen la diferencia entre el derecho positivo y el derecho de costumbre, y pretenden que el líder integrista continúa de ejercer una autoridad moral y a recibir sus dividendos respectivos.

Usama Ben Laden invirtió su herencia en la creación de varios bancos, sociedades agroalimentarias y de la distribución en el Sudán. En este surtido abanico de empresas, Usama Ben Laden colocó 50 millones de dólares en el *AlShamal Islamic Bank*, en la cual la *Tadamon Islamic Bank* (logo abajo derecha) es un accionario de referencia.

Por esta imbricación financiera, Usama Ben Laden se convierte en el socio financiero del ministro de Asuntos Sociales de los Emiratos Árabes Unidos y de la Dar alMaal al Islami, que el príncipe Mamad Al Faisal utiliza para financiar en el nombre de la Arabia Saudita el conjunto de los movimientos, asociaciones y activistas wahhabites en el mundo. Usama Ben Laden goza igualmente con la reputación de detener importantes partes en la *Dubai Islamic Bank* de Mohammed Khalfan Ben Kharbash, ministro de Finanzas de los Emiratos Árabes Unidos.

Con la ayuda en un principio del coronel Omar Asan elBechir y más tarde de Hassan elTourabi, Usama Ben Laden logró desarrollar diversas compañías en el Sudán, construyendo un aeropuerto, autopistas, un oleoducto y controlando la mayor parte de la producción de la goma arábica. A pesar de todas estas realizaciones, fue expulsado del Sudán en 1996. Se sospecha que Usama Ben Laden habría sido un accionario del laboratorio farmacéutico de AlShifa, sospechado por los Estados Unidos de preparar armas químicas. Clinton hizo bombardear la planta en 1998.

Se le sospecha también de tener un rol principal en el comercio internacional del opium, donde el Afganistán es el primer productor mundial.

Osama Ben Laden ejerce una autoridad espiritual sobre las poderosas asociaciones caritativas musulmanes, principalmente en la *International Islamic Relief Organisation* (IIRO) y en la fundación del cuñado del rey Fahd, la Abdul Aziz al Ibrahim.

Si añadimos a su fortuna los stocks de armas de la primera guerra de Afganistán que Osama Ben Laden podría haber conservado, su fortuna podría ser evaluada entre 300 y 500 millones de dólares. Muy lejos de los 6 mil millones de dólares invocados por algunas personalidades políticas.

Sea como fuese, hasta hoy, ningún elemento indica, ni permite, ni demuestra las posibles conexiones de las sociedades controladas por el líder integrista Osama Ben Laden con los autores del "delito financiero" del 11 de septiembre 2001.

Dos personalidades de primer orden aparecen omnipresentes en las sociedades de Usama Ben Laden: el cheikh Khaled Salim Ben Mahfouz et Saleh Idris.

Según la revista FORBES, Khaled Ben Mahfouz detiene la 251 fortuna mundial, evaluada en 1,9 billones de dólares. Su padre fundó el principal banco de Arabia Saudita, el *National Comercial Bank* (la sede de la NCB se encuentra en Djeddah), el cual creó diversas sociedades con la SICO del *Binladen Group*. La hermana de Mahfouz se casó con Usama Ben Laden.

Hasta 1996, tanto los Ben Mahfouz como los Ben Laden, recurrían a los servicios y consejos del banquero nazi Francois Genoud para los montajes de sus filiales financieras. Khaled Ben Mahfouz dispone de una residencia en Houston (Texas) y con el apoyo de la familia Bush, compró una parte del aeropuerto de la ciudad para su utilización personal. Posee igualmente muchas sociedades en el mundo entero.

A pesar de ser un socio comercial y habitual de Usama Ben Laden, Khaled Ben Mahfouz es un hombre de negocios muy respetado en las principales plazas financieras del mundo. Cosa que debería llamar mucho la atención y sorprendernos, ya que Ben Mahfouz estuvo también en el epicentro de un gigantesco escándalo bancario a comienzos de los años 90, el caso del "crack" o bancarrota del BCCI ver informe.

El *Bank of Credit and Commerce International* (BCCI) fue un establecimiento anglopakistaní con sucursales en 73 países. Controlado por tres poderosas familias: le Gokal (Pakistán), les Ben Mahfouz (Arabia Saudita) y los Geith Pharaon (Abu Dabi).

Este banco fue utilizado por Ronald Reagan para sobornar y corromper al gobierno iraní para que retardara la liberación de los rehenes norteamericanos de la embajada en Teherán.

La finalidad era sabotear y desprestigiar el final de la presidencia de Jimmy Carter (operación llamada "October Surprise"). Más tarde, con los auspicios del ex director de la CIA y vicepresidente George Bush (padre), la administración Reagan utilizó nuevamente el BCCI para hacer transitar las donaciones de Arabia Saudita a los "Contras" de Nicaragua, igualmente vehículo el dinero de la CIA destinado a los Mujahidines en Afganistán que peleaban contra Unión Soviética y el comunismo.

El BCCI estuvo igualmente implicado en el tráfico de armas del "trader" sirio Sarkis Sarkenalian, en el escándalo de Keatinga en los Estados Unidos, en los asuntos del "trader" Marc Rich, en el financiamiento del grupo Abu Nidal, etc. En definitiva, el banco BCCI naufragó cuando se probó que blanqueaba el dinero del Cartel de Medellín. Cuando la justicia cerró sus puertas, el BCCI despojaba los ahorros de más de un millón de pequeños clientes en el mundo, todas estas modestas personas embaucadas nunca pudieron recuperar nunca su dinero.

El BCCI fue manipulado, cierto, pero pensar que el banco fue creado por la CIA no debe sorprendernos. Existe una larga tradición bancaria en los servicios secretos norteamericanos desde la fundación de la OSS por los abogados en negocios y corredores de Bolsa del Wall Street. Dos antiguos directores de la CIA, Richard Helms y William Casey, trabajaron en la BCCI, así que prestigiosos agentes de influencia de la CIA, Adnan Khashoggi y Manucher Ghobanifar (los principales traders del Irangate). No hablemos de Kamal Adham (cuñado del rey Fayçal y jefe de los servicios secretos de Arabia Saudita hasta 1977), del príncipe Turki alFayçal alSaud (jefe de los servicios secretos de Arabia Saudita hasta agosto 2001) y de Abdul Khalil (director adjunto a estos mismos servicios secretos).

La BCCI trabajó en estrecha colaboración con la SICO, filial suiza de inversiones del *Saudi Ben Laden Group*, y entre los principales administradores de la SICO encontramos al medio hermano de Usama Ben Laden, Yeslam Ben Laden, quien recibió hace poco la nacionalidad suiza y que vive actualmente en Ginebra.

Un año antes de su bancarrota, la BCCI sirvió para montar una vasta operación de enriquecimiento ilícito de George W. Bush hijo, el actual presidente de los Estados Unidos, cuando este era director de una pequeña sociedad petrolera llamada *Harken Energy Corporation*. Harken se llevó las concesiones petroleras del estado de Bahrein, como parte de una comisión por los contratos norteamericanoskuwaitíes negociados por le presidente George Bush padre. Khaled Ben Mahfouz era accionario de la Harken a un nivel del 11,5 %. Sus acciones eran "llevadas" par uno de sus apoderados, Abdullah Taha Bakhsh. Mientras que uno de los hermanos de Usama Ben Laden, Salem, era uno de los representantes en la Dirección Ejecutiva de la compañía *Harken* mediante su apoderado norteamericano James R. Bath.

Acusado como el principal responsable de la bancarrota de la BCCI, Khaled Ben Mahfouz fue condenado por la justicia de Estados Unidos en 1992. A pesar de todo logró levantar las acusaciones que recaían sobre él en 1995 gracias a un acuerdo con sus socios creancieros por un monto de 245 millones de dólares.

En cuanto a Saleh Idris, director de la *Saudi Sudanese Bank* que no es más que una filial sudanesa de la *National Commercial Bank* de Khaled Ben Mahfouz. Idris era el socio de Usama Ben Laden en la fábrica farmacéutica de AlShifa.

En Inglaterra, Saleh Idris es el mayor accionario de *IES Digital Systems*, una importante compañía que produce materiales *hightech* de vigilancia electrónica.

Últimamente, la baronesa Cox se ha sorprendido mucho en la Cámara de Lores, que *IES Digital Systems* asegure la protección de los sitios más sensibles y estratégicos gubernamentales y militares británicos.

A los principales responsables y clientes de la BCCI los encontramos hoy en día en el Carlyle Group, un fondo de inversión en administración, cuyo grupo está especializado en gerencia de capitales financieros. Fue creado en 1987, sea cuatro años antes del naufragio del banco BCCI. Carlyle administra actualmente un portafolio de 12 mil millones de dólares. Detenta las participaciones mayoritarias en la bebida Seven Up (que embotella también la *Cadbury Schweppes*), *Federal Data Corporation* (que equipó la Federal Aviation Administration y su sistema de vigilancia del tráfico aéreo civil) y la *United Defense Industries Inc.* (el principal suministrador militar para los ejércitos de Estados Unidos, Turquía y Arabia Saudita).

Mediante las empresas que controla y administra, el *Carlyle Group* ocupa la posición once dentro de las compañías de armamento norteamericanas.

En 1990, el *Carlyle Group* fue acusado en un caso de extorsión de fondos. Una persona haciendo lobby para el Partido Republicano, Wayne Berman, había "racketteado" los fondos de pensión de los jubilados norteamericanos para financiar las campañas electorales de los Bush, uno de los responsable de dichos fondos aceptó de entregar un millón de dólares al *Carlyle Group* para obtener un contrato público en el Estado del Connecticut.

The Carlyle Group administra lo esencial de los fondos financieros del *Saudi BinLaden Group*.

Entre sus dirigentes encontramos Sami Mubarak Brama, el apoderado para la Gran Bretaña de la Khaled Ben Mahfouz, y Talat Othmann, un antiguo administrador de la *Harken Energy Corporation*, la sociedad que permitió a George W. Bush de enriquecerse ilegalmente.

El *Carlyle Group* esta presidido por Frank C. Carlucci (antiguo director adjunto de la CIA y posteriormente Secretario para la Defensa). Carlucci está aconsejado por James A. Baker III (antiguo jefe del consultorio del presidente Reagan, más tarde Secretario en el Tesoro y por terminar Ministro de Relaciones Exteriores bajo el mandato de Georges Bush padre). Otro consejero es Richard Darman (antiguo director del Presupuesto).

Distintamente a la idea que se hace todo el mundo, Usama Ben Laden no ha sido sólo un intermediario de la CIA, empleado para combatir el nacionalismo árabe y más tarde la Unión Soviética cuando ésta invadió el Afganistán, enarbolando así el estandarte de un islamismo radical. Usama Ben Laden ha sido y su familia sigue siéndolo uno de los principales socios financieros de la familia Bush. Si es exacto, como lo pretenden numerosos oficiales norteamericanos, que la familia Ben Laden continua de mantener relaciones con Usama Ben Laden y a financiar sus actividades políticas, entonces el *Carlyle Group* que administra los fondos millonarios del *Saudi BinLaden Group*, estaría prácticamente implicado en el delito financiero. Goerges Bush padre sería entonces uno de los suertudos beneficiados de las movidas bursátiles especulativas del 11 septiembre 2001.

En realidad, la humanidad está asistiendo al comienzo de la primera guerra global entre las corporaciones financieras internacionales; y entre los que aparecen involucrados en ella figuran un ex presidente de los Estados Unidos, varios ex secretarios de Estado, prominentes miembros del establishment republicano que actualmente ejercen su influencia en el seno de la Casa Blanca, y una compleja red de intereses cercanos a los grandes bancos y a las corporaciones del capital globalizado a través de los ubicuos fondos de inversión (...).

A fines de 2001, esas mismas empresas integran un conglomerado de intereses corporativos enfrentados, en torno a la apropiación y explotación de las principales reservas gasíferas del planeta y a la construcción del gasoducto que proveerá de energía barata a la Unión Europea. El escenario de esos intereses es nada menos que el territorio de Afganistán.

Arabia Saudita sigue siendo el principal aliado de los Estados Unidos en el mundo islámico. Una de las familias más ricas de ese país del Golfo participa en la propiedad accionaria de seis empresas radicadas en los Estados Unidos, que figuran en los registros de proveedores del Pentágono; una de esas empresas es Iridium, especializada en telefonía satelital; es proveedora también de la red de aeropuertos norteamericanos. Los principales accionistas de Iridium son miembros de la familia Ben Laden; su presidente es hermano del terrorista más buscado por el gobierno de los Estados Unidos, y su directorio contó con el apoyo de Washington cuando Iridium intentó ganar en Brasil una licitación para la compra de sistemas de radar y monitoreo informático del Amazonas...

A principios de la década del '90 las autoridades financieras norteamericanas iniciaron una operación agresiva para que buena parte de los capitales de origen saudita que habían ingresado en la titularidad compartida de bancos estadounidenses tradicionales, fuesen adquiridos por accionistas norteamericanos. El traspaso de acciones se cumplió, pero en la Reserva Federal es *vox populi* que muchos de esos nuevos compradores no son más que simples testaferros.

Se sabe, porque los norteamericanos lo han reconocido, que la organización talibán y el propio Osama ben Laden fueron creados, entrenados e impulsados por Washington durante los últimos años de la Guerra Fría. Pero lo que no se ha difundido tanto, aunque la inteligencia francesa se encarga de expresarlo cada vez que puede a medida que París fue perdiendo influencia en Africa es que la mayor parte de las organizaciones armadas del fundamentalismo islámico fueron también creaciones de los Estados Unidos, con el soporte financiero de Arabia Saudita. Así sucedió en Argelia, en Sudán, en Egipto e incluso entre los palestinos, para socavar, en este último caso, el poder de representación de la OLP y de Yasser Arafat...

Los datos de la realidad indican que las aparentemente conflictivas relaciones de los Estados Unidos con el Islam corren más por los sórdidos caminos secretos de las pujas financieras y económicas internacionales, que por enfrentamientos religiosos o culturales.

Sería oportuno recordar aquí que el padre y mentor del actual presidente norteamericano y algunos de los personajes más representativos del establishment republicano, actualmente en el gobierno y en guerra con Osama ben Laden, se reunían y hacían negocios con su familia después de que fuera hombre de Washington en la guerra afganosoviética y aun cuando ya había sido declarado enemigo número uno de los Estados Unidos. Para ese entonces, los tan siniestros talibanes también habían perdido el favor de la Casa Blanca, del

Pentágono y de la CIA, tras haber sido aliados y socios de éstos y de algunas de las empresas petroleras norteamericanas más poderosas.

A esta altura de los acontecimientos, es lícito reiterar la fundada sospecha de que los atentados sobre Nueva York y Washington podrían formar parte de una guerra que parece no ser otra cosa que un enfrentamiento intercorporativo financiero y económico global.

Informaciones procedentes de Nueva York dos días después de los atentados sostenían que los montos totales a pagar por las aseguradoras como consecuencia de los ataques a las Torres Gemelas podría llegar a los 30 mil millones de dólares, lo que significaría un verdadero *crash* para el sector.

Por consiguiente, cualquier inversor en acciones del rubro seguros tradicionalmente entre los papeles con menos oscilaciones del mercado hubiese querido retirarse antes de los ataques del 11 de setiembre; y si como publicó el diario argentino *La Nación* después de los atentados, las acciones de la aseguradora y las reaseguradoras más grandes habían caído un 15 por ciento promedio pocos días antes de los atentados, eso sólo pudo ser posible si los inversores sabían, porque alguien se lo había dicho, que algo catastrófico estaba por suceder.

Esas filtraciones de información solamente pueden originarse en los escritorios más importantes del mercado bursátil internacional, es decir en las principales agencias especializadas y entre los grandes bancos de inversión que pertenecen a quienes además manejan la suerte de las economías de los países subdesarrollados, eufemísticamente llamados mercados emergentes.

Los atentados del 11 de setiembre no provocaron recesión alguna sino que, por el contrario, permitirán salir de la desaceleración de la economía iniciada desde el momento en que se pinchó la burbuja informática. La economía capitalista global dará un salto de crecimiento porque aquellos ataques terroristas hicieron posible, entre otras cosas, que el corporativismo financiero internacional acometiera la operación de lavado más gigantesca de la historia.

El *establishment* político y mediático internacional afirma al unísono que las organizaciones terroristas se valen del sistema financiero para sostener sus operaciones. Las fundadas sospechas y los hechos comprobados que hemos ido anunciando, expresan la hipótesis inversa, que sostiene que el poder del terrorismo está siendo utilizado como fuerza de choque, como mano de obra violenta y macabra, por las facciones financieras en pugna.

Como consecuencia del proceso planetario denominado globalización que no es otra cosa que una versión ulterior a la Guerra Fría del imperialismo corporativo en el siglo XXI, los Estados Unidos ya han privatizado su política exterior, y buena parte de su maquinaria bélica ha seguido el mismo camino.

Este nuevo escenario debe explicarse en términos teóricos, ideológicos o estructurales, pero antes puede comprenderse fácilmente y para no alejarnos del tema, describiendo las numerosas conexiones económicas entre el establishment republicano, más precisamente el clan Bush, con sus ahora supuestos enemigos.

Es así como en 1983 el gobierno estadounidense impulsó una reunión entre las organizaciones afganas de ideas más extremas, que terminaron conformando la Alianza Islámica de los Mujahidines Afganos (Iaam). Pero Washington no sólo apoyó diplomáticamente a la Iaam. Le brindó el soporte financiero, militar e ideológico suficiente como para enfrentar y derrotar a los soviéticos. Además de los Estados Unidos, participaron de la iniciativa Pakistán, gobernado por el general golpista Mohaminad Zia ulHak, y Arabia Saudita, controlada durante décadas por una familia real corrupta. Para consolidar los intereses estratégicos norteamericanos en la región, millares de afganos y paquistaníes fueron entrenados como guerrilleros antisoviéticos, dirigidos por el ISI, servicio secreto de Pakistán.

Ese clima extremista e intolerante creado por Washington, atrajo a Osama ben Laden a Afganistán. Osama había sido expulsado prácticamente de Arabia Saudita, pues se sospechaba que estaba conspirando para derrocar al gobierno y reemplazar a la casa real en el manejo de los negocios multimillonarios sauditas, que se reparten entre el petróleo y la banca de inversiones radicada en los Estados Unidos, y en los paraísos fiscales controlados por Washington y Londres.

Otro cañonazo contra la explicación oficial fue lanzado por Michael Ruppert, ex miembro de la división antinarcóticos de la policía de Los Angeles, quien ha dicho que las continuas revelaciones sobre la complejidad del atentado sugieren recursos logísticos, de inteligencia y económicos que van más allá de las habilidades conocidas de Ben Laden. Ruppert sostuvo también que las explosiones sirvieron para silenciar el escándalo que en condiciones normales hubiera provocado, el 9 de octubre, una noticia proveniente de una corte de distrito de Boston, donde el *Gold AntiTrust Committee* impulsa una demanda por manipulación del precio del oro, en la que están involucrados el Departamento del Tesoro de los Estados Unidos y la firma *Goldman & Sachs*.

Además, asegura que hasta febrero de 2001 Afganistán producía cerca del 70 por ciento del opio que se comercializa en el mundo. Ese opio era transportado a través de los Balcanes, consumido principalmente en Europa y su venta generaba ganancias directas a las instituciones financieras y a los mercados de Occidente. Cuando el régimen talibán destruyó las tres mil toneladas de opio que se almacenaban en el país, eliminó de un solo golpe una de las principales fuentes de ingresos del gobierno de Pakistán y convirtió a Ben Laden en material desechable. También acabó con los miles de millones que son lavados a través de bancos occidentales y de instituciones financieras rusas vinculadas con ellos.

Antes del ataque a las Torres Gemelas, el Senado de los Estados Unidos norteamericano y el propio Fondo Monetario Internacional estimaban que la cantidad de narcodólares que fluyen hacia Wall Street y los bancos, oscila entre 250.000 y 300.000 millones de dólares al año...

Pocas horas después de los atentados contra las Torres Gemelas y el Pentágono, el gobierno de los Estados Unidos y el conjunto de voceros del establishment, desde los portavoces de Wall Street hasta la cadena de televisión CNN, salieron a la arena del discurso para transmitir un mensaje único tan monolítico que parecía dictado por una misma voz y pretendidamente inequívoco: los trágicos hechos del 11 de setiembre provocarán recesión y crisis económica.

Amparados en argumentos ridículos como el de la súbita y vertiginosa caída del empleo en el sector hotelero de Nueva York, la suma de esos enunciados buscaba convencer por acumulación. Repitiendo el argumento de la crisis resultante de los atentados, trataban de disimular lo indisimulable: que la recesión era previa, y por lo tanto que estaban mintiendo en forma descarada.

A pesar de que el atentado del 11 de setiembre demostró que los Estados Unidos están más expuestos a ofensivas terroristas de bajo nivel tecnológico que a la amenaza de misiles de largo alcance, el esquema de defensa misilística de la administración Bush aprovechará la actitud proclive y cautiva del Capitolio: 1.300 millones de dólares fueron aprobados por el Congreso recientemente, sobre un costo total probable de 240 mil millones de dólares hasta el 2020. El programa para la fabricación del avión de guerra Osprey V22 estaría entre los favorecidos por el nuevo estado de ánimo belicista. Lo impulsaría Curt Weldon, representante republicano por Pensilvania sede de Boeing, donde se construyen los V22 argumentando que la posibilidad de los V22 para volar como avión o como helicóptero es ideal para desempeñarse en zonas escarpadas y montañosas, como el terreno afgano. Sin embargo, y más allá de las gestiones de Weldon, el desarrollo del Osprey ha estado rodeado de escándalos y ha provocado accidentes en los que han muerto al menos 30 militares norteamericanos.

La caída del régimen talibán y una paz duradera en Afganistán permitirían, a mediano plazo, desbloquear las rutas del petróleo y del gas natural del mar Caspio y de Asia Central hacia otros mercados, lo que no sería una buena noticia para los productores del Golfo Pérsico, decían los despachos de las agencias de noticias internacionales el 12 de octubre último.

Si los Estados Unidos lograran el control de Afganistán, las empresas norteamericanas podrían desarrollar a pleno el gran negocio de la construcción de oleoductos y gasoductos sin tener que atravesar Irán y Rusia, lo que equivale a decir que evitarían tránsitos largos y por consiguiente más costosos, a la vez que cumplirían con los designios de los estrategas del Departamento de Estado y del Pentágono, que no consideran a esos dos países precisamente como aliados seguros.

A propósito de laboratorios y de industria farmacéutica, se nos permitirá una digresión para aproximarnos aunque sea tímidamente a la posible trama económica del fenómeno que desde octubre de 2001 viene provocando una ola de terror planetario y que los Estados Unidos caracterizaron como ataque terrorista bacteriológico, aparentemente expresado en primera instancia por un mecanismo de contaminación postal de ántrax.

Aquellas diversificaciones de las empresas de Mahfouz y los Ben Laden, operaciones cercanas a los intereses corporativos de la familia que ocupa la Casa Blanca los Bush, pueden ser seguidas como pistas para determinar qué sectores económicos podrían hacer buenos negocios con la guerra contra el ántrax y otras enfermedades de rápida difusión.

Karl Rove es uno de los asesores más poderosos de Bush y según algunos, el hombre que con sus estrategias electorales lo llevó a ocupar la gobernatura de Tejas, a su reelección como gobernador y luego a la Casa Blanca.

Karl Rove es uno de los asesores más poderosos de Bush y según algunos el hombre que con sus estrategias electorales lo llevó a ocupar la gobernatura de Tejas, a su reelección como gobernador y luego a la Casa Blanca.

Ha sido calificado como el Goebbels de Bush, "un niño genio de la política", la eminencia gris detrás de Bush, el «copresidente», pero ante todo es un personaje muy tramposo como abundan en el medio de la política y de los negocios.

Pero más allá de los calificativos, lo que una persona hace es la mejor descripción de lo que es. La vida entera de Rove ha sido una cadena de mentiras, difamaciones y crímenes, incluyendo los asesinatos.

Su conocimiento de variadas trampas políticas ha de atribuirse a su largo entrenamiento como rufián de la política y el éxito de las mismas, entre otras cosas, al embrutecimiento de una buena parte de la sociedad estadounidense, acostumbrada a los trucos de la publicidad comercial.

El hecho de que basado en trampas, delitos y calumnias Rove haya podido desarrollar una carrera política ascendente echa por tierra el mito de la solidez de las instituciones democráticas en Estados Unidos.

Rove encabeza el «club del desayuno» de los colaboradores de Bush que se reúnen con él cada semana para planear estratagemas contra Kerry, a la vez, Rove ha gozado ante la prensa estadounidense de una gran impunidad que le permite esquivar entrevistas y mantenerse en la sombra, hecho que hace dudar de la libertad de expresión en ese país, donde unos son «más iguales que otros», como diría el personaje de Orwell, y donde ante la prensa hay intocables que son figuras públicas sin estar obligados a responder de sus actos.

Nacido el 25 de diciembre de 1950, en Denver, a los 9 años Rove ya admiraba al tramposo Richard Nixon y a los 11 años tenía ambiciones políticas, que lo llevarían años después a dejar sus estudios en la Universidad de Utah para unirse a la campaña de un senador republicano. «Soñaba con ser presidente y hacía lo imposible por conseguir autógrafos de un gobernador» (Qué pasa, 20 de junio de 2003).

Durante el escándalo de Watergate, Rove fue mencionado por *The Washington Post* como uno de los «jóvenes que habían conducido sesiones de entrenamiento con el tipo de trucos sucios usados por Nixon» y fue interrogado por el FBI.

Su perfil personal, su ausencia de ética y su astucia para la destrucción de los enemigos políticos, llamaron la atención de George Bush padre, quien lo reclutó para ser su asistente en el Comité Nacional Republicano, donde conoció a George Bush hijo.

A principios de los 80, en Tejas abrió una oficina de consultoría política, donde vendía a los millonarios tejanos consejos para destruir a los demócratas mediante campañas calumniosas, que incluían inventarles escándalos de supuesto espionaje telefónico o de investigaciones falsas del FBI.

Además de difamar a los rivales políticos de sus clientes, intimidaba a los reporteros amenazando con revelar supuestos secretos sexuales sobre ellos y hasta los agredía verbalmente.

También ha usado campañas de mercadotecnia basadas en crear la ilusión, mediante repeticiones en los medios, de que la sociedad en su conjunto «pide» el triunfo de algún personaje de la calaña de Bush.

Conociendo la torpeza verbal de Bush, Rove ha usado también la estrategia de mantenerlo alejado de los medios a la vez que usa a otros personajes, como Giuliani, para que con una falsa imagen den la cara por su cliente.

Durante la campaña presidencial de Bush en 2000, Karl Rove se jactaba de que la gente no retiene los detalles políticos, referentes a la trayectoria de Bush, sino que votarían atendiendo a su imagen como defensor de los «valores» estadounidenses. (Qué pasa, 13 de agosto de 2000).

En noviembre de 2002, Karl Rove, organizó la campaña electoral para renovar gobernadores y gran parte del Congreso, lucrando políticamente con la guerra y los atentados del 11 de septiembre. Los demócratas no quisieron criticar al gobierno para no hacer dudar de su patriotismo, permitiendo así que se dejaran de lado asuntos de índole económica y social, estrategia que dio el triunfo a Bush, quien usaba la mentira de las armas de destrucción masiva que supuestamente tenía Hussein.

Aunque Rove ha usado la estrategia de aterrorizar a sus adversarios políticos amenazando con divulgar sus intimidades o inventando mentiras acerca de ellas, la propia historia íntima de Rove es bastante tenebrosa, con detalles sobre los que vale la pena reflexionar. Su padre abandonó el hogar cuando él tenía 19 años y su madre, solitaria, se suicidó en Reno, Nevada, en 1981.

Veinte años después, en julio de 2001, aparecería otro suicidio, o aparente suicidio, en la vida de Rove: el de J.H. Hatfield, biógrafo de Bush quien en su libro: «Hijo Afortunado: como se fabrica de un presidente americano», reveló que Bush fue arrestado en 1972 por posesión de cocaína y su poderoso padre utilizó sus influencias para borrar esa mancha de su expediente legal, murió, en un aparente suicidio, en julio de 2001. Antes, Hatfield fue enlodado con una campaña de vilipendios, escarnios y detracciones. La campaña contra Hatfield fue iniciada por el diario tejano *Dallas Morning News*, tan cercano a los Bush. La editorial Saint Martin Press fue obligada a retirar el libro de Hatfield de los anaqueles e incinerar 70 mil copias, el tiraje completo. En esas circuístancias Hatfield se vio forzado a revelar el nombre de su informante: Karl Rove, íntimo asesor de los Bush (Lisandro Otero «¡Ahí viene el lobo! Bush, desquiciado peligroso»).

Como resultado de la campaña de calumnias contra Hatfield, éste, perdió dos contratos para publicar sus libros y se vio sumido en la ruina total. Hatfield apareció muerto en una habitación de hotel en Springdale, por ingestión de sustancias tóxicas. A su lado había una nota donde explicaba que su ruina y problemas de alcoholismo eran los causantes de su decisión. Como es sabido, muchos asesinatos bien planificados suelen falsificar estas notas de despedida de supuestos suicidas. Nadie ha podido probar fehacientemente que Hatfield se suicidó.

Hay muchas incógnitas en la muerte de Hatfield, su esposa reconoció la letra y escritura de su marido donde se despide en su carta, pero muchas cosas de su muerte, como la acusación de fraude a la carta bancaria, que se supone fue el detonador para su suicidio, no han sido comprobados, incluso son extraños porque Hatfield había declarado a amigos que no cometería errores de ese tipo para que no lo puedan acusar y llevar a la cárcel, en donde él pensaba que podían asesinarlo y disimular su muerte como una pelea entre prisioneros y criminales. En el momento de esa muerte Bush padre era el Director General de la CIA.

Los hechos anteriores no son sorprendentes dados los valores y la educación que recibió Rove, uno de cuyos iniciadores en el manejo de trampas políticas fue Lee Atwater quien en 1973 lo llevaría a la presidencia de los republicanos universitarios.

Ese mismo año, Karl Rove le presentó a George Bush a su amigo Lee, quien luego de las elecciones de 1984 se unió a la firma *Black, Manafort and Stone*, que trabajó para la campaña de BushQuayle cuatro años después.

Otro de los empleados de la firma era Dwight Chapin, quien en 1972 había sido encarcelado por mentir acerca de su contratación de Donald Segretti para sabotear la campaña del senador demócrata Edgar Muskie.

Esas actividades de Segretti, maestro de Rove, fueron relatadas por Bernstein y Woodward en su libro Todos los hombres del presidente (Simon and Schuster, 1974), en la siguiente explicación con la que Segretti trató de reclutar a un colaborador contra Muskie: «¿Te gustaría trabajar en una operación haciendo un poco de espionaje político? Supongamos que acudimos a una reunión política de Kennedy y nos encontramos con un ardiente defensor de su campaña. Le dices que tú también eres partidario de Kennedy, pero que trabajas entre bastidores y que necesitas que te ayude. Lo envías entonces a trabajar con Muskie, para llevar sobres de propaganda electoral o cualquier otra cosa parecida y lo utilizas para transmitir información. Las personas captadas así creerán que están haciendo algo en favor de Kennedy y contra Muskie, pero en realidad usarás la información para otros objetivos».

De acuerdo con ese testimonio, «el propósito principal... era que los demócratas no pudieran presentar un frente unido después de descubrirse una serie de trucos en la campaña para la elección de su candidato... lo que debíamos hacer era causarles los estragos suficientes como para que no pudieran reponerse».

Entre los clientes de *Black, Manafort and Stone* se contaban el primer ministro de Bahamas, Oscar Pindling, conectado con el tráfico de drogas, así como Jonas Savimbi, dirigente de UNITA, movimiento angolano apoyado por la CIA, así como el dictador filipino Ferdinand Marcos.

Savimbi y Marcos pagaron por la labor de cabildeo de Rove, lo mismo que el magnate del tabaco, Philip Morris, quien lo contrató para proporcionarle «inteligencia política». De 1991 a 1996 Rove estuvo recibiendo más de 3 mil dólares mensuales de la empresa tabacalera donde reportaba ante Jack Dillard. Al mismo tiempo, Rove trabajaba para el entonces gobernador George Bush, pero declaró mentirosamente: «Mi trabajo como asesor de Philip Morris no tiene nada que ver con mi trabajo para el gobernador». El hecho es que el fabricante de cigarrillos se benefició al evadir costos por muchos cientos de millones de dólares derivados de acusaciones que se le hacían por daños a la salud.

A fines de enero de 2001, es decir, apenas llegado Bush a la presidencia, Bernd McConnell, asistente para asuntos africanos del secretario de la Defensa se reunió con Jardo Muekalia del movimiento angolano derechista UNITA, pese a la prohibición establecida por las Naciones Unidas de establecer ese tipo de vínculos. (*www.globalpolicy.org/security/sanction/angola/2001/0214us.htm*).

De acuerdo con fuentes periodísticas, Muekalia también se reunió con Karl Rove.

Ya en 1970, en Illinois, Rove se introdujo en la oficina del demócrata Alan Dixon, Rove robó materiales de campaña e imprimió invitaciones falsas de Dixon en las que prometía a sus partidarios «cerveza gratis, chicas y buenos ratos.» Y que fueron distribuidas entre sectores como los llamados «sin techo», como una maniobra calculada para perjudicar al demócrata.

En septiembre de 2003, el Washington Post publicó que había una investigación en marcha contra Rove por violar leyes federales que prohíben dar a conocer la identidad de los agentes de la CIA. Rove y el entonces director de la CIA, George Tenet, informaron a media docena de periodistas que la esposa del embajador Joseph C. Wilson IV era agente. Como tal, había descubierto que eran falsas las acusaciones de Bush de que Sadam Hussein quería obtener uranio en Níger, por lo cual Rove lanzó contra ella una de sus usuales campañas de descrédito y de venganza política y personal.

Una de las últimas campañas de Rove se basó en la difusión de testimonios falsos que cuestionaban la actuación de Kerry en Vietnam y que fueron propagados por un grupo de veteranos de Vietnam a los que Bob Perry, millonario amigo de Rove había dado 200 mil dólares.

Como de costumbre, Rove mintió luego acerca de sus relaciones con Perry, como había mentido para evadir, él sí, el servicio militar en Vietnam con pretextos sobre la continuación de sus estudios universitarios, que nunca terminó.

El 20 de agosto de 2004, el New York Times publicó que Rove había declarado a través de un vocero que él y Perry habían sido amigos mucho tiempo pero que no había hablado con él desde hace más de un año.

Cinco días después, Rove dijo a Fox News, "No quiero dejar una falsa impresión. Pero, ustedes saben, Perry no es alguien con quien yo haya hablado extensamente en años...", dando a entender, así, que en realidad sí había hablado con Perry pero no «extensamente», término muy relativo.

Entre las cantidades que Bush le ha dado a Rove para comprar sus dotes de rufián se cuentan 340,579 dólares hacia 1994 y 220, 228 dólares de enero a marzo de 1999, canalizados a su empresa consultora, que pronto vendió para dedicarse exclusivamente a la campaña de Bush. (*www.famoustexans.com/karlrove.htm*).

En enero de 2002 se dio a conocer que entre los mayores accionistas de *Enron* ha figurado Karl Rove, junto con el jefe del Pentágono, Donald Rumsfeld, la subdirectora de la Agencia de Protección Ambiental (EPA), Linda Fisher; el subsecretario del Tesoro para Finanzas Nacionales, Peter Fisher, y el Representante de Comercio Exterior, Robert Zoellick. Asimismo, el secretario de la Marina, Thomas White, fue vicepresidente de *Enron* antes de asumir su puesto en el Pentágono, y en esa época poseía acciones de la empresa valoradas entre cincuenta y cien millones de dólares (*www.angelfire.com/nb/17m/petroleo/aladefensiva.html*).

Antes, el primero de junio de 2001, Associated Press había difundido que Rove tenía de 1.3 a 3.3 millones de dólares en acciones que incluían un cuarto de millón de dólares en cada una de las siguientes firmas: *General Electric, Enron, Intel, Boeing, Johnson & Johnson farmacéutica, Cisco Systems* y *American Express*.

Los datos anteriores tienen interesantes ramificaciones, por ejemplo lo concerniente a las acciones de Rove en la industria farmacéutica.

Como es bien sabido, la National Endowment for Democracy es una de las financiadoras estadounidenses de grupos derechistas en muchos países y en particular apoyó fuertemente a la fracasada oposición antichavista que quería terminar el mandato del presidente venezolano mediante un referéndum.

En el mejor estilo de Rove, la empresa *Penn, Schoen & Berland Associates*, estuvo mintiendo acerca de los resultados previsibles e incluso reales del referéndum, sosteniendo en total oposición a lo que ocurrió, que Chávez perdería la votación con el mismo margen con que de hecho la ganó.

Penn, Schoen & Berland tenía miembros en Súmate, que había recibido más de 50 mil dólares de la NED. Más aún, como hizo notar el New York Times el 24 de abril de 2002, el director de la NED ha sido el excongresista republicano Vin Weber, figura conocida de la ultraderecha quien simultáneamente ha hecho cabildeo para empresas farmacéuticas donde, como se ha dicho, Rove ha tenido acciones por un cuarto de millón de dólares.

La mafia terrorista, durante el gobierno de J.W. Bush, que está gobernando Estados Unidos está unida, como ilustra este caso, por fuertes negocios estimulados por el tráfico de influencias y por proyectos extremistas.

A fines de 2001, en su libro "Cuba Confidencial: Amor y Venganza en Miami y La Habana", Ann Loiuse Bardach dio a conocer el apoyo de Rove a los sectores militaristas del exilio cubano. Según Bardach, Rove «ha pedido al presidente que complazca a los de "línea dura" como pago por su victoria electoral y por la de su hermano.»

En marzo de 2004, Karl Rove visitó Miami y prometió a los cubanoamericanos una serie de medidas contra el régimen de Castro, que incluirían un mayor endurecimiento de las penas por comerciar con Cuba, medidas enérgicas contra los países aliados de EE.UU. que simpatizasen con La Habana y la reducción de vuelos a la isla.

A fines de junio del año pasado, Rove, quien pese a no haber terminado una carrera es profesor de graduados en la universidad de Tejas, corrigió a un estudiante que lo desafió a que explicara cómo justificaba el gobierno estadounidense la guerra con Irak cuando no se han encontrado armas de la destrucción masiva, a lo que Rove respondió: «Ante todo, la batalla de Irak, no la guerra». Entonces explicó que "la guerra" es una guerra progresiva contra el terrorismo que no tiene fecha fija de finalización, con lo que Rove confirmó la vocación terrorista del gobierno de Bush (Answer Internacional Newsletter, mayo-julio de 2003).

Según la prensa estadounidense, en Marzo del 2007, la Casa Blanca busca contrarrestar un nuevo *escándalo vinculado a la destitución de ocho fiscales* federales que involucra a consejeros cercanos al presidente George Bush, entre ellos a Karl Rove, el estratega más prominente de la administración Bush y principal asesor del mandatario.

El caso trascendió hace unas semanas atrás pero cobró vigencia en los últimos días de marzo 2007, cuando algunos de los fiscales despedidos (con casos en sus manos que afectan a la Casa Blanca), declararon que habían sufrido *presiones de legisladores republicanos,* mientras que documentos oficiales revelaron que altos funcionarios de la Casa Blanca estuvieron implicados en los procesos de decisión.

En la noche del jueves 8 de marzo, el Departamento de Justicia debió hacer públicos los emails que hacen referencia a Rove, sugiriendo que había jugado un papel clave en la decisión de despedir a los fiscales.

Karl Rove ya había sido citado estos últimos meses en el marco de otro escándalo político, el de la filtración a la prensa de la identidad de una agente secreta de la CIA, Valerie Plame, denominado "CIAgate" por la prensa.

Mientras crecía el escándalo que impacta nuevamente a Washington, el portavoz de la Casa Blanca Tony Snow minimizó el viernes las especulaciones sobre la *implicación del Secretario de Justicia, Alberto Gonzáles*, y no quiso confirmar si altos asesores de Bush, como Karl Rove, declararán ante el Congreso.

Funcionarios del área de Gonzáles señalaron en que los fiscales fueron destituidos por "razones laborales" y que la entonces nueva consejera de la Casa Blanca Harriet Miers fue la primera en sugerir la idea de retirar a los 93 fiscales tras la reelección de Bush en 2004.

Preguntado sobre si Bush ordenó la remoción de los fiscales, el portavoz Snow dijo que "todo es posible", pero enfatizó que "no lo creo".

Los demócratas en control del Congreso, y que ya tomaron el escándalo como nueva bandera electoral, ya reclamaron que altos responsables del gobierno *den su testimonio ante los legisladores* por este caso.

El Departamento de Justicia, cuyo titular es Alberto Gonzales, un funionario de la íntima confianza de Bush, y que también lo acompaña desde Texas, admitió haber entregado información incompleta sobre la destitución a fines de 2006 de ocho fiscales, pero aseguró que fueron despedidos por motivos de *"ineficacia"*.

La oposición demócrata y la prensa "antiBush" señalan que los fiscales fueron destituidos por razones políticas. Muchos citan como ejemplo el caso de Carol Lam en California, una fiscal que jugó un papel central en un caso de corrupción que condujo a la cárcel a un legislador republicano y llevó a renunciar a *altos responsables de la CIA.* De esta manera, el caso de los fiscales se suma a otros, como el "CIAgate" que jaquean a la Casa Blanca y llevan a los principales funcionarios de Bush ante la justicia.

Como ya todos saben, Estados Unidos tiene cárceles secretas *para torturar gente*, irónicamente algunas en antiguos centros de "detención" de la Unión Soviética, ex imperio del mal, antes de ser reemplazado por los nuevos designados imperios del mal de la adminsitración Bush.

Pues una noticia como esta se esperaba que deshataría tremendo escándalo en un país donde la gente cree en la democracia y se supone que es un ejemplo mundial de respeto a los derechos humanos y penales.

Pero, no crean, el escándalo se ha creado es otro y es en torno al informe en sí.

La revelación en la prensa que la Agencia Central de Inteligencia (CIA) mantiene cárceles clandestinas en otros países desató un nuevo escándalo político y ha avivado el debate nacional sobre la evolución de la lucha global contra el terrorismo.

El asunto ha puesto de relieve nuevamente el trato de los prisioneros en el exterior y las pugnas partidistas en el Congreso sobre una medida que prohíbe la tortura sin excepciones.

Los líderes republicanos del Congreso y la propia CIA han pedido que se investigue a fondo quiénes revelaron al diario *The Was-*

hington Post la existencia de centros secretos de detención e interrogatorio de sospechosos de terrorismo.

El presidente de la Cámara de Representantes, Dennis Hastert, y el líder de la mayoría republicana del Senado, Bill Frist, pidieron el martes en una carta a las comisiones de Inteligencia de ambas cámaras que comiencen una investigación conjunta apartidista del asunto.

Pero con el argumento de que la revelación no autorizada pone en peligro la seguridad nacional y la de los aliados de Estados Unidos, piden que el Departamento de Justicia castigue a los responsables de la divulgación de secretos.

El inspector general de la CIA advirtió el año pasado que algunos métodos de interrogatorio aprobados por la entidad contra sospechosos de terrorismo pudieran infringir las convenciones internacionales contra la tortura, informó el miércoles el diario *The New York Times*.

El diario, que cita como fuente a funcionarios y ex funcionarios no identificados de los servicios secretos, indicó que las advertencias sobre los métodos de interrogatorio están contenidas en el informe del inspector general de la CIA, John Helgerson.

Técnicas sospechosas. Según el diario, el inspector Helgerson advirtió que al menos 10 técnicas autorizadas en interrogatorios contra sospechosos de terrorismo podrían infringir algunas estipulaciones de la Convención Internacional contra la Tortura.

Ante las denuncias sobre las prisiones clandestinas, la oposición demócrata desea que se investigue todo, porque "todo está relacionado" y se debe indagar la posible manipulación de datos de espionaje para justificar la invasión de Estados Unidos a Irak en marzo de 2003.

Para los que creen que las leyes "normales" de la vida se aplican a Washington, pues lamento informarles que no solo no es cierto, pero que además nosotros pagamos por cualquier "anomalía" que se les ocurra a los políticos.

Por lo general cuando a uno lo despiden de un trabajo se supone que lo echan, le quitan las llaves, el puesto en el parqueo, el salario y hasta le hacen mala cara.

Pero en Washington, cuando te despiden, te siguen pagando, te cambian el "título" y puedes seguir haciendo lo mismo que supuestamente te costó el puesto.

Siguía recibiendo un salario el "exdirector" de FEMA (entidad encargada de preparar y responder a emergencias nacionales), Michael Brown, quien supuestamente fue despedido por la caótica, relenta y desastroza respuesta al huracán Katrina? Pues parece que Brown quien todavía se cree director de Fema, en la página de web en español, fue contratado como "consultor" de FEMA mientras se daba la "transisión".

Que florece la corrupción y el compadrazgo en Washington, ya no es noticia. Pero sí que se exhiba a tal extremo que ahora empieza a tener costos en los niveles más altos del gobierno.

Hoy el líder de la mayoría republicana de la Cámara de Representantes, Tom DeLay, fiel aliado de George W. Bush y cabeza de la revolución ultraconservadora, fue obligado a renunciar a ese puesto cuando un gran jurado en Texas lo acusó formalmente de conspiración en una maniobra ilícita de financiamiento de campañas electorales.

Por otro lado, se dio a conocer hace un par de días que el líder de la Cámara alta, el senador Bill Frist, está bajo investigación de la Comisión de Valores y Cambio (SEC) por una posible maniobra bursátil ilícita, en la que se deshizo de millones de dólares en acciones en la empresa de su familia poco antes de que se desplomara el precio de éstas en el mercado.

Mientras, una organización no gubernamental dio a conocer una lista de los 13 legisladores federales más corruptos en Washington al señalar que, entre otras cosas, habían aceptado apoyo financiero ilícito, o que habían beneficiado a sus familias o amigos con contratos y favores, y otras violaciones del código de ética de la Legislatura. Citizens for Responsibility and Ethics en Washington, emitió su informe esta semana, en el que nombra a legisladores de ambos partidos, algunos ya bajo investigación en agencias federales o locales, entre ellos el senador Frist, y demanda que los comités de ética del Congreso ejerzan su responsabilidad, reportó el diario *Los Angeles Times*.

A la vez, la empresa *Halliburton* (cuyo ejecutivo en jefe fue el vicepresidente Dick Cheney), criticada por su labor en Irak y por recibir contratos no competitivos gubernamentales, fue la patrocinadora de un foro para legisladores en Washington sobre el tema de la reconstrucción de Nueva Orleáns y otras zonas afectadas por el huracán. La "cumbre de reconstrucción por *Katrina*" reunió a unos doscientos cabilidistas, empresarios y funcionarios, quienes conversaron durante cinco horas sobre temas que incluyeron: "oportunidades para la participación del sector privado", refirió el *Washington Post* esta semana. Todos estaban enfocados en cómo "participar" en lo que algunos calculan serán 200 mil millones de dólares en gastos federales para la reconstrucción de la zona.

Pero empresas con relaciones políticas ya están lucrando con el desastre, tal como AshBritt, ligada al gobernador republicano y ex presidente del partido, Haley Barbour, y *Halliburton* y el *Shaw Group* han sido representadas por Joe Allbaugh, el ex director de campaña de Bush y ex jefe de la Agencia Federal de Manejo de Emergencias (FEMA).

En su editorial de ayer, el *Times* señala que el gobierno está gastando diariamente más de 250 millones de dólares en sus operaciones de rescate y reconstrucción en los estados del golfo de México, y que los estadounidenses deberían de preocuparse sobre cómo se están gastando ese dinero y quién se está beneficiando. Opina que cuando el Congreso autoriza fondos para esas operaciones, "la ventaja debería ser maximizada para las víctimas, y no para el mismo elenco que ha estado lucrando con los contratos... en Irak".

Un gobierno de amiguismo: Y hablando de relaciones íntimas entre altos funcionarios, el tema del compadrazgo político en el gobierno de Bush está generando más problemas para este gobierno. *CBS News* reveló esta semana que el desacreditado ex jefe de la Agencia Federal de Manejo de Emergencias (FEMA), Michael Brown, sigue en la nómina federal después de haber sido obligado a renunciar a su puesto y posiblemente está actuando como "asesor" de la agencia, que bajo su mando fue acusada de ineptitud en su respuesta al desastre de *Katrina*.

Vale recordar también que el ex jefe de procuración de la Casa Blanca renunció poco antes de ser arrestado por posibles actos de corrupción debido a su relación con el influyente cabildista republicano, Jack Abramoff. El inspector general del Pentágono también renunció y está bajo investigación del Congreso. El hombre que estaba por ser nombrado por Bush como subprocurador general, ahora también está bajo investigación por sus vínculos con el mismo Abramoff.

Pero hay otros ejemplos de funcionarios nombrados a puestos de salud, ambiente y otros sectores dentro del gobierno de Bush con nula o mínima experiencia en las áreas de las cuales ahora se encargan. Aunque todo gobierno otorga empleo para sus simpatizantes, aliados o benefactores políticos, casi siempre son nombramientos a puestos simbólicos o donde no pueden causar graves daños (la embajada en un país poco relevante, una subsecretaría de Comercio, etcétera). La diferencia aquí es que Bush ha colocado a personas como Brown en puestos críticos, y ahora se ven las consecuencias.

Ha llegado a tal punto esta práctica que dos legisladores la líder de la minoría demócrata de la Cámara, Nancy Pelosi, y su colega Henry Waxman presentaron un proyecto de ley para limitar el compadrazgo político. "Tal como lo ha demostrado trágicamente el huracán *Katrina*, hay serias consecuencias que resultan cuando compadres no calificados son nombrados a puestos federales de seguridad publica", afirmó Pelosi. El proyecto de ley busca prohibir que el presidente nombre a individuos no calificados a puestos críticos de seguridad pública en el gobierno.

El anuncio: "Hoy he notificado al presidente (de la Cámara) que me apartaré temporalmente de mi puesto como líder de la mayoría, tal como marcan las reglas... y por las acciones del fiscal del Condado Travis (en Texas)", declaró DeLay cuando fue informado de que fue formalmente acusado, junto con dos de sus asociados políticos en Texas. La acusación tiene una condena potencial de dos años de cárcel si llega a ser declarado culpable del delito en un juicio. DeLay y sus dos cómplices fueron acusados de conspirar para canalizar contribuciones de fondos electorales en violación de leyes estatales de Texas.

La acusación formal contra DeLay, quien ocupaba el puesto de segundo rango en la jerarquía de la Cámara, y quien en ese puesto era responsable de promover y lograr la aprobación de la agenda legislativa republicana, tendrá consecuencias para la estrategia de la mayoría republicana. Las reglas obligan a que líderes formalmente acusados en un proceso judicial dejen sus puestos de liderazgo, aunque DeLay mantendrá su curul.

El legislador combativo, quien ha encabezado las ofensivas políticas contra los demócratas y la promoción de la agenda legislativa ultraconservadora, se defiende con las mismas tácticas de siempre: el fiscal Ronnie Earle, encargado de este caso, es un demócrata y, por lo tanto, está promoviendo el caso por motivos políticos.

Sin embargo, DeLay fue amonestado en tres ocasiones por el comité de ética de la Cámara el año pasado por comportamiento político cuestionable, y ahora está bajo sospecha por aceptar viajes y otros regalos de cabildistas republicanos, principalmente de Abramoff, quien una vez dijo era "uno de mis amigos más cercanos y queridos".

La corrupción y compadrazgo en este gobierno tanto en el Legislativo como en el Ejecutivo se está revelando más que nunca, en parte como consecuencia de las crisis en ambos golfos. Los que lucran con desastre ahora son objeto de sospecha, mientras que los íntimos vínculos entre los que se encargan del negocio de la política y los que se dedican a la política como negocio, ahora están cada vez más a la luz del día.

En julio de 2004 (Karl Rove's White House "Murder, Inc.") Wayne Madsen señalaba que el 15 de septiembre de 2001, Rove aprovechó la autorización para el asesinato político emitida en ese tiempo a raíz de los atentados contra las Torres Gemelas, para eliminar al político libanés Elie Hobeika, quien a su vez estaba planeando revelar evidencias irrefutables de que disponía para demostrar que el primer ministro israelí, Ariel Sharon, autorizó la massacre de cientos de hombres, mujeres y niños palestinos, en los campos de Sabra y Shatila, en 1982. En ese tiempo, Elie Hobeika era jefe de inteligencia de las fuerzas cristianas libanesas que combatían a los musulmanes. De acuerdo con fuentes de la inteligencia europea, Karl Rove coordinó personalmente el asesinato de Hobeika para lo cual usó agentes sirios en una época en que el presidente de ese país, Bashar Assad estaba tratando de congraciarse con la administración Bush.

En marzo de 2002, en una gasolinería de Sao Paulo, Brasil, fueron asesinados Michael Nasar y su esposa, como una maniobra de Rove para ayudar a Sharon, pues Nassar también tenía información sobre esas masacres.

Entre otras cosas, los asesinatos planeados por Rove obedecían a la estrategia de reforzar el apoyo de los judíos estadounidenses hacia el gobierno de Bush. Como ha señalado el teólogo protestante Juan B. Stam ("Un exorcista para G. W. Bush": 4 de agosto de 2003), cuando Bush y Rove colaboraban en la campaña para la reelección presidencial de Bush padre, ambos sirvieron como enlace con el sector «evangélico».

«Los dos manejaron a la perfección la semántica de esa subcultura. Mientras otros candidatos discutían los temas polémicos, Rove aconsejó a Bush que simplemente hablara de su fe. Bush hijo se presentaba como «un hombre con Jesús en su corazón». Cuando un periodista le preguntó quién era su filósofo sociopolítico favorito, Bush contestó: «Jesús, porque cambió mi vida». Eso correspondía perfectamente al individualismo extremo del fundamentalismo y constituye lo que en el metalenguaje de subcódigos evangélicos se llama «testimonio personal».

Prosigue Stam «En la lucha semántica del lenguaje religioso, Bush y Rove ganaron sin problemas, pues no tuvieron rivales. Bush manejaba bien el lenguaje fundamentalista (y, en otro sentido, ese lenguaje comenzó a manejarlo a él)».

Desde un punto de vista meramente pragmático, luego de las Elecciones presidenciales del 2000, Karl Rove se lamentaba que la única razón por la que el Bush no había conseguido la mayoría de los votos era que no había podido movilizar a casi una cuarta parte de los electores del sector fundamentalista cristiano, por eso ha otorgado gran importancia al desarrollo de una estrategia para garantizar el voto del fanatismo religioso, aunque su propia vida puede resumirse en la violación cotidiana de todo o casi todos los mandamientos de la fe cristiana.

Con ese fin, Rove ha tejido una compleja red de alianzas y se ha servido de varios personajes, entre ellos Ralph Reed, exdirigente de la ultraconservadora Christian Coalition, y con amplia experiencia como televangelista, a quien Rove recomendó en 1997 a la tristemente célebre *Enron* que lo contrató como consultor, con un salario de entre 10 y 20 mil dólares mensuales.

En 1999, cuando se anunció oficialmente la campaña presidencial de Bush, Reed se sumaría a la nómina del republicano sin romper sus vínculos con *Enron*. Según Reed, Bush ganaría las elecciones por la ayuda que recibía de Dios. Por si fuera poco, las labores de Reed en *Enron* incluyeron la movilización de sectores religiosos en apoyo a las demandas de la empresa para la «desregulación» de los servicios eléctricos en Pennsylvania y de allí en otras partes del país.

Otro de los aliados de Rove en ese empeño ha sido el católico Deal Hudson quien en agosto de 2004 tuvo que retirarse públicamente al menos de su colaboración con la campaña de Bush luego de que se descubrió que había estado involucrado hace años en un caso de acoso sexual contra una de sus alumnas.

ANSWER, coalición de grupos, organizaciones y personas de los Estados Unidos opuestos a la política belicista del gobierno de Bush, desmontan 10 mentiras de su gobierno con 10 argumentaciones. ANSWER, coalición de grupos, organizaciones y personas de los Estados Unidos opuestos a la política belicista del gobierno de Bush y a la guerra contra Irak, desmontan 10 mentiras de su gobierno con 10 argumentaciones.

1) Que Estados Unidos tiene derecho a librar la guerra preventiva contra Irak. *Falso.*

Las guerras preventivas son guerras de agresión. La Asociación Internacional de Abogados y Juristas sostiene que "no existe precedente en la ley internacional para el uso de la fuerza como medida preventiva cuando no ha habido ataque de hecho o imminente por un estado ofensor. Sí existen, en efecto, disposiciones que indican que el uso preventivo de fuerza es ilegal. El Tribunal Militar Internacional en Nuremberg rechazó el argumento de Alemania de que se vieron obligados a atacar a Noruega para prevenir una invasión aliada".

Irak no está realizando acciones amenazantes contra Estados Unidos. Es Estados Unidos quien amenaza con la guerra y la prepara. No existe evidencia de que Irak tiene la capacidad de atacar a los EE.UU. ni que albergue intenciones de realizar un ataque. En su reciente mensaje ante el Consejo de Seguridad de las Naciones Unidas, el Secretario de Estado de Estados Unidos, Colin Powell sólo exhibió información circunstancial que no prueba las alegaciones estadounidenses de que Irak posee armas de destrucción masiva y promueve el terrorismo internacional. Powell mostró fotos de edificios y camiones que tienen muchísimos usos, y grabaciones de conversaciones que pudieran hacer referencia a muchísimos temas. Pero no presentó nada que efecivamente vincule a Irak con armas de destrucción masiva ni con organizaciones terroristas como AlQaeda.

2) Que el Consejo de Seguridad de Naciones Unidas puede autorizar una guerra preventiva. *Falso.*

El Consejo de Seguridad de Naciones Unidas no puede autorizar una guerra de agresión que viole la Carta de Naciones Unidas, la ley Internacional y las convenciones contra crímenes de guerra.

La Carta Constituyente de las Naciones Unidas, la cual crea el Consejo de Seguridad y le otorga autoridad, le requiere a éste actuar de acuerdo a los principios de Naciones Unidas, según dicta su Artículo 24. La Carta de Naciones Unidas requiere que las disputas internacionales que pongan en peligro la paz sean resueltas por medios pacíficos (Artículo 1, Capítulo VI).

En otras palabras, una nación no puede hacer la guerra basándose en el reclamo de que quiere prevenir la guerra. Ello es absurdo.

3) Que el Congreso de Estados Unidos puede autorizar legalmente una guerra preventiva contra Irak. *Falso*.

El artículo VI de la Constitución de los Estados Unidos establece que los tratados internacionales debidamente ratificados son "la ley suprema del país". La Carta de Naciones Unidas fue ratificada debidamente, razón por la cual el Congreso no puede autorizar acciones que, como las guerras de agresión, violen la Carta.

Las guerras de agresión violan la ley internacional, a la cual se deben todas las naciones. Ni el Congreso ni el Presidente tienen derecho a implicar a Estados Unidos en una guerra de agresión, por lo que cualquier voto de endoso a la misma sólo ratifica crímenes de guerra.

4) Que el gobierno de EE.UU. se propone liberar al pueblo de Irak. *Falso*.

El 11 de octubre de 2002 el periódico New Yok Times reveló los verdaderos planes de los Estados Unidos: "La Casa Blanca está desarrollando un plan detallado, modelado sobre la ocupación de posguerra de Japón, para instalar un gobierno militar norteamericano en Irak tan pronto Estados Unidos derroque a Saddam Hussein declararon altos oficiales de la administración Bush En su fase inicial Irak será gobernado por un militar norteamericano, problablemente el General Tommy Franks, comandante de las fuerzas estacionadas en el Golfo Pérsico".

La verdadera intención de Estados Unidos es recolonizar a Irak. Antes de 1960, las corporaciones norteamericanas obtenían el 50% de sus ganancias extranjeras del petróleo de esa región. La administración de Bush pretende que Irak desnacionalice su patrimonio nacional, el cual incluye el 10% del petróleo mundial. Esta guerra es un intento de reconquistar a Irak y colonizarlo de una manera crudamente imperialista. La administración Bush pretende repartir la baraja en el Medio Oriente y deshacer los derechos adquiridos por los movimientos de liberación nacional en los últimos 60 años. Ellos quieren liquidar la Independencia de todos los países de la región y establecer su dominio absoluto. La oposición iraquí quiere establecer la democracia, pero no desea una invasión extranjera que destruirá a su país y lo convertirá en una colonia de Estados Unidos. La Coalición Nacional Iraquí (CNI), opuesta al gobierno de Saddam Hussein, se ha comprometido a defender a Iraq de la invasión y ocupación militar estadounidense en su reciente asamblea celebrada en París el 9 de febrero de 2003.

5) Que Irak es una amenaza militar para el resto del mundo. *Falso.*

No hay evidencia que sostenga este reclamo. Durante la guerra del Golfo de 1991, mientras Estados Unidos bombardeó a Irak en más de 110,000 expediciones aéreas, Irak no pudo destruir ni un solo tanque o avión norteamericano.

De acuerdo a los inspectores de las Naciones Unidas, la Operación Tormenta del Desierto destruyó el 80% del armamento iraquí. Luego, el proceso de inspección que siguió a la derrota eliminó el 90% de la fracción que restaba. Irak ha estado pagando enormes indemnizaciones a Kuwait y a las corporaciones norteamericanas norteamericanas afectadas por la guerra y, por tanto, no ha dispuesto de la capacidad financiera para adquirir otro arsenal.

Además, Irak no ha realizado amenazas contra ningún otro país desde entonces y los propios países vecinos sostienen que no se sienten amenazados por Irak.

6) Que Irak expulsó a los inspectores de Naciones Unidas. *Falso.*

Irak nunca expulsó a los inspectores. Ellos se retiraron en diciembre de 1998 porque Estados Unidos les indicó que salieran de Irak antes de iniciar una campaña de bombardeos sobre Bagadad. Después de terminar la campaña de bombardeos el periódico Washington Post confirmó los alegatos de Irak de que los inspectores realizaban labores de espionaje para el Pentágono. El Pentágono usó la información recogida durante las inspecciones para establecer las coordenadas del bombardeo. Luego de esta revelación, lógicamente el gobierno de Irak se opuso al regreso de los inspectores.

7) Que las sanciones han sido un medio humanitario para manejar la situación de Irak. *Falso.*

El plan de sanciones contra Irak se creó en el Pentágono, no en el Departamento de la Salud. Ha sido parte de la estrategia de agresión contra el pueblo de Irak. Las sanciones han sido, de hecho, más devastadoras que la guerra del Golfo de 1991. "La UNICEF (Fondo Internacional de las Naciones Unidas para la Educación y la Niñez) confirma que entre 5 y 6 mil niños iraquíes mueren innecesariamente cada mes en Irak debido al impacto de las sanciones, y esa cifra es probablemente conservadora". Así se manifestó Denis Halliday en una audiencia ante el Congreso en octubre de 1998. Halliday renunció a su puesto de Asistente del Secretario General de las Naciones Unidas, indignado precisamente por el crimen contra la Humanidad representado por las sanciones.

8) Que el pueblo apoya una guerra contra Irak. *Falso.*

Ni siquiera las encuestas de opinión sostienen esa mentira. Las encuestas confirman que existe una amplia oposición a la guerra en Estados Unidos. Normalmente se manifiesta un amplio apoyo a un presidente que se apresta a librar una guerra. Pero las oficinas de los congresistas reciben a diario enormes cantidades de mensajes de electores opuestos a la guerra.

En Washington marcharon por la paz 250,000 ciudadanos, en San Francisco una cantidad similar. Fuera de Estados Unidos, la oposición es aún mayor. En Florencia se reunió cerca de un millón de personas con el mismo propósito durante el Foro Social Europeo y se han realizado manifestaciones masivas en ciudades de toda Europa y de todo el mundo durante la jornada internacional del 15 de febrero. En todos los países de Europa las encuestas arrojan sobre el 70% de oposición a la guerra y en algunos países como Francia, estos números se aproximan al 90%. La oposición a la guerra comprende los más diversos sectores políticos y religiosos. Del mismo modo se han expresado cientos de artistas, de organizaciones sindicales y profesionales, incluyendo numerosos cientofícos norteamericanos ganadores del premio Nobel.

9) Que la guerra beneficiará la economía. *Falso.*

El solo mantenimiento de las tropas en el Golfo Pérsico ya le cuesta 50 mil millones de dólares al ciudadano. Unos 500 mil millones del costo de la guerra se extraerán del seguro social, del Medicare, la educación y los programas sociales. Destacados economistas, incluyendo portavoces del Foro Económico de Davos, han pronosticado un deterioro económico sin precedentes resultante de la guerra.

10) Que la guerra será rápida y poco dolorosa. *Falso.* Una guerra podría ser rápida, pero jamás poco dolorosa. Esta guerra no será ninguna de las dos cosas. Los 4.8 millones de habitantes de Bagdad enfrentan un bombardeo con una capacidad destructiva comparable o mayor a la de Hiroshima. Los estrategas del pentágono calculan que a poco tiempo de comenzar el bombardeo, la población de Bagdad quedará sin energía eléctrica, sin agua potable, sin teléfonos, sin hospitales, sin infraestructura y con una lluvia avasalladora de misiles y bombas que provocarán el espanto y la muerte en masa de civiles. Irak es una nación de 22 millones de seres humanos; ninguno escapará el horror. Además, los propios soldados de los países involucrados, inclusive los soldados del ejército norteamericano, serán víctimas de la guerra. Se ha comprobado que los veteranos de la Guerra del Golfo padecen mayores tasas de cáncer, un 500% de mayor incidencia de la enfermedad Lou Gehrig, y un 300% de mayor incidencia de defectos congénitos en hijos procreados después de su participación en la guerra.

Existen debate y crítica crecientes en el Congreso de EE.UU. y en los medios de comunicación sobre las pruebas fabricadas por el gobierno de Bush respecto a la posesión de armas de destrucción masiva por Irak. Y lo que es más importante, la investigación y el testimonio de altos funcionarios estadounidenses militares y civiles en el Pentágono y el State Department (Ministerio de Asuntos Exteriores) revelan profundas diferencias y desacuerdos entre ellos y los "nombrados a dedo". El testimonio y pruebas de las revelaciones de los profesionales son de suma importancia para comprender la estructura del verdadero poder dentro del gobierno de Bush. Es en tiempos de crisis y desacuerdos entre la clase gobernante cuando se le dan al público atisbos de quien gobierna para quien. El debate, la crítica y la división existente hoy en Washington son justamente un ejemplo.

Después de años de inspecciones de Naciones Unidas, y casi cinco meses de miles de búsquedas y entrevistas realizadas por cerca de diez mil militares estadounidenses, inspectores de inteligencia y científicos se ha demostrado definitivamente que Irak no poseía armas de destrucción masiva (ni incluso útiles para la defensa nacional), punto ahora prácticamente admitido por algunos miembros del gobierno de Bush. Esto planteó la pregunta clave siguiente: Quién en el régimen de Bush proporcionó las pruebas fabricadas y con qué propósito.

La respuesta inicial de los apologistas de Bush fue atribuir las fabricaciones a "errores burocráticos" y "fallos de comunicación" o como Wolfowitz cínicamente declaró, para "conseguir un acuerdo general a favor de la política de guerra". El Director de la CIA Tenet se autoinculpó como cabeza de turco por los "errores". Sin embargo, a medida que avanzaron las investigaciones, el testimonio de una multiplicidad de fuentes de alto nivel del régimen reveló que hubo dos canales de estrategas políticos y asesores, la estructura formal compuesta por militares profesionales de carrera y civiles en el Pentágono y el State Department, y una estructura paralela integrada por personas nombradas a dedo. De todas las evidencias disponibles se desprende que los asesores políticos "no oficiales" organizados por Wolfowitz, Feith y Rumsfeld en la Oficina de Planificación Especial (OSP), fueron la fuente de las pruebas fabricadas que se utilizaron para "justificar" la invasión y la ocupación de Irak. La OSP está encabezada por Abram Shulsky e incluía a otros neoconservadores, que no tienen prácticamente ningún conocimiento profesional o cualificación en asuntos de inteligencia y militares. Douglas Feith, Subsecretario de Defensa, y Paul Wolfowitz montaron la OSP. Shulsky es un seguidor ávido y un protegido de Richard Perle, el conocido militarista y partidario desde hace mucho tiempo de ataques militares contra regímenes árabes de Oriente Medio.

Según el testimonio de una persona enterada del Pentágono, la Teniente Coronel Karen Kwiatkowski que trabajó en la oficina del Subsecretario de Defensa para la Política, División y Proyectos Especiales para Oriente Próximo y Sur de Asia, en el Pentágono, el "servicio civil y militares profesionales en servicio activo no estuvieron implicados perceptiblemente en áreas clave" de interés para Feith, Wolfowitz y Rumsfeld, a saber Israel, Irak y Arabia Saudita. La teniente coronel Kwiatkowski prosigue para especificar que "en lo que respecta a Israel e Irak todo el trabajo de personal primario fue realizado por personas nombradas a dedo, en el caso de Israel un oficial asistente designado por el Washington Institute for Near East Policy y en el caso de Irak, Abe Shusky."

Igualmente importante, la exfuncionaria del Pentágono describe la existencia de "pandillas interagencias". Describe como los miembros de diversas organizaciones neoconservadoras y pro Israel, (*Project for a New American Century*, *Center for Security Policy* y el *American Enterprise Institute*), que están ahora en el régimen de Bush solo interactúan entre ellos a través de varias agencias. Señala que las decisiones importantes son resultado de "pensamiento grupal" la aceptación acrítica de puntos de vista predominantes y la aceptación acrítica de puntos de vista sumamente estrechos y aislados". Su jefe la forzó a dimitir después de que le dijo que "alguna gente (las pandillas y redes) del Pentágono pudiera sentarse al lado de Hussein en el tribunal de crímenes de guerra" por sus destructivas políticas de guerra y ocupación.

Lo que está muy claro es que la OSP y sus directores Feith y Wolfowitz fueron expresamente responsables de las pruebas fabricadas sobre las "Armas de Destrucción Masiva" que justificaron la guerra.

La OSP y los otros miembros de las redes que operaban por todas partes en las agencias clave estadounidenses compartían una ideología pro militarista derechista y estaban fanáticamente a favor de Israel. Feith y Perle fueron los autores de un infame documento político en 1996 para el extremista del Partido Likud, Benjamín Netanyahu, titulado "Una Fractura Limpia: Una Nueva Estrategia para Hacerse con la Región", que pedía la destrucción de Saddam Hussein y su reemplazo por un monarca Hashemita. Después tendrían que ser derrocados o desestabilizados Siria, Líbano, Arabia Saudita e Irán para que Israel estuviera segura en una especie de 'Mayor Esfera de Co-Prosperidad Estadounidense-israelí.'

Hoy la OSP es un brazo de la política Wolfowitz-Feith para fomentar la política de los grupos más extremistas del régimen de Sharon, forjando íntimos lazos con una operación de inteligencia ad hoc paralela en el régimen israelí según un informe del periódico británico, *The Guardian*.

El dedo claramente apunta a Sionistas fanáticos que dirigieron la OSP, como Abram Shusky y Feith, como la fuente de la "inteligencia falsa" que condujo a la guerra que buscaban Wolfowitz y Rumsfeld. La manera en la que los Sionistas fanáticos se organizaron y actuaron como una pandilla de fanáticos arrogantes de idéntica opinión, hostiles a cualquier punto de vista contrario de funcionarios civiles y militares de la inteligencia profesional, sugiere que su lealtad y vínculos estaban en otra parte, más claramente con el régimen de Sharon en Israel. Es interesante observar que los influyentes Sionistas de derechas del gobierno de Bush proporcionaron "informes" sobre Irak que estaban en discrepancia con informes del Mossad israelí, que no creía que Irak representara una "amenaza" para los EE.UU. o Israel.

Para entender el papel fundamental de los ideólogos Sionistas en la formación de la política exterior estadounidense en Oriente Medio y otras partes es importante enmarcarlo en el contexto de las relaciones EE.UU.Israel y la poderosa influencia del lobby pro israelí en los EE.UU. Como Patrick Seal describe en el semanario liberal estadounidense The Nation, "Los Amigos de Ariel Sharon (entre los fanáticos judíos pro Israel) aborrecen a los Árabes y a los Musulmanes... Lo que deseaban eran una mejora del ambiente militar y estratégico de Israel". La invasión de EE.UU. a Irak y su postura militar agresiva hacia la mayoría de los regímenes árabes de Oriente Medio ha hecho que los nombres de estos estrategas Sionistas sean conocidos en todo el mundo. Wolfowitz y Feith son el segundo y tercero en el mando del Pentágono.

Sus protegidos en la OSP incluyen a Abram Shusky, Richard Perle de la Defense Policy Board, y Elliot Abrams (un defensor del genocidio Guatemalteco de los años 1980) director decano para asuntos de Oriente Medio en el National Security Council. Los fanáticos pro Israel más influyentes en Washington son William Kristol y Robert Kagan del The National Standard, la familia Pipes y un gran número de institutos pro Israel que trabajan estrechamente con y comparten la perspectiva de los Sionistas de derechas del Pentágono. El creciente consenso entre los críticos estadounidenses del gobierno de Bush es que "el 11/9 proporcionó a los Sionistas fanáticos de derechas una posibilidad única para aparejar la política de Oriente Medio y el poder militar estadounidense en interés de Israel y consiguieron que Estados Unidos aplicara la doctrina de guerra preventiva a los enemigos de Israel" (Seale, Nation, 21 julio 2003).

Las pruebas implicando a los Sionistas estadounidenses en la política de guerra son tan aplastantes que hasta las principales organizaciones Sionistas se han abstenido de gritar 'antisemitismo'.

Más preocupados con la supremacía israelí que con las pérdidas de militares estadounidenses, los Sionistas fanáticos planean nuevas guerras Perle, Feith y Wolfowitz apuntan ahora a Irán, Líbano y Arabia Saudita, produciendo nuevas series completas de "informes de inteligencia" en los que acusan a los países árabes de financiar, proteger y promover el terrorismo. Y la inteligencia prefabricada sigue fluyendo de los miembros de la OPS y sus pandillas y redes tan bien descritas por la Teniente coronel Kwiatkowski.

Según aumentan a diario en Irak las víctimas militares estadounidenses, con una estimación no oficial de 4.000 heridos y más de 60 muertes al 1 de agosto de 2003, conforme los gastos militares de la guerra minan la economía de EE.UU., el público estadounidense se está desilusionando con el gobierno de Bush. A medida que prosigan las investigaciones públicas conducirán probablemente a escándalos en relación con la verdadera fuente de pruebas fabricadas para ir a la guerra. En caso de que sea hecha pública la identidad y la lealtad política de los arquitectos y los propagandistas de la guerra de EE.UU. contra Irak y para la supremacía de Israel, probablemente habrá una áspera y honesta reacción adversa por parte del gran público contra los ideólogos Sionistas neoconservadores y sus redes en y fuera del gobierno. Hasta ahora su papel ha sido el secreto peor guardado en Washington, pero con las elecciones pendientes es muy posible que el pequeño y sucio secreto de Washington pase al dominio público y habrá una demanda pública de mayor transparencia en la búsqueda de los intereses estadounidenses y mayor interés en confiar en funcionarios de carrera profesionales y menos en personas nombradas a dedo, con la lealtad dividida.

Por suerte muchos judíos progresistas plantean serias preguntas sobre el apoyo acrítico de Israel por parte de las principales organizaciones judías y son muy críticos respecto a los Sionistas fanáticos del Pentágono.

Algunos fragmentos de video transmitidos en EU y GB mostraron cómo le pegaban en el rostro a un prisionero y arrastraban a otro esposado por el suelo.

Uno de los fragmentos de video muestran a cinco detenidos con la cabeza cubierta y desnudos, parados frente a una pared en medio de la oscoridad y masturbándose, mientras otros dos detenidos estaban agachados a sus pies.

Otro segmento de video muestra a un prisionero esposado a la puerta de una celda, golpeándose la cabeza contra el metal verde de dicha puerta.

En una foto se puede ver a un soldado en posición de golpear con el puño a un detenido que tiene agarrado por el cuello con el otro brazo, en medio de una pila de prisioneros.

En otra imagen, se ve a un soldado arrodillado sobre la pila humana, flexionando sus músculos con una amplia sonrisa.

Una imagen publicada muestra a un soldado con una porra de policía frente a un detenido desnudo, cubierto por una sustancia marrón y de pie en un pasillo con los brazos extendidos y los tobillos esposados.

Apilaban prisioneros desnudos unos sobre otros y los obligaban a simular actos sexuales.

Considerando que el homosexualismo es contrario a la ley islámica, fotografiaban a hombres desnudos frente a otro.

Los prisioneros masculinos fueron obligados a vestir ropa interior femenina.

Amenazaban a los hombres con violarlos con palos de escoba o matarlos. Un prisionero fue sodomizado con una luz química.

Orinaban sobre sus rehenes encadenados.

Los presos fueron obligados a masturbarse mientras eran fotografiados y grabados en video.

Se burlaban de las humillantes escenas; posaban con los pulgares hacia arriba, en señal de triunfo, para ser fotografiados.

Los bañaban desnudos con agua fría.

Usaban perros entrenados para atemorizar e intimidar a los prisioneros.

Rompían lámparas químicas y vertían el líquido fosfórico (que contienen las lámparas) sobre los detenidos.

Golpeaban a sus rehenes durante largo tiempo, a veces con objetos filosos. Algunos orinaban sangre por los golpes.

Los ataban con cintas plásticas y encapuchaban a sus rehenes con bolsas de plástico y los apuntaban con fusiles o pistolas.

Los cubrían con hielos y los envolvían en papel celofán. Los prisioneros eran obligados a hacer sentadillas hasta desmayar. Les prohibían dormir durante al menos una semana. Les suministraban descargas eléctricas o bien, encerraban a varios hombres en jaulas para perros. Los encierros podían durar hasta seis meses con los rostros cubiertos y sin ropa.

Los rehenes comían poco y sólo se bañaban una vez por semana.

Uno de los reos, Hiadar Sabar Abed Miktub alAboodi, dijo que les forzaron a ingerir licor y comer cerdo (no permitido por el Islam) y a caminar como perros. Si no hacíamos lo que nos ordenaban nos golpeaban muy fuerte, sin piedad, en la cara y el pecho". Después de esos maltratos, eran llevados a su celda donde los militares lanzaban agua al piso y los obligaban a dormir en esa situación, tras colocarles capuchas.

Mujeres militares de Estados Unidos los sometieron a acoso sexual y les forzaron a recoger sus alimentos de la taza del excusado

Un soldado platicó que en alguna ocasión golpearon a un rehén durante ocho horas, luego fue arrojado en un vehículo en movimiento y desconoce si sobrevivió.

Según Daily Mirror, el iraquí que fue orinado por un soldado británico, fue sometido a una paliza, que le dejó la mandíbula y un brazo fracturado, la nariz rota y sin varios dientes.

Uno de los hombres que fue obligado a posar desnudo para la fotografía de la pirámide humana, comentó que los abusos a los que fueron sometidos por soldados estadounidenses eran tan humillantes que aún les resulta difícil hablar al respecto. "Nos hacían cometer actos inmorales", recordó. "Preferíamos el infierno de Saddam al cielo de Bush".

Un prisionero iraquí recuerda que fue golpeado durante tres días por soldados británicos que se reían y competían entre sí sobre quién daba más duro

Otro rehén afirma que fue encapuchado y golpeado por soldados británicos en el cuello, el pecho y los genitales, antes de ser obligado a bailar delante de ellos.

Un soldado británico asegura que vio en cuatro ocasiones torturar a reclusos, que recibieron "palizas con puñetazos y patadas" y describe como un soldado metió sus dedos en los ojos de uno de los presos iraquíes, encapuchados, hasta que éste gritó de dolor. "Vi el estado de los rostros (de los presos) cuando les sacaron los sacos. Sus narices estaban torcidas. Pero el mayor daño estaba en la zona de las costillas"

Los principales bancos de negocios estadounidenses, tales como el *Merryl Lynch*, el *Morgan Stanley*, el *Credit Suisse First Boston* (*Credit Suisse Group*), el *Salomon Smith Barney* (*Citigroup*) y el *Goldman Sachs*, jugaron un rol muy activo en las prácticas fraudulentas que dieron lugar a escándalos. Estos bancos de negocios mezclan varias funciones: analizan la salud de las empresas para orientar a los compradores de acciones en la Bolsa (recomiendan entonces la compra y venta de acciones de esas empresas), y gestionan carteras de acciones muy importantes para ellos o para terceros, como los fondos de pensión, que les confieren sumas muy importantes de inversión en la Bolsa. Se encargan del ingreso de las empresas en la Bolsa. Se encargan también de la emisión de empréstitos a cuenta de las empresas, de los Estados o de las colectividades locales que quieren recolectar capitales en los mercados financieros. Entre ellos, algunos tales como el *Credit Suisse First Boston* y el *Salomon Smith Barney* constituyen la rama de bancos de negocios de un grupo bancario más amplio. Esto fue posible gracias a la abrogación de la ley Glass Steagall en 1999 bajo la administración de Bill Clinton. La "Glass Steagall act" fue adoptada en 1933 en plena depresión a fin de evitar la repetición de las quiebras catastróficas de las instituciones financieras a través de la mezcla de la colecta del ahorro a la inversión en la Bolsa y a la participación de capital en las empresas. El legislador americano había querido así separar los bancos de negocios (sociedades holdings) de los bancos. En plena euforia neoliberal, en el contexto de la financiarización de la economía, los grandes grupos financieros como el *Citibank* jugaron una gran influencia sobre la admnistración Clinton, la cual fue coronada de logros que permitieron obtener que se levantaran los obstáculos a su expansión. Fue así como el *Citigroup*, principal grupo financiero mundial, nació gracias a la abrogación de la "Glass Steagall act". El *Citigroup* nació de la fusión entre el *Citibank* y la *Salomon Smith Barney*.

Merryl, Morgan Stanley, Salomon Smith Barney (*Citigroup*) y *Goldman Sachs* estan implicados hasta el cuello en los escándalos *Enron*, *WorldCom* y otros. La crisis bursátil, el descenso de la actividad económica y los efectos de sus prácticas fraudulentas los colocaron en una situación difícil. Entre enero del 2001 y fines del 2002, la acción *Merryl Lynch* perdió más de la mitad de sus valores bursátiles. Durante el 2002, todos estos bancos de negocios fueron objeto de demandas judiciales por parte de la SEC y del Departamento de Justicia. También fueron objeto de demandas judiciales presentadas por parte de inversores, accionistas y asalariados. Con el objeto de poner fin a dichas demandas, en el 2002, el *Credit Suisse First Boston* y *Merryl Lynch*, dieron, cada unos de ellos, 100 millones de dólares para endulzar al Tesoro. En cuanto al *Citigroup*, éste entregó 240 millones de dólares. Estos bancos de negocios fueron acusados de colisión con los dirigentes de *Enron*, de *WorldCom* y otras empresas en quiebra. Las autoridades tienen sobradas pruebas sobre la responsabilidad que poseen los analistas de estos bancos de negocios, quienes deliberadamente recomendaban la compra de acciones de las empresas que ellos sabían que estaban en dificultades. Dichos analistas hacían esto porque los bancos de negocios que los empleaban eran también accionistas de las empresas en cuestión. Una caída de la cotización bursátil de dichas empresas habría perjudicado a los intereses de los bancos de negocios.

En el caso de la *Merryl Lynch*, las autoridades recurrieron directamente a los documentos internos editados por su analista más conocido, Henri Blodget, el especialista de la nueva economía. Este trataba a la sociedad *AtHome* como un "piece of crap" (de m...) y al mismo tiempo recomendaba calurosamente a los inversores que compren sus acciones. En otro documento interno, el mismo Blodget explicaba como el y su equipo habían participado de 52 transacciones comerciales entre diciembre de 1999 y noviembre del 2000, en desmedro de toda deontología. El banco de negocios, para recompensar a Blodget, multiplicó su remuneración por cuatro (de 3 a 13 millones de dólares). Después que se produjeron estas revelaciones, clientes furiosos presentaron decenas de demandas colectivas contra la *Merryl Lynch*: esto podría llegar a costarle dos mil millones de dólares.

La *Salomón Smith Barney* (*Citigroup*), en agosto del 2002, se sacó de encima a su analista consagrado, Jack Grubman, quien había sido denunciado por la prensa por haber mantenido recomendaciones positivas sobre empresas como la *WorldCom*. Jack Grubman recibió, para empezar, 32 millones de dólares en concepto de prima. "Aunque lamento, como otros, el no haber podido prever la caída del sector de las telecomunicaciones y comprendo la decepción y la cólera de los inversores a causa de dicha caída, estoy orgulloso de mi trabajo y del de aquellos analistas que trabajaron conmigo" (Diario Le Soir del 1718/02/02).

Otra práctica corruptora: los bancos de negocios ofrecían a clientes privilegiados, tales como a los dirigentes de las empresas *WorldCom, Qwest, Metro Media* y otras, paquetes de acciones de empresas que ellas habían hecho entrar en la Bolsa. Estos clientes revendían las acciones en cuestión algunos días después a su ingreso en la Bolsa, en plena euforia de los mercados, retirando de esta manera beneficios considerables. Por medio de esta práctica, los bancos de negocios intentaban convencer a grandes clientes para que recurrieran a sus servicios en contratos importantes. En septiembre del 2002, B. Ebbers y cuatro otros dirigentes de empresas fueron objeto de demandas judiciales por parte del fiscal general de Nueva York, Eliot Spitzer, quien exigió de aquellos el reembolso de 28 millones de dólares que habían sido obtenidos gracias a los regalos corruptores de los bancos de negocios.

Tres firmas, dos de las cuales son estadounidenses, dominan el sector de las agencias de notación del mercado mundial: *Moody's, Standar & Poor's* (EE.UU.) y *Fitch* (Francia). Estas tres sociedades juzgan la situación financiera de todos los deudores: los Estados, las colectividades locales, las empresas y los fondos de inversión. Las notas que éstas atribuyen influyen de manera determinante sobre las tasas de interés que deberán pagar los deudores a sus acreedores. Durante el 2002, esto correspondía a un volumen de 30.000 millones de dólares de deudas.

Ello marca el poder de las mismas. Estas atribuyen notas que permiten a los prestamistas potenciales evaluar la salud y seriedad de los futuros deudores. Sus notas van desde "muy segura" a "extremadamente riesgosa" pasando por "aproximadamente segura" y "riesgosa". La nota "muy segura" se expresa atribuyendo una triple A al deudor. Según la agencia de notación, los malos alumnos son evaluados por la letra C o la letra D.

Moody's cuenta con más de 700 analistas y emplea a 1.500 personas en quince países. Sus notaciones abarcan a 100 países. *Standard & Poor's* emplea a 1.000 analistas en 21 países, y sus análisis conciernen igualmente a una centena de países. *Fitch* emplea a 1.200 personas, de las cuales 600 son analistas, y evalúa a deudores pertenecientes a 75 países.

Estas sociedades fueron denunciadas de manera considerable por el rol que jugaron durante la crisis de los años 90, particularmente durante la crisis del este asiático durante 1997-1998. En efecto, éstas mantuvieron un juicio favorable respecto de las empresas deudoras del este asiático, mientras que tendrían que haber revelado que se encontraban en dificultades desde 1996. Una vez que la crisis estalló durante 1997, estas sociedades de notación dieron un giro de ciento ochenta grados que dio lugar a la negradación de las empresas y los estados asiáticos implicados. Ello implicó un aumento de varios miles de millones de dólares de las facturas que tenían que rembolsar los endeudados. El rol de las agencias de notación fue igualmente denunciado en lo que hace a la evaluación del riesgopaís de la Argentina y Brasil entre 1998 y el 2002.

Ellos fueron objeto de fuertes críticas por el rol que jugaron durante los diferentes escándalos que se desencadenaron en los Estados Unidos durante el 20012002. *Moody's* mantuvo una cotización muy elevada de *Enron*, que estaba próxima a caer. Estas agencias de notación son todo salvo independientes de las sociedades que evalúan, dado que reciben su remuneración de aquellas. En ciertos casos, con el objeto de forzar a los clientes a recurrir a sus servicios, atribuyen notaciones no solicitadas y generalmente menos favorables que en los casos en que hubieran sido objeto de una remuneración.

El escándalo *Enron* puso al descubierto la coalición entre la dirección de la empresa y *Andersen*, la empresa auditora encargada de monitorear las cuentas de aquella. En junio del 2002, *Andersen* fue condenada por obstrucción a la justicia. Este veredicto obligó a Andersen a bajar las cortinas. *Andersen* había participado en la operación de maquillaje de las cuentas de *Enron*, que en el 2000 le había pagado 50 millones de dólares como contraparte de los diferentes servicios prestados. Con el objeto de borrar las coaliciones con *Enron, Andersen* destruyó decenas de miles de documentos comprometedores durante octubre del 2001 mientras que la SEC estaba iniciando la investigación. "La oficina de Andersen en Houston se puso súbitamente a fines del mes de octubre a destruir una tonelada y media de documentos por día en lugar de los 35 kilos promedio por año", declaró el fiscal durante el proceso.

La connivencia entre las empresas y los estudios de auditorias que siguen sus cuentas está abiertamente extendida. *Andersen* realizó favores comparables a aquellos de los que se benefició *Enron* a una buena parte de sus 2.300 clientes. Las agencias de auditorias no se limitan a controlar las cuentas de las empresas: sus principales recursos provienen de los consejos que prodigan. Por cada dólar ganado en una auditoria, tres entran en caja gracias a misiones de auditoria. *Andersen* no es la excepción que confirma la regla. Prueba de ello es que los cuatro grandes estudios de auditorias son objeto de investigaciones por parte de la SEC. La KPMG revisaba las cuentas de *Xerox*, que reconoció haber inflado su cuenta de negocios de 6,4 mil millones de dólares durante el período 19972001. *Deloitte Touche Tohmatsu* controlaba las cuentas de la sociedad *Adelphia Communications*, cuya quiebra costeó en junio del 2002. *Price Waterhouse Coopers* está implicada en el escándalo de *Tyco*, cuyo director fue acusado de haber distribuido de manera fraudulenta 96 millones de dólares a 51 cuadros superiores de la empresa. *Ernest & Young* está acusada de haber transgredido las obligaciones de un auditor independiente desarrollando y comercializando software con la *PeopleSoft*, de la cual, por otra parte, controlaba las cuentas (Diario Le Monde, 18 de junio de 2002).

Antes de la quiebra de *Andersen*, los cinco estudios de auditorias citados más arriba controlaban el conjunto o casi todo el mercado mundial de auditorias (ver cuadro a continuación). Después de la quiebra de *Andersen*, los cuatro estudios restantes se dividieron sus clientes.

En el 2002 se anunció que el proceso *Enron* sería en diciembre del 2003. La ocasión de una famosa confesión.

En el 2002, 25 grandes compañías, y 150 jefes de empresa o cuadros superiores (de los cuales 45 tienen la intención de plantear demandas judiciales por culpabilidad), fueron objeto de investigaciones en profundidad y/o de seguimientos judiciales por parte del gendarme de los mercados, la SEC, y del Departamento de Justicia. He aquí algunos casos de inculpación: falsificación de las cuentas, delito de iniciado, enriquecimiento personal en desmedro de la empresa, evasión fiscal, asociación ilícita, obstrucción del trabajo de la justicia. La amplitud y la generalización de los comportamientos criminales es tal que el presidente de los Estados Unidos intervino directamente para amenazar con prisión a los administradores de las sociedades. "Si usted es un director general y piensa que puede trucar sus libros de cuentas para mejorar su imagen, nosotros lo encontraremos, lo arrestaremos y le haremos rendir cuentas" (citado en Time, 12 de agosto del 2002).

"Los jefes de empresa reconocidos culpables de fraude serán pasibles de sanciones financieras y, si tuvieron un comportamiento criminal, irán a prisión" (Diario Le Figaro, 1 de julio del 2002).

Alain Greenspan, presidente de la Reserva Federal, presentó las cosas con un toque de filosofía: "Los hombres no devinieron más cupidos que en el pasado. Simplemente cuentan con muchas más posibilidades de serlo... La economía depende de manera crítica de la confianza... La falsificación y el fraude destruyen el capitalismo y la libertad de mercado y, más ampliamente los fundamentos de nuestra sociedad... El patrón debe tener la autoridad para colocar donde corresponde la estrategia de la empresa pero también tiene la responsabilidad de dar cuenta de ella de manera precisa. Si este tipo de faltas no son sometidas a penas graves, tal como muchos lo recomiendan, nuestro sistema contable y los otros elementos del gobierno de las empresas no funcionaran de manera óptima" (Diario Le Monde, 18 de junio del 2002). En agosto del 2002, cerca de 2.500 directores generales fueron por primera vez legalmente obligados a certificar y firmar las cuentas de sus empresas. La amenaza del gran garrote que pendía sobre ellos tenía por objeto forzarlos a hacer una limpieza de sus cuentas a fin de intentar de manera desesperada restablecer la confianza del público para evitar una deriva que trajera como consecuencia una cascada de quiebras. En términos globales, el ejecutivo y el poder judicial permanecieron en el plano de la intimidación: no hubo ningún presidente general en ejercicio entre rejas durante el 2002. Dennos Kozlowski, ex patrón de *Tyco*, sólo se encontró entre rejas una vez que fue echado de la empresa. Algunos cuadros superiores fueron llevados a declarar con esposas, pero ninguno permaneció varios días en prisión. Sin embargo, ellos acumularon de manera criminal decenas o mejor dicho centenas de millones de dólares; provocaron quiebras que llevaron al suicidio de asalariados despedidos; quebraron la vida de centenares de miles de personas; hicieron perder centenares de miles de dólares a los contribuyentes.

Por el contrario, durante este tiempo, por delitos menores, decenas de miles de simples ciudadanos estadounidenses se amontonan en las prisiones superpobladas.

En septiembre del 2002 el Congreso adoptó una ley llamada SarbanesOxley, cuyo objetivo era evitar la reproducción de comportamientos como los de *Enron, WorldCom*, etcétera. Esta ley preveía un aumento de las penas para los diferentes delitos financieros. Las penas de obstrucción a la justicia y destrucción de pruebas, de las cuales el estudio Andersen había sido declarado culpable en el caso *Enron*, fueron duplicadas hasta alcanzar veinte años de prisión. Las operaciones concertadas dirigidas a engañar a los accionistas son consideradas en adelante como crímenes, y pasibles de diez años de prisión. Los directores financieros deberán certificar y firmar sus cuentas. En caso de falsa declaración, incurren en veinte años de prisión. Los bancos y casas de corretaje se ven impedidos de tomar sanciones contra los analistas que emiten informes desfavorables sobre las sociedades clientes. Los dirigentes ya no pueden pedir préstamos privilegiados a sus empresas. Sobre este último punto, George Bush podría haber sido condenado por los privilegios de los que se benefició mientras era administrador de Harken si dicha legislación hubiera estado en vigencia en aquella época.

La crisis golpeó directamente a las principales instituciones encargadas de hacer reinar el orden en el dominio económico: en noviembre del 2002, Harvey Pitt, presidente de SEC, presentó su renuncia. Así lo hizo también el responsable de los servicios contables de la SEC. Días después lo siguió William Webster, el nuevo presidente del Consejo de Vigilancia de los comisarios de cuentas, creado durante el verano europeo del 2002 para poner orden en dichos asuntos. W. Webster, viejo director de la CIA y del FBI, tiró la toalla luego de la primera reunión del Consejo. Las causas de dicha defección hay que buscarlas en las revelaciones inoportunas que se dieron a luz sobre su carrera: W. Webster dirigió el comité de auditorias de la sociedad *US Technology* acusada frente a los tribunales por malversaciones contables (Diario Le Monde, 14/11/2002).

Por otra parte, apenas fue creada por la administración Bush, la brigada financiera especial anticorrupción fue objeto de críticas vio-

lentas, dado que su jefe, el secretario adjunto de Justicia, Larry
Thompson, fue administrador de la *Providian Financial*, una sociedad
implicada en fraudes. Durante su mandato, la Providian Financial,
especializada en las tarjetas de crédito, fue forzada a endulzar al fisco
con 400 millones de dólares por poner fin a los seguimientos judiciales de los que era objeto a causa de sus fraudes.

Otra información: el jefe de la división *antitrust* en el Departamento de Justicia, Charles James, renunció en octubre del 2002 para
pasar al grupo petrolero Chevron Texaco en el cual pasa a ocupar el
cargo de vicepresidente y consejero jurídico. Nombrado en junio del
2001 por George Bush hijo, fue el arquitecto del acuerdo concluido
en noviembre del 2001 entre el Departamento de Justicia y Microsoft. Aunque quizás no haga falta decirlo, este acuerdo fue muy favorable a la empresa de Bill Gates.

Las jubilaciones de los trabajadores están en peligro. En Estados Unidos, el sistema de pensiones por repartición es marginal, y
aquellos que forman parte de él se benefician de un ingreso muy
pequeño, del orden del 40% de su salario. Bajo la administración de
Ronald Reagan, el sistema de pensión por capitalización ya bien im-
plantado fue muy promovido en el cuadro de lo que se llamó el
"plan 401 K" (instaurado en 1982). Dado que los mercados bursátiles estaban en alza, este sistema apareció para algunos como fuertemente atractivo, ya que el ahorro de los trabajadores era invertido en
su gran mayoría bajo la forma de acciones. Lo que tenía que pasar
pasó: los 40 millones de trabajadores titulares de un plan 401 K se
encontraron en una muy mala situación porque no contaban con la
más mínima garantía ni seguridad. Sus ahorros, que representan
aproximadamente 1.500 millones, se vieron sometidos a una cura de
adelgazamiento forzado de 175.000 millones de dólares en un año
como resultado de los diferentes escándalos contables, quiebras y
cracks bursátiles. Los asalariados de *Enron*, de *Global Crossing* y de la
WorldCom cuya pensión estaba ligada al plan 401 K, perdieron todo
o casi todo. En los últimos años, numerosas empresas invirtieron el
ahorro de sus trabajadores sin consultarlos o haciéndolo muy poco
sobre cuál era su punto de vista respecto a la compra de acciones de
la empresa misma. Algunos ejemplos en el 2001: plan 401 K de *Procter & Gamble*, 94,7% del ahorro era invertido en acciones de la em-

presa; *Coca Cola*, 81,5%; *General Electric*, 77,4%; *Texas Instruments*, 75,7%; *Mc Donald's*, 74,3%; *Enron*, 62%.

La otra gran categoría de asalariados cuya pensión depende del sistema de capitalización representa 44 millones de asalariados del sector privado. Ellos provienen de un plan de pensión llamado "definido", anterior al plan 401 K. Una gran parte de los trabajadores de la industria automotriz, del transporte aéreo, de la siderurgia, del petróleo, de la farmacéutica y de las telecomunicaciones dependen de este sistema, que garantiza una pensión mensual fija cuya transferencia corre bajo la responsabilidad de la empresa que los ocupa. Contrariamente al plan 401K, estos no se encuentran, en principio, sometidos a los vaivenes bursátiles. El problema es que las empresas responsables del financiamiento de sus fondos no lo han hecho de manera suficiente. La situación se volvió tanto o más grave dado que los ingresos de las empresas están en descenso y que una parte importante de los fondos que deben servir al financiamiento de las pensiones provienen del rendimiento de los capitales colocados en la Bolsa por parte de las empresas. Según estudios publicados en el 2002, 26 grandes sociedades se iban a encontrar en una situación financiera degradada como resultado del crecimiento superfluo de sus fondos de pensión (*Ford* debía colmar un agujero estimado en 6,5 miles de millones de dólares) y algunas deberían caer en quiebra. Esto no es un problema que sólo ocurre con las empresas norteamericanas. Citando el ejemplo de la multinacional helvéticosueca ABB, los investigadores del banco de negocios *Morgan Stanley* estiman que la proporción de deuda sobre los fondos propios pasa de 202 a 374% cuando se incluyen las obligaciones de jubilación y éstas son consideradas como una deuda equiparable a cualquier otra. "Es una bomba de tiempo. No se trata de saber si va a explotar, sino cuándo va a explotar" declaraba en el Financial Times del 1 de octubre del 2002 Michael Hirsch, vicepresidente de la *Lynnvest Group*.

Los más grandes fondos de pensión en los Estados Unidos son los de los funcionarios públicos. El más importante entre ellos es el California Public Employees Reirement System (Calpers), cuyos activos se elevan a 150.000 millones de dólares que se reparten entre 1800 empresas. Los diferentes fondos de pensión de los empleados públicos totalizan más de 1.500 millones de activos. Luego de las quiebras escandalosas del 20012002, estos exigieron una modificación de la ley con el objeto de poner en orden la gestión de las empresas privadas de las que eran accionistas. La quiebra de *WorldCom* produjo pérdidas de 585 millones de dólares a Calpers. La de *Enron* produjo más de 300 millones de dólares de pérdida a quien en orden de importancia representa el tercer fondo de pensión.

Durante las fases en que disminuye la actividad económica, cuando las empresas acumulan resultados a la baja y la competencia se exacerba, los patrones quieren achicar los costos. El puesto de trabajo que invariablemente es alcanzado son los salarios (disminución de los salarios y reducción del personal). La masa salarial es la principal variable de ajuste que se utiliza para asegurar una mejora o estabilidad de los resultados de la empresa. Los accionistas no quieren soportar los vaivenes de la coyuntura económica: exigen que el riesgo sea trasladado a los trabajadores.

Desde los años de Ronald Reagan y Margaret Thatcher, el abismo entre los ingresos de los asalariados y de los dirigentes de empresas, que son capitalistas aunque reciban un salario, no hizo más que progresar de una manera vertiginosa. Según *Business Week*, en 1980 el director general (CEO) medio ganaba 42 veces más que el obrero *(blue collar worker)*. En 1990 ganaba 85 veces más, y 531 veces más en el 2000 (ver el sitio del sindicato AFLCIO en *www.aflcio.org/paywatch/ceopay.htm*). La AFLCIO compara el ingreso de tres directores generales con la evolución de las acciones de su empresa en la Bolsa durante el período 19962000. Mientras que la cotización bursátil de la empresa que estos conducían había disminuido de manera considerable (aunque fue en un período de gran alza en general), sus ingresos fueron verdaderamente impresionantes.

Durante el año 2001, el New York Times publicó el gráfico siguiente, aún más sugestivo. Este presenta la evolución global de las remuneraciones de los directores generales, la evolución de los beneficios y la de la capitalización bursátil. El gráfico demuestra la farsa que constituye el gobierno de empresa. Mientras que la evolución del ingreso de los dirigentes de las empresas debería seguir la evolución de los resoltados de las mismas, uno constata por el contrario el fenómeno inverso. La remuneración de los directores generales aumenta mientras que bajan los beneficios y los valores bursátiles.

Si salimos de las fronteras de los Estados Unidos, encontraremos situaciones similares. En el 2001, mientras que las cuentas de

Vivendi Universal entraban en rojo, el sueldo de Jean Marie Messier aumentaba el 19% (66% de aumento sin impuestos). En Suiza, Mario Corti, principal dirigente de *Swissair*, recibió 8,3 millones de euros para reencaminar a la compañía aérea; algunos meses después, la empresa quebró.

Las remuneraciones de los dirigentes de empresa se componen de un salario, de *stock options* (que durante 19992000 representan en promedio el doble del salario) y de bonos.

Es necesario agregar la jubilación en oro, el o los departamentos de trabajo, los gastos sin límites, el o los coches de trabajo y el chofer a disposición, y a veces el avión de trabajo. A la remuneración de los dirigentes de empresa es necesario agregar los ingresos que ellos deducen de sus capitales. Tampoco hay que olvidar los regalos de las empresasclientes (por ejemplo, los paquetes de acciones ofrecidos gratuitamente).

Las *stockoptions* hicieron furor a lo largo de los años 90 hasta el 2001. Estos rindieron sumas faraónicas a algunos miles de dirigentes de empresas. En el 2000, Jeffrey Skilling, viejo director general de *Enron*, embolsó 62,5 millones de dólares gracias solamente a las *stockoptions*. Gary Winnick, patrón de la empresa quebrada Global Crossing, embolsó entre 1998 y el 2001, 735 millones de dólares gracias a la venta de sus *stockoptions*. Por otra parte, la manera en que las *stockoptions* eran contabilizadas por las empresas hizo perder al fisco de los Estados Unidos 56.400 dólares en el 2000.

El colmo de todo esto son los regalos de despedida a los patrones que condujeron a sus empresas a la quiebra. Percy Bavernik, director general de ABB, quien en el 2000 recibió 98 millones de prima en su despedida, dejó una pérdida de 793 millones de euros. Aquí también se podría mencionar a JeanMarie Messier (CEO de *Vivendi Universal*), Bernard Ebbers (CEO de *WorldCom*) y decenas de otros.

Si los patrones no reciben generosas primas de despedida, esto no debe interpretarse como un mal signo. Según las autoridades judiciales, Dennis Kozlowski, ex patrón de *Tyco*, habría robado 170 millones de dólares de la caja de la empresa que dirigía, y se habría embolsado 430 millones de dólares gracias a la venta fraudulenta de acciones de la empresa. Mientras esperaba ser juzgado, su ex mujer pagó una caución de 10 millones de dólares en septiembre del 2002 para que pudiera salir de prisión. En junio del 2002, Kozlowski

GERARDO SÁNCHEZ NAVARRO

había organizado una fiesta en Cerdeña cuyos gastos, que corrieron a cargo de la empresa, representaban la módica suma de 1 millón de dólares (Financial Times, 20/09/2002).

Veinte años de desreglamentación y de apertura de los mercados a escala mundial suprimieron las vallas de seguridad que hubieran podido limitar los efectos en cascada de las crisis que atravesaron la *Enron* y compañía. El conjunto de las empresas capitalistas de la Tríada y de los mercados emergentes evolucionaron, ciertamente con sus particularidades, en el mismo sentido que en los Estados Unidos. Las instituciones privadas bancarias y financieras, así como las empresas de seguros del planeta, se encuentran en mala posición: adoptaron prácticas cada vez más aventureras. Todos los grandes grupos industriales conocieron una financiarización pronunciada y por ende se han vuelto muy vulnerables. *Enron, Worldcom, Global Crossing, Vivendi Universal, Ahold, Parmalat...* la sucesión de escándalos mostró la vacuidad de las afirmaciones de los dirigentes de los Estados Unidos y de sus laudatorios en los cuatro puntos cardinales. Es tiempo de pensar en otro sistema, tanto en los Estados Unidos como en otras partes.

En este ajuste de cuentas en que viven permanentemente el gobierno y los servicios de seguridad e inteligencia de Estados Unidos están envueltos además de Bush, individuos de la calaña del ministro de Justicia, John Ashcroft, el vicepresidente Dick Cheney, seguramente, en su condición de principal asesora del presidente, Condolezza Rice y quién sabe cuantos más. Los demócratas, que no se diferencian demasiado del gobierno actual, pero que no son tan tontos como para en plena campaña de las presidenciales del año próximo dejar de patear esa pelota servida en bandeja en el área del portero rival, han exigido una investigación a fondo del asunto. Y aunque la experiencia indica, es la forma de no aclarar nunca nada, podría en este caso, en razón de los intereses de poder en juego, terminar en otro Watergate.

El escándalo le llega al Cesar de bolsillo en momentos en que su estrategia del terror con la que ha mantenido "anestesiado" intelectualmente a sus pobres ciudadanos, empieza a dejar de tener efecto. Cuando la carne de cañón, negros, hispanos y centroamericanos reclutados por el servidor imperial José María Aznar, siguen dejando los huesos en Irak y Afganistán en la misión imposible de imponer la "democracia made in USA" a las distintas corrientes ideológicas y religiosas de Irak y en la tierra de los talibán. Cuando los 3 millones de parados y nuevos pobres que el modelo de Bush, ofrecido y propagandeado como la panacea incluso para países como Suecia, empieza a generar un explicable malestar social en aumento que no tardará en estallar. Sobre todo cuando se conoce, de las propias fuentes "americanas" que ha aumentado durante la actual Administración el número de los que cuentan su fortuna no ya en millones de dólares sino en billones.

Y por último, aunque muy lejos de ser lo último, el anhelado y anunciado repunte de la economía, es como un fantasma que cuando se cree apresarlo, se esfuma a la vuelta de la esquina. Que una potencia con tal poder de destrucción esté dirigida por una pandilla de mafiosos, no es para alegrarse por más antiamericano que uno sea. La fetidez de sus "establos" alcanza al mundo entero. Cada día se confirma la afirmación de Chomsky aunque más que el primer Estado terrorista es el primer Estado mafioso del mundo. Bin Laden no necesita más pilotos suicidas, que siempre cobran víctimas inocentes. Desde alguna gruta de Afganistán puede sentarse a esperar a ver pasar el cadáver de un imperio que morirá "por sus propios medios".

Por otro lado en enero del 2007 Negroponte, un diplomático de carrera de 67 años que fue embajador de USA en Irak en 2004, fue anunciado que ocupará el cargo de Subsecretario de Estado responsable ante la actual jefa de la diplomacia, Condoleezza Rice, dijeron fuentes oficiales. Lo extraño es que, precisamente ahora que Bush no cuenta con la mayoría de su partido en el Congreso, su hombre de confianza en seguridad nacional, sea transferido a un puesto menor bajo las órdenes de la Secretaria de Estado. Cabe preguntarse: ¿Es esto un nombremiemto o señales de serias desavenencias entre Negroponte –conocerdor de las sobradas razones que hay para que EE.UU. se retire de Irak y el caprichoso presidente?

Pero también hay otras empresas implicadas directamente con esta invasión a Irak. Son aquellas que han promocionado la presidencia de Bush, financiando su campaña electoral. O las que esperan que la guerra termine, que Irak quede devastado, para poder apropiarse de sus recursos petroleros. Otros quieren hacer el agosto reconstruyendo Irak una vez los ejércitos norteamericano e inglés se hayan encargado de destrozarlo, con la ayuda del Gobierno español. Y especialmente, aquellas empresas guerreras que invierten en la fabricación de armamento y prestan servicios al ejército, tanto de Estados Unidos como de España.

Lo que te proponemos no se trata de un boicot anti norteamericano solamente, sino un cuestionamiento y una revuelta contra el abuso de poder de las multinacionales norteamericanas y aquellas otras empresas que trabajan para la guerra. Tampoco se trata de una acción puntual, dirigida, de romper cristales de establecimientos norteamericanos. Lo que planteamos es aprender a usar el consumo crítico como forma de desobediencia civil. Todos consumimos, pero no queremos hacerlo de cualquier manera. Tenemos criterio, y lo podemos utilizar. Y nos tendrán que escuchar.

Esta absurda guerra para controlar el petróleo iraquí, para estimular el consumo de armas y para, después, reconstruir Irak es un ejemplo más de que son los grupos empresariales transnacionales los que dictan las políticas a los gobiernos de USA, de la Gran Bretaña y del Estado Español. La llamada guerra preventiva no es más que una excusa que nadie cree. Todos sabemos que no persiguen la seguridad internacional. Y mucho menos la democratización de Irak o el bienestar de su pueblo. La sociedad civil estamos bien despiertos: la destrucción cometida por los ejércitos persigue intereses económicos y geoestratégicos.

Aunque sólo sea por dignidad y para no colaborar con quienes promueven la guerra, planteamos no pagar ni un céntimo más a los grupos empresariales más ofensivos, aquellos que utilizan nuestro dinero para hacer la guerra y poder ganar todavía más dinero. No tiene sentido manifestarnos en la calle y, al mismo tiempo, atorgar más poder a las empresas guerreras con nuestras compras o con nuestros ahorros. Además, estamos convencidos que el boicot puede tener éxito. Porque no estamos solos. En todo el mundo surgen diferentes iniciativas y boicots contra las multinacionales que instigan esta guerra. También desde aquí debemos poner nuestro granito de arena a este esfuerzo globalizado. Si el volumen de ventas de las multinacionales de EE.UU. cae, aunque sea un 2%, en el ámbito mundial, los lobbies de estas empresas comenzarán a presionar a Bush sobre la inconveniencia de seguir esta invasión o de empezar otras.

El presidente de la Reserva Federal de los Estados Unidos, Alan Greenspan, dijo por primera vez, en Noviembre del 2005, públicamente ante el Senado, lo que piensa de la administración Bush.

Agregó que el principal factor que está perjudicando a la economía de USA, es la eventual guerra contra Saddam Hussein y Bin Laden, no los impuestos. Precisamente en este mismo mes el Sr. Greenspan anunció que se retiraba. ¿Casualidad?

Greenspan es hombre de pocas y cautelosas palabras y todo el mundo lo sabe. Más aún, si se trata de un momento como el actual, de tanta fragilidad económica, política e ideológica en el que la guerra entre su país y el Irak está por estallar porque sus reservas nacionales de petróleo, sin recurrir a las importaciones, es de solamente 4 años. A esto se le suman la inestabilidad de los mercados y la necesidad los ingresos que proporciona la deuda del tercer mundo para pagar un billón de dólares diarios de su déficit comercial, porque consumen más de lo que producen, los escándalos financieros, la gigantesca deuda financiera que tiene el Estado, las incierta guerras de Afganistán y de Colombia, el desastre de la 'Pax Americana' en Israel, los fracasos contra Chávez y Lula con los que América Latina entra en resistencia, el que los aliados de siempre no le obedezcan, el que la ONU, la OTAN, el Banco Mundial, el FMI, el OMC y el BID, todas organizaciones internacionales bajo control estadounidense, estén en crisis.

De allí que si Alan Greenspan instala el debate sobre los gastos del gobierno y la manera de financiarlos y que lo habló esta vez ante el Senado, sabiendo que sus dichos causarían estragos entre los republicanos, es que el peligro a bordo es evidente.

Ese peligro se llama 'el monto de la deuda publica de los Estados Unidos'. El monto legara el 20 de febrero 2003 a los exorbitantes 6400 billones de dólares, cuando se pondrá en vigencia un programa a corto medio plazo de 42 billones de dólares.

Si esta fue la primera vez que el funcionario de USA habla en público sobre la iniciativa de la administración Bush, es porque el poderoso barco neoliberal esta ideológicamente a la deriva y con él los Estados Unidos.

Aunque la prensa norteamericana apoye furiosamente al gobierno, nadie cree en las declaraciones de Colin Powell sobre el supuesto peligro letal del Irak, ni al director de la CIA, George J. Tenet, sobre la relación que existe entre Al Quaeda y el régimen de Saddam.

Aunque los matutinos expliquen con vigor que 'El video en el que supuestamente, Osama Bin Laden le pide a los musulmanes que se defiendan del ataque de USA, causó estragos.' En consecuencia, Washington asegura que Al Quaeda es socia de Bagdad y que hay que tomar medidas preventivas para evitar futuros desastres... bla, bla, bla... el mundo entero sonríe. Porque desde nuestra infancia Hollywood nos ha mostrado el poder de manipulación de la maquina publicitaria de los Estados Unidos. Hoy tres generaciones más tarde el gobierno de Bush se encuentra obligado a prohibir una manifestación de 500.000 personas en New York para frenar toda expresión de toma de conciencia de su propio pueblo. Esa misma toma de conciencia que el mundo entero les reclama sobre todos los grandes temas actuales de la humanidad.

Tampoco la OTAN que tambalea grogui puede frenar la caída de la casa Bush tras los enfrentamientos que existen sobre la cuestión de Irak. Colin Powell aseguró que la alianza cada vez está en peores condiciones, porque existen choques y enfrentamientos en cuanto a si se debe o no defender a Turquía en caso de que Irak la ataque, pero lo que no dijo es que se trata de una maniobra para arrastrar Europa a la conquista del petróleo iraquí. Tampoco dijo que si fracasó fue porque la actual e infantil ideología económica que pretende relanzar la economía por medio de una guerra, abrió un boulevard a las ambiciones también Imperialistas, pero mucho más presentables, de FranciaAlemania a quienes hábilmente se les han pegado Rusia y China.

La OTAN ya estaba grogui antes de la guerra de los Balcanes pero en esa época Estados Unidos supo dar vuelta la tortilla dándole una utilidad momentánea pero conveniente para Europa. Sin embargo hace tiempo que Francia requiere las riendas y Estados Unidos se las niega porque no quiere relegar el mando de la OTAN y ahora Chirac ha encontrado como ser solo el patrón de la vereda.

Pero cuidado que un tren puede esconder a otro. Los vacíos nunca son buenos, y sobre todo si se llenan con lo mismo. Chirac y Putin son políticos muy hábiles y oportunistas con una fuerte tradición nacional de Imperio frente al océano de torpeza de la Casa Bush.

La 'Inteligencia' del pueblo norteamericano debe unirse con la del resto del mundo que pide que 'otro mundo sea creado' para terminar con las reglas y maneras de gobernar, ya totalmente caducas, con millones de muertos y varios siglos de retraso. Ahora los cerebros del mundo ya están conectados en Red y la Democracia Representativa ya es Historia Vieja. Solamente la 'Democracia Participativa' puede sacarnos de la referencias de esta postedad media que es el modernismo. La época por venir ya ha nacido pero todavía no tiene nombre. Todos juntos debemos crear un mundo mejor. La caída de la Casa Bush y de su Imperio sería el primer paso.

Jeff Gannon era un periodista *"afortunado" que* en repetidas ocasiones conseguía el privilegio de preguntar en la Casa Blanca (pasando por el resto de sus colegas) y que en repetidas ocasiones *desvió preguntas incómodas* dirigidas al presidente.

Su excesivo protagonismo en las ruedas de prensa de la Casa Blanca y sus *preguntas edulcoradas a Bush* desataron las sospechas de sus compañeros, que terminaron acusándolo de ser un *"topo" del Partido Republicano* utilizado para desviar la atención de los temas más incómodos para el presidente.

En una Casa Blanca que, desde los atentados del 11S, es una auténtica prueba de obstáculos, donde los periodistas se someten a una serie de comprobaciones exhaustivas, Gannon podía moverse con una comodidad que empezó a *llamar la atención.*

Gannon siempre conseguía hacer preguntas en las ruedas de prensa, no sólo en las que diariamente ofrece el portavoz de la Casa Blanca, Scott McClellan, sino también en las que ha concedido el propio presidente, George W. Bush, en las que la oportunidad de preguntar es un auténtico *privilegio.*

Pero las preguntas hacía Guckert, o Gannon, eran siempre tendenciosas, y siempre a favor del Gobierno. Cada vez que el vocero McClellan se veía en apuros por alguna pregunta le habilitaba la palabra a este corresponsal, que enseguida *cambiaba el tema* preguntando otra cosa.

The Boston Globe recogía hace unos días en un artículo sobre Jeff Gannon la polémica de la que desde hacía semanas llevaban haciéndose eco numerosos *weblogs* estadounidenses.

El *Globe* cuestionaba *por qué la Casa Blanca había facilitado una acreditación a este reportero* "sin antecedentes periodísticos" que hacía "preguntas suavizadas" al presidente Bush y a su jefe de prensa y que reproducía en su medio "largos pasajes de los informes oficiales de prensa como si fueran artículos originales".

Según los medios de EE.UU., 'TalonNews.com' está dirigido por un delegado y activista político del Partido Republicano de Texas, que posee también 'GOPUSA.com', un sitio web que se atribuye la misión de *"llevar el mensaje conservador a América"*.

McClellan reconocía que a Gannon nunca se le pidió un pase de prensa 'regular' para la Casa Blanca y que, en lugar de eso, durante los últimos dos años accedió a los encuentros con acreditaciones puntuales.

Estos pases de prensa de día, según McClellan, suelen concederse a cualquiera que escriba para una organización que publique regularmente.

El secretario de Prensa de Bush justificaba la presencia de Gannon asegurando que muchos otros reporteros y comentaristas políticos de medios menos conocidos e incluso de otras áreas distintas a la política, suelen también acudir a las ruedas de prensa.

McClellan decía que no está en manos de la Casa Blanca decidir quién es y quién no es periodista y *rechazaba cualquier teoría sobre una supuesta conspiración.*

La gota que colmó llegó el pasado 26 de enero, cuando en su última rueda de prensa televisada, Bush le dio la palabra, en detrimento de otros medios más importantes.

Gannon preguntó sobre el Partido Demócrata: "Usted ha dicho que va a extenderles la mano ¿Cómo va a colaborar con una gente que parece haber perdido el sentido de la realidad?"

El caso llamó la atención de algunos legisladores, como la congresista demócrata Louise Slaughter pidió explicaciones directamente a la Casa Blanca.

Según Slaughter, la Casa Blanca permitió el acceso de Gannon a sabiendas para poder contar con un periodista "amigo" en las ruedas de prensa.

La Casa Blanca respondió, por boca de su portavoz, que el corresponsal se sometió al mismo proceso de comprobación *"que cualquier otro".*

"En la época en la que vivimos, de medios cambiantes, no es fácil decidir o elegir quién es periodista explicó McClellan Nos metemos en el tema de periodismo partidista. ¿Dónde trazas la raya? Hay más gente que cruza la línea en la sala de prensa".

Todo el escándalo llevó a que esta semana Gannon presentase *su dimisión*. Ante el problema Gannon anunció en su página web que renunciaba: "a causa de la atención que se me ha prestado, encuentro que ya no me es posible ser de manera efectiva reportero para *Talon News*".

En declaraciones al periódico *The Washington Post*, Gannon reconoció que su inclinación política es conservadora, y aseguró que sus colegas *"también son partidistas, lo que pasa es que ellos no lo admiten"*.

Gannon *negó cualquier vínculo con el Partido Republicano* de Bush, según señala Editor & Publisher.

En una entrevista con este medio aseguraba además que jamás había contribuido a una campaña política, "que es más de lo que se puede decir de algunos de mis compañeros", añadía.

La cuestión es que Gannon, que nunca ha revelado su edad, nunca explicó cuál ha sido su formación ni en qué medios ha trabajado, y por que razón utilizaba un nombre falso.

De hecho, parece que Talon News.com también le ha dejado a él porque resulta prácticamente *imposible encontrar sus artículos en el periódico,* de donde parecen haberse esfumado.

El *"caso Gannon"* se añade a la polémica creada en torno a la política informativa del Gobierno, después de que saliera a la luz que había pagado a varios columnistas conservadores para que promocionaran su política.

Entre otros, el comentarista **Armstrong Williams** se disculpó en enero por no haber revelado que su empresa recibió 240.000 dólares para promover la ley de Educación.

Y la columnista Maggie Gallagher reconoció un contrato de 21.500 dólares con el Departamento de Sanidad para *promocionar una iniciativa de Bush a favor del matrimonio.*

Atajándose del escándalo que se avecinaba con su periodista *topo*, en rueda de prensa del 26 de enero, el presidente se manifestó en contra de este tipo de prácticas y solicitó que se terminara con las mismas. *"Tiene que haber independencia",* dijo Bush.

DECADENCIA DE LA NACIÓN

Durante años nos vendieron las bondades del "American Way of life", ejemplo de progreso, democracia y libertad. Pero el sueño americano se agota. Su modelo económico resulta insostenible, las libertades personales se reducen día a día y los valores que exportan no convencen. El mundo no quiere mirarse en el espejo americano. La tierra de las libertades, el paraíso de las oportunidades, el oasis de la libertad de expresión, el país de vanguardia que ensalzaba el valor potencial del individuo por encima de su clase social, su religión o su sexo, el lugar donde triunfar por uno mismo era posible... todo forma parte del mito sobre Norteamérica. Hoy, Estados Unidos es un ejemplo de represión. Ha establecido la cultura del terror dentro y fuera de sus fronteras. Después de haber convertido los atentados del 11S contra sus Torres Gemelas en un asunto de incumbencia internacional, ha puesto el terrorismo en la primera fila de de los problemas que atenazan el planeta, por mucho que en el ranking de muertes, las causadas por atentado terrorista están muy por debajo del hambre, el sida, las enfermedades cardiovasculares y hasta los accidentes de tráfico. Sin embargo han establecido una cultura del miedo global contra un enemigo demasiado impreciso: el terrorismo internacional, y han trazado una raya para dividir al mundo en dos: o con nosotros o contra nosotros.

Puede señalarse como fecha simbólica. A partir de entonces el gobierno norteamericano se siente legitimado para casi todo, desde cercenar las libertades personales de sus propios ciudadanos, hasta invadir un país sin el consentimiento de las Naciones Unidas. La concepción maniquea del mundo que EE.UU. quiere imponer tiene graves consecuencias, porque no es tan sencillo dividir el mundo en buenos y malos pasando por encima de las características de los pueblos, su cultura, historia, sus aspiraciones. Sin embargo, todos los países, en mayor o menor medida, siguen el criterio que marca el gigante americano.

¿Qué más nos queda por ver? A raíz de los atentados del 11S la población norteamericana se vio sometida a un bombardeo, esta vez desde instancias gubernamentales, para convencer a la opinión pública de la necesidad de limitar los derechos democráticos con el objetivo de ganar en seguridad. Los medios de comunicación, que en su gran mayoría actuaron como agencias del gobierno, apoyaron esta política y contribuyeron a crear el clima mediático apropiado para que, llegado el momento, la población recibiese con los brazos abiertos los recortes. El New York Times, en un artículo publicado poco después de los atentados, predice la transformación de los EE.UU. "en un nuevo tipo de país, donde la identificación electrónica podría convertirse en lo normal, donde a los inmigrantes se les investigaría regularmente y donde el espacio aéreo sobre las ciudades quede fuera de los límites de la aviación civil."

Dos días después de los atentados, el senado estadounidense aprobó una ley antiterrorista con el nombre de Combating Terrorism Act of 2001. Algunos senadores la tuvieron en sus manos media hora antes de que comenzara su debate, de modo que ni siquiera pudieron leerla. El gobierno de Bush pedía una ampliación de poderes: intervenir en los teléfonos de personas bajo sospecha, legalizar el espionaje policial en Internet, controlar las transacciones financieras, y vigilar, detener y expulsar a inmigrantes y extranjeros que visitan el país. Fue sólo el comienzo. Actualmente cualquiera puede estar siendo investigado sin saberlo. Entre otras cosas, el FBI adquirió la posibilidad de espiar los hábitos de los ciudadanos: qué compran, qué leen, qué guardan en los cajones. Pueden entrar en una casa, revisar efectos personales, sacar fotografías, pinchar el teléfono e introducirse en el ordenador de una persona sin que el "presunto" delincuente lo sepa. Además, podrán interceptar los sitios web visitados por cualquier ciudadano, los nombres y las direcciones de los usuarios con los que se comunica mediante correo electrónico. En poco tiempo, para enviar una carta desde Estados Unidos podría ser necesario presentar un documento de identidad con foto. También puede ser una imprudencia llevarse a casa un libro por ejemplo sobre el islam, porque el control sobre los registros de las bibliotecas nos convertiría automáticamente en sospechosos. Recién comenzado el 2004 entraron en vigencia nuevas normas de seguridad que obligan a la mayoría de los visitantes extranjeros a registrar sus huellas dactilares y sacarse fotos al llegar a los aeropuertos estadounidenses. Las quejas no han tardado, pero sólo algunos han pasado a la acción. Es el caso de Brasil, que ha respondido con medidas similares hacia los ciudadanos norteamericanos que entran en su país a través de los principales aeropuertos internacionales. En resumen, el gobierno amplía su derecho a espiar a los ciudadanos, crece la brutalidad policial, la pena de muerte se consolida en algunos territorios, y aumenta el personal dedicado a la seguridad. No deja de ser significativo que EE.UU. tenga más policías que todos los países industriales juntos.

Algunas de estas medidas habían formado parte de la cartera del gobierno de Clinton, pero no pudieron ser puestas en práctica porque se resolvió que constituían una violación de los derechos civiles. La caída de las torres fue la oportunidad perfecta para imponer ese estado policial por el que los sectores más conservadores llevaban tiempo suspirando. Se respira desde entonces un clima de sospecha permanente. Los musulmanes son especialmente mal acogidos. Pronunciar la palabra bomba en el aeropuerto o en el interior de un avión, puede ser motivo suficiente para provocar una detención o la apertura de un proceso. Y recientemente se estaba contemplando la posibilidad de que pudiese viajar personal armado dentro de los aviones comerciales.

Fue la oportunidad perfecta para imponer ese estado policial por el que los sectores más conservadores llevaban tiempo suspirando.

El pueblo americano, en principio, acepta de buen grado estas limitaciones porque entiende que son por un bien mayor. "Si renunciando al derecho de que no lean mi correo electrónico pudiera haber evitado la tragedia, diría: Mundo, lee mi correo electrónico", escribe un internauta. Según una encuesta realizada los días 13 y 14 de septiembre de 2001, el 72% de los estadounidenses son partidarios de las nuevas leyes para prevenir nuevos ataques terroristas, a pesar de que atenten contra las libertades individuales garantizadas por la primera enmienda de la Constitución.

Pero ya son muchas las voces, tanto dentro como fuera de EE.UU., que disienten de estas políticas y proclaman que el terrorismo no se combate con el miedo, ni con medidas de dudosa legalidad que recortan las libertades públicas y las garantías individuales, pilares de la democracia.

Tanto algunas autoridades locales como intelectuales, actores y otros personajes de la vida pública, se han rebelado contra estas imposiciones y contra la pérdida de libertades de expresión y reunión. También reclaman el derecho de igualdad ante la ley y el derecho a la privacidad. En este contexto, no hay que olvidar que el actual presidente llegó a la Casa Blanca de forma claramente irregular, después de un proceso mal esclarecido y un penoso recuento de votos en Florida. Se puede decir que el gobierno de Bush es ya resultado de un deterioro democrático previo en los EE.UU. Otro dato importante que hay que valorar es que no acudieron a las urnas ni siquiera el 40% de los ciudadanos que tenían derecho a hacerlo. Los acontecimientos posteriores, y la política de Bush de embarcar a su país en una guerra y una posguerra de gravísimas consecuencias sin ningún diálogo o debate público, es más de lo mismo.

Estados Unidos es la primera potencia del mundo en capacidad tecnológica. Y en un mundo donde la necesidad de estar al día en sistemas de telecomunicaciones, en redes de información, en equipamiento informático, quien exporta tecnología exporta cultura... si la tiene

La diversidad cultural es un concepto en vías de extinción, gracias a la presión unificadora que ejerce EE.UU. sobre todos los ámbitos de la vida de un país. Las idiosincrasias, de continuar por este camino, tienen los días contados. El pensamiento único no afecta a un terreno concreto y delimitado, sino a todos los campos del vivir cotidiano que nos podamos imaginar, y otros tantos en los cuales ni siquiera reparamos, pero que nos afectan irremediablemente. El pensamiento único se respira, todos los días, seamos o no conscientes de ello.

Cómo hablamos, qué comemos, cómo estructuramos nuestros tiempos de ocio... Hay que tener un coche propio y acercarse a pasar todo el sábado por la tarde al centro comercial, a ver en el cine la última película de Schwartzenegger y a comerse una hamburguesa en *Mc Donald's*. Vestir *Levi's* y beber *Coca Cola*. Celebrar *Halloween* y recibir regalos de Papa Noel, o de nuestros Tres Reyes Magos. Todo tiende hacia la imitación del *American way of life*, en detrimento de las costumbres de cada cultura, de cada pueblo. Y ni siquiera se puede decir que sea un cambio para mejor, puesto que los valores que vende al mundo el gigante norteamericano no resisten un análisis crítico. De hecho, están pagando ya la factura de su propio sistema de vida. Veinticinco millones de personas no tienen acceso a la seguridad social y unas tremendas bolsas de pobreza. El mayor consumo de antidepresivos de pastillas está en Estados Unidos. La inseguridad que se respira en EE.UU. no hay que achacarla sólo a la amenaza terrorista. La crisis económica hace que la cotidianidad de miles de personas se desarrolle en una permanente cuerda floja. En el año 2000 la pobreza en EE.UU. llegó a su nivel más bajo en 25 años. Pero a partir de 2001, esta tendencia cambió. Los economistas señalan al desempleo como la causa principal. El plan económico de presidente George W. Bush ha ocasionado el recorte de programas de educación, vivienda y asistencia social. Es el país desarrollado con mayor índice de desigualdad, y donde los programas sociales y el seguro social tienen una cobertura cada vez menor. Los salarios medios no dejan de caer, a la vez que crecen los de las clases empresariales. Aumentan desorbitadamente los parados y las personas sin techo. La inmensa mayoría pierde poder adquisitivo y se distancia cada vez más de una minoría próspera. Y esto sucede en un país con un gasto militar desorbitado. El proyecto que el presidente de EE.UU. ha presentado a comienzos del 2004 ante el Congreso, incluye un aumento presupuestario para la defensa del país, que supone un incremento del 7% con respecto a los gastos militares del pasado año, 2006. La propuesta llega en un clima de gran preocupación por la cuantía del déficit fiscal, que ya sobrepasa los 600,000 millones de dólares.

La política de la Casa Blanca se vuelca claramente hacia fuera de sus fronteras, buscando consolidar la hegemonía de USA ante el resto de los países del mundo, mientras en sus ciudades aumenta alarmantemente el número de ciudadanos que viven bajo el umbral de la pobreza.

En el documental Bowling for Columbine, el cineasta Michael Moore presenta la "otra" historia del pueblo americano, en una versión bien distinta a la que nos venden los medios de comunicación. Desde su perspectiva crítica, estamos ante un pueblo históricamente atemorizado que proyecta sus propios miedos al exterior en forma de agresividad, violencia, desconfianza, rechazo a quien es distinto, y vocación de convertirse en el policía mundial. La imagen estereotipada del superhéroe americano esconde en realidad un complejo de inferioridad que tiene su origen, muy posiblemente, en la falta de raíces históricas. Y es que el pueblo americano no tiene actualmente donde asentar sus pilares. Se formó a partir de retales de otros países. El continente fue poblado por quienes llegaban del antiguo mundo: ingleses, irlandeses, italianos, holandeses, españoles. Podrían haber construido un país con una fortísima base cultural propia, la que le habrían podido aportar los pueblos indígenas que habitaban las tierras de América del Norte, pero sencillamente los exterminaron. Se renegó de su cultura y su conocimiento, y todo vestigio de sus tradiciones fue borrado concienzudamente por los conquistadores. Perdieron la posibilidad de construir una sociedad rica en cultura, forjada en los valores antiguos y fortalecida por el posterior mestizaje. A cambio, optaron por una reaccionaria y violenta defensa del terruño particular de cada conquistador. "Los norteamericanos son una sociedad formada por pueblos de aluvión comenta José Carlos García Fajardo, profesor de Pensamiento Político y Social en la Complutense. Los pioneros que llegaron venían huidos, y con la mentalidad, profundamente religiosa, de exterminar a quienes se encontrasen en la tierra prometida que un dios determinado les dio a ellos. A partir de ahí siempre se han sentido el eje del mundo. Siempre fueron personas tremendamente conservadoras, religiosas y con un concepto de la vida que sobre todo se reducía al ámbito familiar. Consideraron al resto del mundo como si fuera bárbaros".

Un informe publicado el 10 de Diciembre de 2004 por el Destacamento Special sobre Comunicación Estratégica del Consejo Científico de Defensa asevera que la oposición en el Oriente Medio a la ocupación estadounidense de Irak y a la política extranjera de Estados Unidos en general es enorme. El informe, publicado por una junta asesora integrante del Ministerio de Defensa de Estados Unidos, admite con toda franqueza que la gran mayoría de pueblos árabes y musulmanes no consideran que Estados Unidos representa un bastión de la democracia y la liberta. Más bien lo cren causa principal de la represión y la tiranía.

El gobierno de Bush repetidamente ha hecho alusiones a la "guerra por la libertad". Justamente el martes pasado el Presidente Bush declaró que el pueblo iraquí terminará apoyando a Estados Unidos porque "los pueblos libres nunca escogen ser esclavos." Pero Bush, el Ministro de Defensa Donald Rumsfeld, el Vicepresidente Dick Cheney y el resto de la pandilla bélica en Washington bien saben que las masas iraquíes, junto con los otros pueblos del mundo musulmán, consideran a Washington como la causa principal de su esclavitud.

Y esto es ciertamente lo que su informe, publicado por la Consejo Científico de Defensa (CCD), puntualiza. Éste lleva el sello del Pentágono en su portada y apareció en uno de los sitios del Ministerio de Defensa de Estados Unidos en la malla mundial.

El informe declara sin rondeos que una preponderante mayoría de los pueblos árabes y musulmanes se oponen a la ocupación de Irak por Estados Unidos. Revela, además, que esta oposición, tal como Bush y la prensa norteamericana por lo regular afirman, no expresa ninguna oposición a la democracia, sino todo lo contario. Según el informe, los pueblos árabes y musulmanes "no 'odian nuestras libertades'. Odian nuestra política".

La mayoría de los integrantes del CCD del Destacamento Especial sobre Comunicación Estratégica fueron académicos universitarios y antiguos elementos del personal de las fuerzas armadas. La preparación del informe fue una de las misiones claves del Estudio de Verano de 2004 del Consejo Científico de Defensa sobre la Transición hacia y desde las Hostilidades. Creado por Paul Wolfowitz, Ministro Asistente del Ministerio de Defensa. En la carta que escribió para establecer la Task Force, Wolfowitz declaró lo siguiente: "No parece que nuestras expediciones militares en Afganistán e Irak serán las últimas en nuestra guerra mundial contra el terrorismo" El objetivo del Comité fue dirigirse a toda una serie de cuestiones de importancia primordial a las futuras intervenciones militares de Estados Unidos en el extranjero.

Aunque el informe ya había sido completado para el 23 de septiembre, no apareció en público hasta fines de noviembre; es decir, después de las elecciones presidenciales del país. Pero aún después de ver la luz del día, la prensa estadounidense y todos los ámbitos políticos lo han ignorado. (Ver: "La prensa estadounidense ignora informe acusador del Pentágono".)

El Destacamento Special sobre Comunicación Estratégica ha concluído que una crisis de credibilidad ha abatido los intereses del gobierno y de las fuerzas militares de Estados Unidos. Según sus revelaciones, el gobierno de Estados Unidos los pueblos del mundo, sobretodo en el Oriente Medio, universalmente odian al gobierno de Estados Unidos, a quien no se le puede creer nada de lo que dice. Sus acciones por lo regular se basan en burdos intereses nacionales, no en los nobles ideales de la democracia y la libertad. La guerra en Irak sólo ha servido para intensificar dicha hostilidad.

El informe hace notar que las poblaciones de oposición más asérrima al gobierno de Estados Unidos son aquellos bajo las dictaduras de Egipto, Arabia Saudita, Pakistán, Jordano y los estados del Golfo. El informe continúa: "Estados Unidos se encuentra en una situación torpe y potencialmente peligrosa –en la que funciona como antigua columna de apoyo y socio íntimo de estos regímenes autocráticos. Sin elapoyo de Estados Unidos estos regímenes no podrían seguir existiendo.

"Las sociedades musulmanas no han expresado ningún deseo para que Estados Unidos las libere, pero sí han mostrado pasión por ser liberadas de las tiranías títeres que Estados Unidos tanto fomenta y defiende".

Es decir, en vez de querer ser liberadas por Estados Unidos, desean liberarse de Estados Unidos y de los regímenes que éste proteje.

Además del apoyo que Estados Unidos le brinda a las dictaduras de la región, los autores del informe ofrecen otras razones que fomentan el profundo odio popular contra Washington: "La inmensa mayoría expresa su oposición a lo que consideran el apoyo absoluto que le brinda a Israel en contra de los derechos palestinos. Cada vez que la diplomacia pública de Estados Unidos se refiere a la introducción de la democracia en las sociedades musulmanas, la gente sólo ve una hipocresía cuyo fin es proteger sus intereses".

El informe continúa: "Según opinan los musulmanes, la ocupación estadounidense de Afganistán e Irak no ha conducido a ninguna democracia sino a un caos y sufrimiento peores. Por otra parte, las acciones de Estados Unidos parecen basarse en razones nefastas, intencionalmente manipuladas para mejor servir los intereses nacionales de Estados Unidos a expensas de la verdadera auto determinación islámica".

El informe cita una encuesta de Zogby que muestra que la inmensa mayoría de la población de los países árabes se opone a la política de Estados Unidos. En abril del 2002, 15% de la población de Egipto opinaba favorablemente de Estados Unidos, pero para junio del 2004 esa cifra había bajado al el 2%. Durante el 2002, la cifra a favor en Arabia Saudita disminuyó del 12 al 4%. En Jordania bajó del 35 al 15%, y en Marruecos, disminuyó del 38% al 11%.

En los países que participaron en la encuesta de Zogby el apoyo a la guerra en Irak casi no existe: Marruecos, 1%; Arabia Saudita, 1%; Jordania, 2%; El Líbano, 4%; y los Emirados Unidos Árabes, 4%.

Esta enorme oposición a la política estadounidense en países cuyos gobiernos son aliados íntimos de Estados Unidos pone en relieve un hecho incontrovertible: el enorme precipicio social que existe entre las pequeñas clases gobernantes de esos países y sus poblaciones en general. Si más bien las clases gobernantes de estos países apoyan al gobierno de Estados Unidos es porque Washington los protege de sus propias clases obreras.

Si aceptamos la propaganda incesante del gobierno de Estados Unidos y la prensa norteamericana fomentan, entonces nos vemos obligados a llegar a esta conclusion: que cientos de millones de habitants en el oriente Medio y en el Asia Central están abolutamente equivocados. De una manera u otra, estos pueblos se han quedado con la impresión errónea que la guerra en Irak la política extranjera de Estados Unidos son antitéticas a sus aspiraciones sociales y democráticas.

Por supuesto, estos pueblos no se han equivocado; son los que más directamente han sido afectados por la política de Estados Unidos. Más bien, el gobierno de Estados Unidos y la oposición fantasma del Partido Demócrata, junto con la gran mayoría del profesorado y la misma prensa, consciente y sistemáticamente le mienten a los pueblos de Estados Unidos y del resto del mundo. Así justifican una política militarista basada en el saqueo y en el encubrimiento de los fines imperialistas fundamentals de esa política.

De paso debemos mencionar que el informe del CCD admite que la llamada "Guerra contra el terrorismo" es un concepto politicoideológico ideado luego del 11 de septiembre con el fin de manipular la opinion pública y generar apoyo para otras guerras de agresión.

El informe se refiere a los ataques del 11 de septiembre como "catalistas en la creación de una nueva manera de pensar acerca de la seguridad nacional. La Guerra Mundial contra el Terrorismo reemplazó a la Guerra Fría como meta narración de la Guerra Fría. Los gobiernos, la prensa y los públicos usan el ambiente creado por el terrorismo para propósitos cognitivos, comunicativos y de asesoramiento. Para los dirigentes políticos, funciona para relacionar acontecimientos cuyos vínculos no existen; para identificar prioridades, amigos, enemigos, víctimas y a quien culpar; y para darle coherencia a mensajes simplistas. Para los periodistas y las personas que se interesan en las noticias, la definición que el terrorismo ahora abarca parece darle sentido a los diversos info.mes acerca de la seguridad nacional...Definiciones de este tipo simplifican y ayudan a comunicar el significado de eventos complejos".

Una de las conclusiones más obvias del informe de la CCD es que, muy lejos de disminuir la amenaza de ataques terroristas contra Estados Unidos, la enorme oposición a la política extranjera del país ha empeorado el peligro. El informe nota que las invasiones de Afganistán e Irak han elevado la estatura de los fundamentalistas islámicos en toda la región. Declara lo siguiente: "La intervención directa de Estados Unidos en el mundo musulmán paradójicamente ha elevado la estatura de, y el apoyo a, los islamitas radicales. A la misma vez, el apoyo a Estados Unidos en varias sociedades árabes ha disminuído a cifras mínimas".

Esto confirma, directamente de la boca del dragón, la prognosis que la World Socialist Web Site hiciera inmediatamente luego de los ataques del 11 de septiembre, 2001. En una declaración publicada el 12 de septiembre del mismo, expresó lo siguiente: "Es la política de Estados Unidos, impulsada por los intereses económicos y estratégicos de su clase gobernante, que echo las bases para la pesadilla que sucedió el Martes pasado [11 de septiembre]. Las acciones que ahora el gobierno de Bush ahora contempla con la amenaza del presidente deno hacer "ninguna distinción entre los terroristas que perpetraron estos actos y aquellos que aquellos que los protegen" establecen las bases para mayores catástrofes".

Antes de la invasión de Irak, la WSWS hizo esta observación: "El gobierno de Bush ha puesto en movimiento procesos que tendrán el impacto más estremecedor; impacto que afectará no solo al Oriente Medio, sino a todos los rincones del mundo. La guerra incitará la opinion pública e inevitablemente resultará en represalias violentas no sólo contra los soldados de Estados Unidos, sino contra su propia población civil en el país y en el extranjero". (Ver: "En la víspera de la Guerra contra Irak: las dificultades políticas del 2003").

Si tomamos en cuenta la enorme crisis que azota a la política extranjera de Estados Unidos y que el propio CCD ha revelado, las recomendaciones son ridículas. Pero esto debería sorprender. El Consejo es instrumento intrínseco de la política imperialista de Estados Unidos.

El Destacamento Especial aconseja al presidente que forme varios paneles, puestos gubernamentales y otros comités de asesoría para "coordinar la diplomacia pública, los asuntos públicos, las actividades de índole psycológica, y las operaciones militares de comunicación abierta". Es decir, el Consejo aboga por una propaganda más eficaz y de mayor alcance.

Aunque medidas de esta índole pueden afectar, aunque de manera limitada, la opinión pública en Estados Unidos, és casi cierto que éstas no van a afectar de ninguna manera la creciente oposición en el Oriente Medio, sobretodo en Irak. La resistencia iraquí a la ocupación estadounidense no es consecuencia de ninguna equivocación o del fracaso del imperio en explicarse a sí mismo.

El gobierno de Estados Unidos se ha explicado a sí mismo bastante bien ante el pueblo iraquí: ha bombardeado sus ciudades y masacrado a sus civiles; insatalado un régimen títere con métodos dictatoriales; y transformado a ciudades com Faluya en campos de concentración. Una Guerra de ocupación tipo colonial inevitable e inalterablemente requiere niveles de violencia y repression peores.

Por último vale la pena enfatizar la reacción de la Casa Blanca al informe del CCD: le ha pedido al Ministro de Defensa Rumsfeld, de los principales ideólogos de la debacle de la política extranjera que el Destacamento describe, que siga en su puesto durante el segundo plazo del gobierno de Bush.

Una de las preguntas que surgió inmediatamente después del doloroso y trágico ataque terrorista del 11 de septiembre fue: ¿Por qué nos odian? Una de las respuestas más notables fue: "Por que en Estados Unidos tenemos libertades, grandes valores y democracia". La mayoría de los estadounidenses y muchos Latinos, también, no conocen la historia de la política exterior de Estados Unidos que nos puede ayudar a dar una respuesta adecuada y entender los ataques terroristas contra Estados Unidos el S11.

Entender no significa justificar el terrorismo. Para entender es necesario describir brevemente algunos elementos de la política exterior del gobierno de Estados Unidos en el Siglo XX. Es sabido en el mundo que Estados Unidos ha apoyado dictaduras y gobiernos no elegidos electoralmente en el Medio Oriente para asegurar sus grandes reservas de petroleo y su hegemonía política.

El conflicto israelípalestino, ha sido apoyado unilateralmente en lo económico por Washington, tolerando los ataques debastadores de las máquinas de guerra israelí contra el pueblo palestino. Arabia Saudita es ocupada por una base militar estadounidense en territorio sagrado del islamismo, donde están situadas las ciudades santas Meca y Medina.

A partir de 1991, en la guerra contra Irak y a raíz del embargo impuesto por Estados Unidos han muerto 500 mil niños. Madeline Allbright, entonces Secretaria de Estado del ExPresidente Clinton dijo cínicamente al respecto: "Es un precio alto que estamos dispuestos a pagar". Como si estuviera hablando de lavadoras, autos o animales.

En 1998 fuerzas militares estadounidenses destruyen una fábrica de suministros farmacéuticos en Sudan como represalia por los ataques a las embajadas de Estados Unidos en Tanzania y Kenya, alegando que era una fábrica de armas químicas. Meses mas tarde el gobierno de Estados Unidos reconoce que no había evidencias de producción de armas químicas. Los ataques a Yugoslavia y la primera ocupación del Siglo XXI contra Irak han divido a los pueblos, han creado desconfianza, resentimientos, indignación en el mundo y secuelas de sufrimientos de mujeres, niños, ancianos, enfermos y discapacitados.

Esa política exterior de Estados Unidos no se limitó al Medio Oriente, también Latinoamérica. Por ejemplo, en 1940 la Marina de Guerra tomó ilegalmente terrenos de Vieques, Puerto Rico, para ensayos militares con sus aliados en detrimento de la salud, ecología y desarrollo de todo un pueblo.

El gobierno estadounidense apoyó militar y económicamente a través de la Agencia Central de Inteligencia (CIA, por sus siglas en inglés) golpes de estado en Guatemala (1954), Brasil (1964), República Dominicana (1965), Chile (1973) e invadió aún con la desaprobación de la Organización de las Naciones Unidas a Granada (1983) y Panamá (1989). En los años 80' la Corte Internacional de la Haya vigente ese tiempo y los Obispos de Estados Unidos, condenaron las intervenciones de Estados Unidos en Nicaragua a través de grupos armados en Honduras y Costa Rica, donde murieron miles de civiles durante toda una década.

Todas esas intervenciones militares, económicas y políticas de Estados Unidos nos pueden ayudar a entender los trágicos sucesos de S11. La política exterior que ha producido millones de sufrimientos, dolores, muertes, asesinatos, desaparecidos, torturas y pobreza en muchos países, que se han convertido en el peor de los casos con el tiempo en cultivo de odios, venganzas, rebeldías y ataques terroristas.

El ataque del S11 fue contra los símbolos de poderes financieros y militares de Estados Unidos, fue producto de su política exterior que pocos conocen su historia, no fue contra nuestros valores y libertades.

amás Estados Unidos mereció los ataques terroristas del S11, pero para evitar futuros dolorosos, tristes y más muertes a manos de terroristas, se hace necesario la respuesta del amor sin estereotipos, seguir apostando por el diálogo en igualdad de condiciones con el mundo, la tolerancia hacia otras religiones, valores y estilos de vida, procurar entender otras culturas, la negociación, la iniciativa, sincera solidaridad, respetar las soberanías de los pueblos, justicia para los países pobres y reconocer que todos y todas somos hijos e hijas de un sólo Dios, en consecuencia; todos somos hermanos.

A riesgo de parecer simplista, todas estas propuestas se resumen en una palabra, que es el antídoto al odio: Amor. Dice San Juan: "El que dice 'Yo amo a Dios' y no ama a su hermano, es un mentiroso", I de San Juan 4,1920 y Jesús señaló: "Porque si ustedes aman a los que los aman, ¿qué mérito tiene?, ¿no actúan así los malos?" Mateo 5,4648.

A continuación la carta abierta enviada por Talph Nader a George W. Bush:

"El 28 de junio usted le habló por televisión a la nación sobre Irak. Usted dijo que las muertes, la destrucción y el sufrimiento en ese país eran "horribles y reales". Y agregó: "Sé que los norteamericanos se preguntan si este sacrificio vale la pena". Usted agregó que "vale la pena" y explicó su postura.

Yo le pregunto: ¿quién se sacrifica en nuestro bando, además de nuestras tropas, sus familias y otros americanos cuyas necesidades no están cubiertas por el enorme gasto de la guerra y la ocupación? No son los ricos. En medio de los horrores de la guerra, usted les rebajó dos veces los impuestos, empujando estas inmensas rebajas en el Congreso, al mismo tiempo que la concentración de la riqueza en manos del uno por ciento más próspero se aceleraba.

También hubo rebajas para las grandes corporaciones que más se benefician del arcano, incomprensible código impositivo. Varias de esas corporaciones también ganaron mucho con decenas de miles de millones de dólares en contratos que usted les concedió.

Compañías como *Halliburton*, que le paga una estupenda jubilación al vicepresidente Dick Cheney, siguen recibiendo contratos multimillonarios aunque la auditoría del Pentágono y el diputado Henry Waxman mostraron sus inmensos desperdicios, su bajo rendimiento y una corrupción nada pequeña. No hay mucho sacrificio corporativo.

Usted y Cheney necesitarían recordar que sus antecesores en la Casa Blanca les subieron los impuestos a las grandes corporaciones en tiempos de guerra. Como señaló el diputado Major Owens al presentar una ley a ese respecto, los precedentes para una política semejante en tiempos de déficit creciente se remontan a la Primera Guerra Mundial, a la Segunda, a la de Corea y a la de Vietnam. Piense en la diferencia. Hubo presidentes que les cobraron más a las grandes corporaciones como una manera de distribuir un poco el sacrificio económico. Pero usted reduce la contribución que hacen las corporaciones al Tesoro y al gasto militar en una era de ganancias record, asombrosas.

¿Están en Irak los hijos y las hijas de los poderosos de la política y la economía? Allí podrían ver el sufrimiento de millones de iraquíes inocentes, pero se cuentan con los dedos de una mano los parientes de los 535 congresistas o del personal de la Casa Blanca que están allá de servicio. Y ni sabemos cuántos parientes de los directivos de las 500 compañías más grandes, pero se adivina que no son muchos los que están de patrulla en el Triángulo Sunnita por estos días. Es que allá no queda mucho tiempo para el golf, el tenis y la vela.

Cuántas veces usted elogió el sacrificio patriótico de los que sirven en las fuerzas armadas, de los reservistas y guardias nacionales.

Cuántas veces usted elogió su trabajo como la más alta manera de servir a la nación. ¿Y por qué sus hijas se pierden esta sublime oportunidad de ser elogiadas por su padre? Recuerde que en Irak hay un mayor llamado John Eisenhower.

En otra carta que no contestó, le pedí a usted y a Cheney que anunciara que iban a rechazar las decenas de miles de dólares de rebaja impositiva que les tocaba por la ley que ustedes impulsaron. Rechazar el beneficio hubiera mostrado que es indigno rebajarse a uno mismo los impuestos. Y hubiera reforzado el principio de autoridad moral en el gobierno.

Pero usted aceptó su propia rebaja de impuestos, mientras que decenas de miles de ciudadanos tuvieron que abandonar sus empleos y pequeñoscomercios para servir en Irak, ganando menos y aguantando el equipo militar inadecuado y la falta de entrenamiento.

Los gobernantes que envían a hombres y mujeres jóvenes a guerras no declaradas desde plataformas de mentiras, medias verdades y ocultamientos no tienen reales incentivos para portarse de modo responsable y efectivo en la política. Algún grado de sacrificio compartido es conducente a la moderación prudente frente a la manipulación irresponsable de los políticos y a la avaricia de sus cofrades oligarcas.

Sin sentido del sacrificio compartido, se diseñan programas antiterrorismo que terminan ayudando a reclutar terroristas. Su propio director de la CIA, Porter Goss, lo dijo a principios de año cuando habló ante el Senado. Nada de eso importó a la hora de la campaña para su reelección, cuando "la inteligencia y los hechos" quedaron atados a sus intenciones políticas.

Usted dijo varias veces que quiere nominar jueces federales que sean estrictos en su interpretación de la Constitución. ¿Qué tal un presidente que sea estricto en interpretar el inciso octavo del artículo uno de esa Constitución, el que dice que sólo el Congreso y nada más que el Congreso puede llevar el país a la guerra? Exigir que las guerras sean declaradas y pasar una ley que ordene que, al declararse una, todos los miembros en edad militar de las familias de diputados, senadores y funcionarios del Ejecutivo sean reclutados, parecería ser la única manera de que sólo "las guerras inevitables y necesarias" sean declaradas. Sinceros saludos."

Estados Unidos se enfrenta a la perspectiva de una derrota total en Iraq, lo cual supondría un serio revés en la actual campaña de expansión del imperio americano. Tras la afilada propaganda de guerra mostrada en el "victorioso" ataque sobre Faluya se encuentra la realidad de la máquina de guerra de EE.UU., en lucha inútil contra una frente de guerrillas que no hace sino crecer, y que deja escasas posibilidades de lograr una solución política estable al conflicto que pueda entroncar con los objetivos imperiales de EE.UU. Sin embargo, la clase gobernante estadounidense, si bien permanece alerta al peligro, está convencida de que no le queda otro camino que "mantener el rumbo"; un eslógan adoptado por los dos principales partidos de EE.UU., y aceptado por la práctica totalidad de los estamentos político, económico, militar y mediático. La principal razón para esta obcecación, aparentemente irracional, de insistir a toda costa sólo se puede entender a través de un análisis de la lógica y límites del modelo de imperio capitalista.

Con los vientos de guerra que soplan, estamos en manos del hombre más poderoso del mundo: George W. Bush. Y es que, hoy en día, nadie pretende, como sostenía Platón, que los estados sean gobernados por filósofos, pero al menos no estaría mal que estuviesen en manos de personas con ideas claras.

Vale la pena consultar en Internet el sitio www.bushisms.com donde se recogen las frases célebres de Bush. Entre ellas he espigado las siguientes, sin fecha ni lugar:

FILOSOFIA

«Si no hacemos la guerra, corremos el riesgo de fracasar».

«No es la contaminación la que amenaza el medio ambiente, sino la impureza del aire y del agua».

«El futuro será mejor mañana»

«Un número bajo de votantes es una indicación de que menos personas están yendo a votar»

«Personas que son realmente muy extrañas pueden asumir posiciones clave y provocar un terrible impacto en la Historia»

A LOS PERIODISTAS

«Debería preguntarle al que me hizo la pregunta. No tuve oportunidad de preguntarle al que me hizo la pregunta. ¿De qué pregunta se trata?». (Austin, Texas, 8 01 01).

«Pienso que si usted sabe lo que cree, será mucho más fácil responder a su pregunta. No puedo responder a su pregunta». (Reynoldsburg, Ohio, 4 10 00).

«La mujer que sabía que sufrí dislexia. ¿Cómo lo sabía, si yo nunca me entrevisté con ella?». (Orange, California, 15 09 00).

«Cuando me preguntaron quién provocó la revuelta y las muertes en Los Angeles, mi respuesta fue directa y simple: ¿A quién debemos culpar por la revuelta? A Los revoltosos. Los revoltosos son los culpables. ¿A quién debemos culpar por las muertes? Los que mataron son los culpables»

POLÍTICA

«Una palabra resume probablemente la responsabilidad de cualquier gobernante. Y esa palabra es estar preparado»

«La ilegitimidad es algo de lo que tenemos que hablar en términos de no tenerla». (20 05 96).

«Creo que estamos en un camino irreversible hacia más libertad y democracia. Pero las cosas pueden cambiar». (22 05 98).

«Estoy atento no sólo a preservar el poder ejecutivo para mí, sino también para mis predecesores». (Washington, 29 01 01).

«Estamos empeñados en trabajar con ambas partes para llevar el nivel de terror a un nivel aceptable para ambas partes». (Washington, 2 10 01).

«Sé que en Washington hay muchas ambiciones. Es natural. Pero espero que los ambiciosos se den cuenta de que es más fácil triunfar con un éxito que con un fracaso». (Entrevista a la Associated Press, 18 01 01).

«La cosa más grande de América es que cada uno debería votar». (Austin, 8 12 00).

«Queremos que cualquiera que pueda encontrar un trabajo sea capaz de encontrar un trabajo». (Programa 60 minutos II, 5 12 00).

«Es importante entender que hay más intercambios comerciales que comercio». (Cumbre de las Américas, Quebec City, 21 04 01).

«Nosotros vamos a tener el pueblo americano mejor ilustrado del mundo»

«Nosotros estamos preparados para cualquier imprevisto que pueda ocurrir o no»

EDUCACIÓN

«Francamente, los enseñantes son la única profesión que enseña a nuestros niños». (18 09 95).

«Quiero que se diga que la Administración Bush está orientada al resultado, porque creo en el resultado de focalizar la propia atención y energía en la educación de los niños en la lectura, porque tenemos un sistema educativo atento a los niños y a sus padres, más que mirar a un sistema que rechaza el cambio y que hará de América lo que queremos que sea, un país de gente que sabe leer y que sabe esperar». (Washington, 11 01 01).

«El sistema de educación pública es uno de los fundamentos de nuestra democracia. Después de todo, es donde los niños de América aprenden a ser ciudadanos responsables, y aprenden las habilidades necesarias para aprovechar las ventajas de nuestra sociedad oportunista».(15 05 02).

CIENCIA

«Marte está esencialmente en la misma órbita... Marte está más o menos a la misma distancia del Sol, lo que es muy importante. Nosotros tenemos fotos donde existen canales, pensamos, es agua. Si hay agua, eso significa que hay oxígeno. Si hay oxígeno, significa que podemos respirar».

«El gas natural es hemisférico. Me gusta llamarle hemisférico en la naturaleza, porque es el producto que podemos encontrar en el vecindario». (Austin, 20 12 00).

«Sé que los seres humanos y los peces podrán coexistir en paz». (Saginaw 29 09 00).

«Para la NASA, el espacio aún es alta prioridad».

«Es tiempo para la raza humana de entrar en el sistema solar»

ASUNTOS EXTERIORES

«Hemos perdido mucho tiempo hablando de Africa con justicia. Africa es una nación que sufre una increíble enfermedad». (Rueda de prensa, 14 09 00).

«He hablado con Vicente Fox, el nuevo presidente de México, para tener petróleo que enviar a Estados Unidos. Así no dependeremos del petróleo extranjero». (Primer debate presidencial, 10 03 00).

«El problema de los franceses es que no tienen una palabra para entrepreneur». (Discutiendo con Blair).

«¿Ustedes también tienen negros?». (Al presidente brasileño Fernando Cardoso, Estado de Sâo Paulo, 28 04 02).

«Después de todo, hace una semana, Yasir Arafat estuvo asediado en su palacio de Ramala, un palacio lleno claramente de pacifistas alemanes y de todo ese tipo de gente. Ahora, se han ido. Ahora, Arafat es libre de mostrar su liderazgo, de gobernar el mundo». (Washington, 2 05 02).

«Muchas de nuestras importaciones vienen de ultramar». (NPR's Morning Editing, 26 09 00).

«Entiendo que la agitación en Oriente Próximo crea agitación en toda la región». (Washington, 13 03 02).

«Mi viaje a Asia comienza en Japón por una razón importante. Comienza aquí porque desde hace siglo y medio América y Japón han formado una de las mayores y más duraderas alianzas de los tiempos modernos. De esta alianza salió una era de paz en el Pacífico». (Tokio, 18 02 02).

«La gran mayoría de nuestras importaciones vienen de fuera del país».

«Nosotros tenemos un firme compromiso con la OTAN. Nosotros formamos parte de la OTAN. Nosotros tenemos un firme compromiso con Europa. Nosotros formamos parte de Europa».

«El Holocausto fue un período obsceno en la Historia de nuestra nación. Quiero decir, en la Historia de este Siglo. Pero todos vivimos en este siglo. Yo no viví en ese siglo»

DECLARACIONES

«Yo mantengo todas las declaraciones equivocadas que hice».

«El pueblo americano no quiere saber de ninguna declaración equivocada que George Bush pueda hacer o no».

«Todos somos capaces de errar pero yo no estoy preocupado en esclarecer los errores que puedo haber cometido o no».

El capitalismo es por su propia naturaleza un sistema de expasión global destinado a la acumulación en el ámbito mundial. Desde sus inicios en los siglos XV y XVI se ha configurado como una economía mundial con una división internacional de tareas establecida a través de los gobiernos de EstadosNación competidores entre sí. La disección de este sistema global nos muestra una estructura de desigualdad descrita de varias formas: centroperiferia, metrópolissatélites, desarrolladossubdesarrollados, NorteSur; todo ello describe la enorme distancia entre los Estados del centro y los de la periferia del sistema. Desde el principio, los principales Estados capitalistas iniciaron un movimiento expansivo. Las sociedades precapitalistas de América, África y Asia fueron saqueadas, su población, y el producto del pillaje enviado a Europa. En donde fue posible, las sociedades no capitalistas fueron destruídas y transformadas en colonias dependientes. Mientras tanto, las grandes potencias se enfrentaban entre sí por los territorios y sus despojos.

Al final de las guerras napoleónicas, Gran Bretaña, quien lideraba la revolución industrial, emergía como la potencia hegemónica de la economía capitalista mundial. En este periodo, las potencias europeas se reparten el mundo, ejerciendo un gobierno político directo sobre sus colonias, o si esto no era posible, creando condiciones para la subordinación de Estados periféricos a las necesidades de los del centro, a través de tratados no equitativos. La más importante posesión colonial de Gran Bretaña, la joya de su imperio, era la India. Pero Gran Bretaña también ejercía un control económico paralelo en territorios que no constituían colonias formales, como algunas zonas de Latinoamérica. La riqueza extraída de estos dominios coloniales afluía a las arcas de las naciones capitalistas del centro, enriqueciéndolas y apuntalando su poder. La hegemonía británica sobre la economía mundial decayó frente a los crecientes desafíos de principios del siglo XX, particularmente el representado por Alemania, y terminó colapsándose a consecuencia de la I y II guerras mundiales, para acabar siendo reemplazada al final de la II G.M por la hegemonía estadounidense, momento en el que EE.UU. alcanzó predominancia en el sistema capitalista mundial.

En la posguerra inmediata los EE.UU. eran, en términos marcados por la pura fuerza material de la que disponían, la nación más poderosa que el mundo había conocido. Representaba aproximadamente la mitad de la producción mundial, y el 60% de su industria, y tenía el monopolio de las armas nucleares. En lugar del antiguo patrón del oro, los acuerdos de Bretton Woods caracterizaron al dólar estadounidense como la principal unidad económica mundial, cosa que fue respaldada por el acuerdo de Washington, en virtud del cual se cambiaron los dólares de los principales bancos extranjeros por oro. Las bases militares estadounidenses dieron apoyo a las corporaciones multinacionales de EE.UU. repartidas por todo el mundo, posibilitando que éstas se hicieran con el control absoluto de algunas economías del Tercer Mundo, aunque todo ello bajo el pretexto del llamado "libre comercio"; el poderío militar de EE.UU. entraba en juego donde fuese necesario.

Sin embargo, en ciertos aspectos el poder de EE.UU. se veía constreñido. La existencia de la Unión Soviética, que surgió de una revolución socialista durante la primera guerra mundial, venía a decir que existía otra superpotencia militar, que si bien no era tan poderosa como los EE.UU., desde luego podía limitar las acciones éstos, manteniendo algunas áreas fuera de la expansión imperialista, y ofreciendo apoyo material a las revoluciones del Tercer Mundo. Mas aún, la verdadera amenaza al capitalismo en su conjunto y al dominio global de EE.UU., no vino de la URSS directamente, si no de las oleadas revolucionarias que a lo largo del ssiglo XX protagonizaron los pueblos de Latinoamérica, África y Asia, destinadas a liberarse del colonialismo o el neocolonialismo, en especial del papel al que habían sido relegados en la división imperialista del trabajo y la producción. Al mismo tiempo que rodeaba a la URSS y a China con alianzas y bases militares, EE.UU. intentaba impulsar contrarrevoluciones en todo el Tercer Mundo, encontrándose así con los límites globales de su poder.

En ninguna otra parte como en la guerra de Vietnam se han visto tan definidos los límites del imperio de EE.UU. En aquella guerra los EE.UU. retomaron lo que había sido una guerra colonial de Francia, bloquearon unas elecciones ocupando el país según los acuerdos de Ginebra de 1954, y dividieron Vietnam en dos, creando un régimen títere en el Sur. En los 60, se produjo una llegada masiva de tropas de EE.UU. en lo que se convirtió en la invasión y ocupación del Sur de Vietnam. Incapaz de ganar una guerra de guerrillas, a pesar de emplear dos veces más capacidad explosiva que la empleada en toda la segunda guerra mundial, y a pesar de los millones de vietnamitas muertos, asumiendo su incapacidad para "levantar una nación" en Vietnam del Sur, donde buscaba instalar un régimen corrupto de creación propia, los EE.UU. fueron obligados por el creciente disenso de su propia opinión pública y por la incipiente rebelión entre el escalafón mas bajo de sus propias filas, a retirarse de la zona, bajo el pretexto de la "vietnamización" de la guerra.

Las turbulencias en la balanza de pagos de EE.UU. durante este periodo contribuyeron a que disminuyera la hegemonía del dólar estadounidense como moneda global, y supuso el fin del patrón dólar-oro. Décadas después de su retirada de Vietnam, la capacidad de intervención militar de EE.UU. se vio afectada por lo que los expertos llaman el "síndrome de Vietnam", que se basa en la falta de voluntad de la población estadounidense para comprometerse en intervenciones militares de cierta envergadura en el extranjero. La guerra en Vietnam, como otras guerras imperiales, reveló la lógica y límites del imperio capitalista. A menudo se dice que los EE.UU. no tenían intereses económicos significativos en Vietnam que justificaran una mayor intervención allí. Niall Ferguson, profesor de historia económica en la Universidad de Nueva York y miembro honorario de la Institución Hoover declara en su reciente libro, *Coloso: el precio del imperio american*o que "Los EE.UU. perdieron prestigio y credibilidad [en Vietnam]. Ese fue el motivo por el que todo lo demás también se perdió". Esta óptica intenta reforzar la idea de que ya que los EE.UU. no tenían nada material que perder en Vietnam, no debería haber otra razón de su permanencia allí que la promoción de la libertad y la democracia. En realidad los objetivos de EE.UU. en Vietnam eran el mantenimiento del imperialismo como sistema. En su más amplio sentido, esto comprende objetivos que se han agrupado tradicionalmente bajo el epígrafe de "geopolíticos" por los cuales se sitúan los requerimientos económicos, políticos y militares del imperio en un contexto estratégico que toma en cuenta los recursos geográficos, demográficos y naturales de determinadas regiones. Tal comprensión geopolítica de la expansión imperial y la defensa de su rumbo está, por supuesto, completamente de acuerdo con la necesidad de una expansión lo más grande posible de la economía capitalista mundial.

La guerra de Vietnam ilustra a la perfección la importancia de tales objetivos geoestratégicos. La intervención de EE.UU. tenía como objetivo el control de la costa del Pacífico, y con ello rodear y "contener" a China, como parte integrada en una estrategia general de dominación de los "bordes" de Eurasia: Europa Occidental, la costa del Pacífico y el Medio Oriente. Las principales alianzas militares de EE.UU. se realizaron en estos territorios, y a ellos destinaron la mayoría de sus recursos, para establecer y mantener una presencia militar. Representaban de hecho las fronteras del sistema imperialista, en el cual los Estados Unidos eran el poder hegemónico, por lo que hablamos de las fronteras ampliamente construídas por el imperio norteamericano. Desde este punto de vista, el enorme compromiso de los EE.UU. para asegurar Vietnam como parte de su esfera imperial un compromiso mantenido por cinco sucesivos presidentes de ambos partidos no resultaba tan irracional, sino que formaba parte de una estrategia global. Para la clase dominante de EE.UU., sus estrategas y sus militares, la derrota en Vietnam se recuerda como un fracaso mayúsculo a la hora de defender sus intereses. Durante los 70, la economía mundial entró en un estancamiento o crisis a largo plazo, que continúa arrastrando a cada paso. En el mismo periodo la economía de EE.UU. sufre un retroceso. Esta retirada parcial del escenario mundial tras Vietnam, mientras que reducía sus intervenciones militares a pesar de los crecientes movimientos revolucionarios en el Tercer Mundo, es a menudo interpretada, por parte de las élites civiles y militares de EE.UU., como una fuente de enfermedad o debilidad generalizada que afectaba directamente a su propio orden mundial.

Desde finales de los 70 Washington ha intentado reconstruir su capacidad de intervenir en guerras imperiales. Las guerras encubiertas en Afghanistan y América Central fueron seguidas inmediatamenete por el ejercicio directo del imperialismo americano en Líbano, Granada y Panamá. Con la caida de la Unión Soviética y la desaparición de la misma dos años después, los EE.UU. rápidamente ocuparon su nicho de poder, desarrollando intervenciones militares en Oriente Medio, en el cuerno de África, en la antigua Yugoslavia... que previamente hubieran resultado impensables. Siguiendo a los ataques de septiembre de 2001, la invasión y expansión de EE.UU. en Afghanistán e Iraq, sumada a la construcción de bases militares en las antiguas repúblicas Soviéticas de Asia central, conforman una vasta extensión del imperio americano en estas regiones, antes inaccesibles. Tal expansión se ve posibilitada parcialmente por las ganancias económicas aunque su naturaleza es transitoria que EE.UU. obtuvo en los 90 frente a sus principales competidores económicos. Esta condición dio suficiente confianza a los halcones "antiterroristas" de la administración de George W. Bush como para explotar el miedo provocado por los ataques del 11S, lanzando la Estrategia de Seguridad Nacional (ESN) en septiembre de 2002. En ella se declaraba que los EE UU harían todo lo que estuviera en su mano para prevenir la aparición de un competidor militar y no dudaría en iniciar una intervención bélica "preventiva" en función de sus intereses de seguridad nacional. Esto no era otra cosa que una declaración de guerra permanente, que dejaba claro el deseo de EE.UU. de blandir su poder militar para expandir a lo grande su imperio y con ello fotalecer su posición geopolítica. Nunca antes en la historia del mundo moderno había lanzado nación alguna semejante estrategia de largo alcance en pos de una dominación indefinida.

En la consideración historica oficial sobre la guerra de Vietnam se produjo cierto cambio, y esto allanó el camino para las nuevas ambiciones imperiales de EE.UU. Las interpretaciones conservadoras sobre la guerra (*de Vietnam, N.de T.*) que proponían líderes militares y comentaristas de derechas, que al principio apenas fueron tomadas en serio en el debate público pasaron a tener más influencia y ser más relevantes al mismo tiempo que el recuerdo de la guerra desaparecía. En el nuevo clima creado por el deseo de hacer "permanecer en alto a América", la derrota de Vietnam fue cada vez más relegada a la categoría clásica propagandística de "traición", que en esta ocasión fue atribuída a la deslealtad de los medios y a extremistas entre la población civil.

El peso de esta reinterpretación se centra en el momento del giro de la guerra en la ofensiva vietnamita del Tet de 1968. El Tet, se decía ahora, había sido una vibrante victoria militar para los EE.UU. y las fuerzas armadas de Vietnam del Sur, quienes diezmaron a sus atacantes del Frente de Liberación Nacional. Ocurre que en una "traición" de primer orden, según dicen, los medios de comunicación y una minoría de disidentes frente a la guerra convirtieron en una derrota lo que había sido una victoria, y esto provocó que Johnson arrojara a toalla. En efecto: la opinión del "stablishment" adoptó el veredicto sobre la guerra ofrecido anteriormente por el general William Westmoreland, comandante de las fuerzas de EE.UU. en Vietnam, quien escribió en su libro "Informes de un soldado" (1976) que la ofensiva del Tet fue " una aplastante derrota militar del enemigo, en cualquier término... Desafortunadamente el enemigo consiguió en EE.UU. la victoria psicológica que no pudo alcanzar en Vietnam, influyendo así sobre el presidente Johnson y sus consejeros civiles, quienes ignoraban la máxima por la cual cuando el enemigo te está hiriendo no se debe disminuir la presión, si no incrementarla". Para Westmoreland, hablando de la guerra de Indochina como un todo, "una falta de determinación para mantener el rumbo... demostró en Camboya, Vietnam del Sur y Laos que la alternativa a la victoria era la derrota".

Las referencias sobre el fracaso de EE.UU. para "mantener el rumbo" se convirtieron en tema mayor en los análisis conservadores de la guerra. Esta frase se empleó incluso en la propia guerra. Por ejemplo, el presidente Johnson la utilizó en 1967 para comunicar su determinación de continuar la guerra. En otra situación, Townsend Hopes, el subsecretario de la Fuerza Aérea, había presentado al secretario de Estado Clark Clifford en 1968 una estrategia para "mantener el rumbo en una serie de años muy dañinos", concentrándose simplemente en el control de las areas pobladas. Pero la frase alcanzó mayor importancia posteriormente como eslógan de los halcones para explicar la derrota. Esto ocurrió cuando el destacado periodista Stewart Alsop subrayó en su libro "La permanencia de lo ejecutado" (1973), que Winston Churchill había declarado en su presencia: "América es un país grande y fuerte, como un caballo de tiro que arrastra sin flaqueza ni desesperación al resto del mundo. ¿Pero podrá mantener el rumbo?". Los halcones de Vietnam, como el senador Henry M. Jackson citaban el comentario de Churchill en todo momento, insistiendo en que los EE.UU. habían fracasado a la hora de mantener el rumbo en Vietnam, y que tal error no debería cometerse de nuevo.

Tanta fuerza ha adquirido esta interpretación militar y de derechas de la guerra de Vietnam, que ahora resulta ineludible encontrar en la actual guerra de Iraq. Así el presidente George W. Bush declaraba con respecto a Iraq en abril del 2004 que "Tenemos que mantener el rumbo y mantendremos el rumbo", mientras que su oponente electoral el senador John Kerry recordaba que los EE.UU. deben "mantener el rumbo" en Iraq, añadiendo que "los americanos discrepan sobre si se debiese ir o cómo se ha ido a la guerra en Iraq. Pero resultaría ahora impensable para nosotros retirarnos atropelladamente de allí, dejando atrás una sociedad profundamente enfrentada y dominada por radicales" (Robert Scheer, *No mantenga el rumbo Senador*, salon.com, 28 de abril de 2004; Evan thomas, *La cuestión de Vietnam*, MSNBC.com, 19 de abril de 2004).

Esta insistencia en mantener el rumbo a veces se ve reducida a una mera voluntad de parar el derramamiento de sangre. De acuerdo con Max Boot, miembro histórico del prestigioso Consejo de Relaciones Exteriores en su "Los salvajes años de paz" (un título tomado del poema de Kipling "La tarea del hombre blanco"): "Toda nación comprometida en un gobierno imperial sufrirá algún revés. El ejército británico, en el curso de las pequeñas guerras libradas para la reina Victoria, sufrió importantes derrotas con miles de bajas en la primera guerra afgana (1842) y en las guerras zulúes (1879). Esto no debilitó la determinación británica de defender y expandir el imperio; al contrario, se abrió el apetito de venganza. Si los americanos no pueden adoptar semejante mentalidad "ansiosa de sangre", entonces no tienen nada que hacer frente a la gestión de un imperio."

Pero la adopción de tal mentalidad "ansiosa de sangre" algo de lo que Washington no carece hoy día no salvará a los EE.UU. en Iraq. A pesar de la tan cacareada "victoria" en Faluya donde el nivel de destrucción desatada contra una ciudad de un país ya ocupado, probablemente no tenga parangón en la historia contemporánea los planificadores de la guerra trabajan constantemente para encontrar un modo de prevenir una derrota que no deja de parecer cada vez más inevitable. La última diagnosis relevante sobre la guerra de Iraq la ha lanzado Anthony H. Cordesman, experimentado consejero de seguridad nacional para el departamento de Defensa, especializado en cuestiones de energía y Oriente Medio, y que ya supervisara la guerra del Yom Kippur para el departamento de Defensa en 1974. Cordesman es ahora colaborador de Alreigh A. Burke en asuntos de estrategia para el Centro de Estudios Estratégicos e Internacional de Washington, y analista de seguridad nacional para ABC News. En su informe *Maniobrando en el rumbo: una estrategia para reformar la política de EE.UU. en Iraq y Oriente Medio* (Cuarta edición, 22 de noviembre de 2004, csis.org). Cordesman opina que los EE.UU. no deberían "mantener el rumbo" si no resulta una estrategia pragmática que él denomina "operar en el rumbo": "Los Estados Unidos se enfrentan a demasiado odio y resentimiento por parte de los iraquíes como para intentar mantener su postura frente a la posibilidad de un fracaso evidente, y alcanzar ahora cualquier acuerdo satisfactorio en términos políticos aceptables por los iraquíes implica que los EE.UU. deberían retirarse en gran medida de Iraq a lo largo de los dos próximos años". Más aún: dado el nivel de fracaso alcanzado, la posibilidad de una derrota militar en Iraq ha de ser considerada. "Las excepciones de los últimos éxitos militares de EE.UU. en Iraq" afirma, "pueden ser los mejores resultados que consiga nunca, o podrían ser mejorados. Los EE.UU. pueden ganar casi con toda seguridad cualquier batalla, pero no está nada claro si pueden ganar la guerra política y económica".

Cordesman cree que los EE.UU. sólo pueden evitar una derrota clara y su consiguiente pérdida de prestigio en Iraq renunciando a sus objetivos imperialistas. Como ya declaró en una entrevista para el Consejo de Relaciones Exteriores a finales de Noviembre: "Nunca dijimos a los iraquíes que no tomaríamos su petróleo, que no les robaríamos su economía, que no estableceríamos bases militares, que nos marcharíamos de allí cuando un gobierno electo iraquí nos lo pidiera. Nunca dijimos que cualquier gobierno electo nos fuera a parecer adecuado." Como describe en *Mantiendo el rumbo*: los EE.UU. deberían abandonar "claramente" los siguientes objetivos: 1) Utilizar Iraq "como una herramienta o palanca para transformar la región"; 2) Utilizar Iraq como "una base militar de EE.UU."; 3) Interferir en la "independencia de Iraq en todo aspecto relacionado con su política, economía y sobre todo, su petróleo"; y 4) Promover una "transparencia total" en las relaciones de EE.UU. con la economía iraquí. Los acuerdos de EE.UU., insiste, deben incluir el compromiso explícito de retirarse de la llamada Zona Verde de Bagdad, que no puede ser mantenida como un cuartel imperial en un Iraq supuestamente independiente.

Los EE.UU., advierte Cordesman, deberían limitar sus objetivos a la creación de un gobierno estable, apoyado por una fuerza militar iraquí adecuada; aunque el nuevo régimen politico resulte tan sólo ligeramente mejor que el de Saddam Hussein y se muestre abiertamente opuesto a EE.UU. Si Washington consigue un "éxito" en este aspecto, asegura, puede considerarlo oficialmente una "victoria" y salir del país en el curso de dos años con el mínimo daño sobre su credibilidad como poder imperial. Sin embargo, en caso de que fracasen en su intento de posibilitar una solución política estable o un adecuado ejército iraquí en el periodo previsto cosa que parece estar ocurriendo los EE.UU. precisarán hacer nuevos planes ante la posibilidad de una derrota clara. "Incluso una 'victoria' en Iraq" nos dicen, "será muy relativa, y la derrota" que puede darse en formas innumerables, vista la manera en que los Iraquíes se muestran fuera de control, "obligará a EE.UU. a reforzar su posición en toda la región". Para Cordesman, resulta más importante reemplazar a las fuerzas de EE.UU. por efectivos iraquíes que la consolidación de un régimen estable. "La 'iraquización' " escribe, "debe ser muy calculada, o Iraq será un espejo del fracaso de la 'Vietnamización' en Vietnam: las victorias militares de la Coalición serían cada vez más irrelevantes".

Tras un detallado informe sobre las fuerzas iraquíes y su entrenamiento concluye que: "las fuerzas de seguridad y militares iraquíes ahora mismo son muy débiles para asegurar nada, y muy probablemente esto se mantenga así hasta bien entrado 2005... Los EE.UU. sólo pueden 'maniobrar en el rumbo' de forma efectiva si acuerdan con el Gobierno Interino de Iraq que se superen los aproximadamente 28.000 efectivos (iraquíes) en el ejército y el número global de 4055.000 hombres que los EE.UU. considera "mínimo" para el conjunto de fuerzas militares, para militares y la Guardia Nacional".

La verdad es que la presencia de 150.000 soldados estadounidenses en Iraq, lo cual ha limitado seriamente el número general de efectivos disponibles de EE.UU., no ha sido suficiente, ni siquiera con el apoyo de tropas británicas, para enderezar el país. "Los EE.UU. ya han asumido que pueden ganar virtualmente cualquier confrontación militar directa, pero que no pueden dar seguridad al país...Como en Vietnam, si el gobierno interino iraquí no puede ganar la batalla política, las victorias en el campo militar son irrelevantes". Considerando el caos político en Iraq y la dificultad de posibilitar una solución política, o incluso de evitar el estallido de una guerra civil, Cordesman cree que los EE.UU. necesitan concentrarse en cómo resituarse en Oriente Medio en caso de derrota: desatar una campaña de contrainsurgencia es una posibilidad; los EE.UU. no deberían permanecer en Iraq si éste se hunde en la guerra civil. Nadie puede garantizar el éxito en Iraq; ni que Iraq se suma en la guerra civil, o se una bajo un liderazgo, o se divida bajo criterios confesionales y étnicos... una cosa es participar en este juego, y otra muy distinta intentar bregar con la derrota reforzando las condiciones de fracaso o "doblando la apuesta". Si para 2006 se hace meridianamente claro que los EE.UU. no pueden ganar con su actual nivel de esfuerzo, y /o si la situación se deteriora hasta el punto de que no exista ni gobierno interino ni fuerzas armadas irquíes que apoyar, entonces el juego se acabará. Ya no será el momento de replegarse, si no de correr.

Cordesman asegura que si los Estados Unidos se vieran obligados "a correr", tambien deberían ofrecer ciertas seguridades a los gobiernos de los "Estados amigos del Golfo y otros aliados árabes". Esto sería para prevenir una expansión de la Yihad islámica en Afghanistan, tras posibles declaraciones islamistas sobre la "victoria" en Iraq. Al mismo tiempo los EE.UU. deberían evitar que Irán interviniera en Iraq. Los EE.UU. recibirían más presión que nunca con relación al problema palestino israelí. Finalmente, se deberían planificar alternativas para afrontar la amenaza que podría sufrir la posición estratégica de EE.UU. respecto al petróleo de Oriente Medio, requiriéndose que los EE.UU. no se retiren de la zona, sino que aumenten su implicación en ella en general.

En *Maniobrando en el Rumbo*, se deja bien claro de que el mayor interés de los Estados Unidos en Iraq, así como en todo Oriente Medio, es el petróleo. Los continuados ataques de la resistencia iraquí sobre los oleoductos han limitado el flujo de petróleo desde Iraq, dañando así uno de los principales objetivos de EE.UU., y posibilitando su fracaso general. En el caso de una derrota clara y una retirada de EE.UU. de Iraq, la situación el torno al petróleo sería aún más crítica. Según Cordesman "Los EE.UU. pueden y deben encontrar sustitutos del petróleo, pero esto llevará décadas. Mientras eso ocurre, los EE.UU. y la economía global iran dependiendo cada vez más de las importaciones de energía, particularmente de las del Golfo". De acuerdo con las estimaciones desarrolladas en la Previsión Internacional de la Energía de 2004, documento elaborado por la Agencia de Información sobre Energía (AIE) de los EE.UU., se espera que a finales de 2025 tan sólo los paises industrializados incrementen en 11,5 millones de barriles diarios sus importaciones adicionales desde la OPEC, que ya en 2001 estaban datadas en 16.1 millones, siendo el Golfo pérsico quien facilite más de la mitad de esa cantidad. Se espera que EE.UU. doble su importación desde el Golfo. Al mismo tiempo, se espera que aumente dramáticamente la demanda de crudo de China y otros países en crecimiento. La importancia estratégica del petróleo para la economía mundial crecerá en proporción.

Para poder afrontar esta demanda de producción adicional, la AIE estima que se deberían invertir mas allá de 1,5 trillones de dólares en Oriente Medio, entre 2003 y 2030. El mayor potencial activo, destinado a largo plazo, para las inversiones dedicadas al aumento de la producción de crudo, se dará en Iraq, ya que numerosos analistas e instituciones (por ejemplo el Instituto Baker, el Centro para el Estudio de la Energía Global, la Federación de Científicos Americanos) creen que, además de sus reservas confirmadas y estimadas en 115 billones de barriles de crudo, en el 90% del territorio inexplorado de Iraq podría haber una reserva de 100 billones o más. (Estimaciones provinientes de otras agencias, como el Servicio de Vigilancia Geológica de EE.UU., son menos optimistas, estimando una media de 45 millones).

De acuerdo con Cordesman, el principal "problema práctico" que presenta el Golfo Pérsico a la economía mundial es la enorme inversión que se necesita para el crecimiento de la producción de crudo en Oriente Medio, lo cual es preciso para asegurar un suministro adecuado al consumo futuro. No sólo hay que posibilitar estas investigaciones; también hay que protegerlas. En este aspecto, a los EE.UU. no les va a resultar tan fácil dejar Iraq o abstenerse de incrementar su participación en Oriente Medio en caso de verse obligados a abandonar el país.

Con relación a la mayoría de análisis que son formulados en los círculos de la seguridad nacional de los EE.UU., el *Maniobrando en el rumbo* de Cordesman, a nuestro juicio, está imbuído de un fuerte realismo.

Resulta por ello razonable preguntarse si los poderes que gobiernan los EE.UU. seguirán sus recomendaciones, comenzando por renunciar a todos los objetivos imperiales en Iraq. Creemos que esto no va a ocurrir. La frase en boga sigue siendo "mantener el rumbo". El 30 de marzo de 2004, James Schlesinger, antiguo Secretario de Defensa con Nixon y Ford, y Thomas Pickering, antiguo embajador en Rusia y subsecretario de asuntos políticos con Clinton (ambos copresidieron la comisión del Consejo de Relaciones Exteriores que elaboró el informe *Iraq: un año después*), elaboraron un editorial conjunto en el diario *Los Angeles Times*, en el que defendían que Iraq debería permanecer "por encima de la política" y que los EE.UU. deberían "mantener el rumbo". Las razones exhibidas in-

cluían la prevención de la influencia de Irán sobre Iraq, garantizando
así "una estabilidad a largo plazo en la producción y suministro de
crudo"; el bloqueo del posible surgimiento de un nuevo poder en
Iraq, opuesto a los EE.UU.; y evitar la percepción de una derrota
americana, que serviría para desestabilizar el poder de EE.UU. y sus
intereses en Oriente Medio y a escala global. Resumiendo, habían de
ser mantenidos a toda costa los objetivos imperiales por los que los
EE.UU. intervinieron en la región.

Nada de lo puede observarse en Washington en la actualidad sugiere que esta visión dominante vaya a ser modificada. Aunque entre
la élite de la jerarquía social está bien arraigada la certeza de que
EE.UU. afrontará una serie de desastres si se dedica sólo a disparar,
dejar de hacerlo se percibe como una garantía de un desastre mayor:
la confesión de una derrota que disminuirá la capacidad de EE.UU.
para hacer nuevas guerras a su voluntad en el Tercer Mundo, y por
tanto la capacidad del empleo de la fuerza bruta para promover sus
designios imperiales. Por otra parte, aún resta la cuestión del petróleo
iraquí y su control. Así, según la óptica de la clase dominante, incluso
un fracaso a la hora de establecer un régimen político estable y una
fuerza armada para defenderlo, no significa necesariamente que los
EE.UU. abandonen el lugar. Thomas Friedman, columnista de opinión en el *New York Times*, y cuyos puntos de vista se pueden tomar
habitualmente como un buen barómetro de la opinión del *establishment*, concluye el 18 de noviembre de 2004 un informe sobre Iraq con
esta declaración: "Sin un entorno adecuado que facilite la elección y
actividad de un nuevo liderazgo, Iraq nunca podrá andar sin ayuda, y
las tropas de EE.UU. siempre estarán allí". La idea que se desprende
de aquí es que la ocupación de los EE.UU. continuará indefinidamente en caso de que no se consiguiera el objetivo de una situación política estable adecuada a los EE.UU. Dadas las enormes reservas petrolíferas de Iraq, Washington podría estimar conveniente pagar no importa que coste si al final existe una recompensa que lo justifique.

Si esta lectura de la determinación del liderazgo de EE.UU. para mantener el rumbo es correcta, parece ser el imperialismo en Iraq
va seguir recibiendo golpes, si es que éstos no incrementan su inten-
sidad cada vez más. La presencia continuada de tropas de EE.UU.
significará que el ejército norteamericano seguirá cobrándose su
cuota de sangre (que ya ha descendido al nivel de la tortura sistemá-

tica y de la reintroducción del napalm, prohibido por las NNUU desde 1980), y la oposición iraquí a los "libertadores" americanos sólo podrá aumentar. Mientras, cualquier gobierno iraquí que resulte elegido bajo estas circunstancias deberá elegir entre oponerse a la ocupación de EE.UU. o perderá toda legimitidad ante la sociedad iraquí. Puede que la invasión y ocupación de Iraq por EE.UU. esté generando las condiciones para una guerra civil, encendiendo la mecha del polvorín de Oriente Medio. Para hacernos una idea de la seriedad de esta situación, sólo hemos de mirar como el ejército israelí arma y entrena a las milicias kurdas, con el objetivo de lanzarlas luego, en caso de necesidad, contra las fuerzas sunníes y chiíes de Iraq. La posesión por parte de Israel de cientos de armas nucleares recuerda en todo momento la amenaza que supone la "opción Sansón", en caso de que éste gobierno o su ocupación de Palestina se sienta amenazado.

Sería temerario aventurarnos en mayores especulaciones. Pero no hay duda que al invadir Iraq, los EE.UU. han abierto las puertas del infierno, no sólo para los iraquíes y para todo Oriente Medio, sino para su propio dominio imperialista. Aún se han de ver las consecuencias reales del fracaso de EE.UU. en Iraq, y a ello podremos asistir en los meses y años venideros.

Reflexiones del eminente pensador Immanuel Wallerstein, autor de "Después del liberalismo" y de la teoría de la "economíamundo". Nos habla sobre el real papel de George W. Bush en la denominada "globalización imperialista".

No hay duda de que George W. Bush piensa que es la vanguardia de aquellos que sostienen el sistema capitalista mundial. Sin duda, una buena parte de la izquierda mundial también lo cree. ¿Piensan lo mismo los grandes capitalistas? Eso es menos claro. En su Global Economic Forum, Morgan Stanley, una de las firmas de inversión financiera más propinentes, acaba de lanzar una señal de advertencia importante. Stephen Roach escribe ahí que un "mundo estadounicéntrico" es insostenible para la economía del mundo y es malo, particularmente para Estados Unidos. En específico, Roach la emprende contra Robert Kagan, sobresaliente intelectual neoconservador que arguye que la hegemonía estadounidense seguirá creciendo, particularmente en relación con Europa. Roach no puede estar más en desacuerdo. Ve la situación actual del mundo como una relación de "profundas asimetrías" en el sistemamundo, y como tal, no puede perdurar.

¿Cuál es el argumento de Roach? El mundo ha estado en "gran deflación (maravilloso eufemismo) entre 1982 y 2002" (apreciación saludable, tan diferente del graznido común acerca de la fortaleza de la posición económica estadounidense en la economíamundo). "Y ahora está a punto de desplegarse un nuevo desequilibrio, el reacomodo de un mundo estadounicéntrico" ¿Por qué? Primero que nada debido a las "sienpre ensanchadas disparidades en las cuentas externas mundiales". Roach afirma que conforme Estados Unidos despilfarra sus reservas nacionales ya bastante mermadas y "conforme el resto del mundo se mantiene en el camino de un consumo subparitario", la situación no puede sino empeorar.

Finalmente, la conclusión: "¿Puede una economía estadounidense con escasas reservas continuar financiando la expansión imparable de su superioridad militar? Mi respuesta es un contundente no". ¿Qué pasará entonces? Los "precios de los activos fijados en dólares, en comparación con aquellos activos no fijados en dólares" deberán caer, y pronto caerán drásticamente. Roach predice "una caída de 20 por ciento en las tasas de cambio reales, casi el doble de eso en términos nominales, tasas reales de interés más altas, crecimiento reducido en la demanda interna y un crecimiento acelerado en el extranjero". Termina su texto diciendo que "el mundo no está funcionando como una economía global" (lástima por los teóricos de la globalización), y que "para una economía global desequilibrada, un dólar más débil puede ser la única salida". En resumen, Roach argumenta que la fanfarronería de militarismo macho del régimen de Bush, el sueño de los halcones estadounidenses de rehacer el mundo a su imagen, no son meramente imposibles, sino evidentemente negativos desde el punto de vista de los grandes inversionistas estadounidenses, el público para quien Roach escribe, los clientes de *Morgan Stanley*. Por supuesto, Roach está absolutamente en lo correcto, y es notable que esto no lo diga un académico de la izquierda, sino alguien que vive en los vericuetos del gran capital. Visto en perspectiva histórica más amplia, lo que observamos es una tensión de 500 años en el sistemamundo moderno, entre aquellos que desean proteger los intereses del estrato capitalista asegurando un buen funcionamiento de la economíamundo mediante un poder hegemónico, pero no imperial, que garantice sus entretelas políticas y aquellos que desean transformar el sistemamundo en un imperiomundo. Hemos tenido tres intentos principales de lograrlo en la historia del sistemamundo moderno: Carlos V y Fernando VII en el siglo XVI, Napoleón a principios del siglo XIX y Hitler a mediados del siglo XX. Todos ellos tuvieron logros magníficentes, hasta que cayeron de bruces al ser enfrentados por la oposición organizada por los poderes que, a fin de cuentas, resultaron hegemónicos: las Provincias Unidas, el Reino Unido y Estados Unidos.

La hegemonía no tiene que ver con un militarismo macho. La hegemonía requiere de eficiencia económica, de posibilitar la creación de un orden mundial en términos tales que garantice un sistemamundo que funcione con fluidez, en el cual el poder hegemónico se torne un locus propicio para una desproporcionada tajada de acumulación de capital. Estados Unidos estuvo en esta situación entre 1945 y 1970, aproximadamente. Desde entonces ha ido perdiendo su posición ventajosa. Y cuando los halcones estadounidenses y el régimen de Bush decidieron tratar de revertir la decadencia transitando el sendero de un imperiomundo, le dieron un tiro en el pie a Estados Unidos y a los grandes capitalistas con sede en dicho país, si no de inmediato, si en un futuro próximo.

Es esto lo que advierte Roach, es esto de lo que se queja. ¿Pero no, acaso, el régimen de Bush le da a estos capitalistas todo lo que quieren, por ejemplo reducciones fiscales enormes? ¿Realmente eso quieren? No Warren Buffett, no George Soros ni Bill Gates (hablando por su padre). Lo que quieren es un sistema capitalista estable, y Bush no se los brinda. Tarde o temprano traducirán su descontento en acciones. Tal vez ya lo estén haciendo. Esto no significa que lo logren. Bush puede relegirse en 2004. Puede impulsar su locura política y económica aún más. Puede hacer irreversibles sus cambios.

Pero en un sistema capitalista también está el mercado, que no es todopoderoso, pero tampoco está indefenso. Cuando el dólar se colapsa, y se va a colapsar, todo cambiará geopolíticamente. Porque un colapso del dólar es mucho más significativo que un ataque de Al Qaeda en las Torres Gemelas. Estados Unidos sobrevivió a esto último. Pero Estados Unidos será muy diferente cuando el dólar se colapse, pues no será capaz de vivir más allá de sus medios, consumiendo a expensas del resto del mundo. Los estadounidenses pueden empezar a sentir lo que han sufrido los países del tercer mundo con las medidas de reajuste estructural del Fondo Monetario Internacional: una caída pronunciada en sus niveles de vida.

La cercana bancarrota de los gobiernos estatales por todo Estados Unidos es hoy una mera sombra de lo que se avecina. Y la historia tomará nota de que durante una mala situación económica subyacente en Estados Unidos, el régimen de Bush hizo todo lo posible por empeorarla. La tragedia desencadenada por la invasión y ocupación estadounidense de Iraq desafía cualquier capacidad de descripción. Según los descubrimientos más recientes de la revista médica *Lancet*, la cifra de "exceso de muertes" en Iraq desde la invasión es de más de 650.000 personas. Según *Refugee International*, "Iraq supone la crisis más terrible (y sigue agravándose) de refugiados en el mundo": casi dos millones de iraquíes han huido del país y al menos 500.000 se han desplazado a nivel interno. "Un galón de gasolina costaba sólo 4 céntimos en noviembre. Ahora, una vez que el FMI presionó al Ministro del Petróleo para que cortara los subsidios, el precio oficial es de unos 67 céntimos", señala el *New York Times*. "La veloz subida ha supuesto un trauma para los iraquíes, que consiguen salarios de tan sólo unos 150 dólares de media al mes, si es que tienen algún trabajo", un matiz muy importante, ya que la tasa de desempleo nacional fluctúa entre el 6070%.

Octubre de 2006 demostró ser el mes más sangriento de toda la ocupación, con más de 6.000 civiles asesinados en Iraq, la mayor parte de ellos en Bagdad, adonde, desde el mes de agosto, se han enviado miles de soldados más con el pretexto de restaurar el orden y la estabilidad de la ciudad, aunque no han hecho sino crear más violencia. El investigador especial de Naciones Unidas, Manfred Nowak, señala que en Iraq el problema de "la tortura se escapa de todo control". "La situación es tan mala que mucha gente dice ahora que se está mucho peor que en tiempos de Sadam Husein". El número de soldados estadounidense muertos es actualmente superior a los 3,000, con más de 25.000 heridos, muchos de ellos de gravedad.

La tendencia subyacente es clara: para la mayoría de los iraquíes, la vida empeora con cada nuevo día de ocupación. En vez de contener la guerra civil o el conflicto sectario, la ocupación está incitándolos más. En vez de ser una fuente de estabilidad, la ocupación es la mayor fuente de inestabilidad y caos.Todas las razones que EE.UU. está alegando para no retirar sus tropas de Iraq son falsas.

La realidad es que las tropas se están quedando en Iraq por muchas y diferentes razones de las que tratan de vender las elites políticas y un todavía servil *establishment* de prensa: Se están quedando para salvar la cara de una elite política estadounidense a la que le importan un comino tanto las vidas de los iraquíes como la de sus propios soldados; para conseguir el objetivo de convertir a Iraq en un fiel estado clientelista situado estratégicamente cerca de los recursos energéticos más importantes y de las rutas de transporte entre Oriente Medio, hogar de las dos terceras partes de las reservas petrolíferas del mundo, y el Asia Central y Occidental; para servir como base para la proyección del poder militar estadounidense en la región, especialmente con el creciente conflicto entre USA e Irán; para mantener la legitimidad del imperialismo estadounidense, que necesita el pretexto de una guerra global contra el terror para justificar nuevas intervenciones militares, para ampliar los presupuestos militares, para seguir concentrando el poder en el ejecutivo y para restringir las libertades civiles. El ejército estadounidense no invadió y ocupó Iraq para extender la democracia, comprobar la proliferación de armas de destrucción masiva, reconstruir el país o detener la guerra civil. De hecho, las tropas permanecen aún en Iraq para impedir la autodeterminación y democracia genuina para el pueblo iraquí, que ha dejado muy claro que quiere que las tropas estadounidenses salgan de Iraq de inmediato; que se siente menos seguro como consecuencia de la ocupación; que piensa que la ocupación está incentivando, no suprimiendo la lucha sectaria; y que apoya los ataques armados contra las tropas ocupantes y las fuerzas de seguridad iraquíes, que no son vistas como independientes sino como colaboradoras con la ocupación.

No es sólo el pueblo iraquí el que se opone a la ocupación de su país y quiere que las tropas se vayan. Una clara mayoría del pueblo estadounidense ha expresado el mismo sentimiento en las encuestas más importantes que se han llevado a cabo y en los resultados de las elecciones legislativas, que inclinó a ambas cámaras del congreso y a la mayoría de los gobiernos de los diferentes estados hacia los demócratas, en un voto claro contra la arrogancia imperial del enfoque "de mantenerse firme en el mismo camino" de Bush. La gente no votó para que se concediera más dinero al Pentágono (como el líder entrante de la mayoría en el Senado, Harry Reid de Nevada, prometió de inmediato, anunciando un plan para llevar 75.000 millones de dólares más al Pentágono), por una mayor "supervisión" de la guerra (la palabra más usada por los demócratas estos días), o para enviar más tropas (como el representante demócrata de Texas Silvestre Reyes, el presidente del Comité de Inteligencia de la Cámara, ha pedido), sino para empezar a traer las tropas a casa. Una clara mayoría de las tropas estadounidenses en servicio quiere lo mismo, como una muy ignorada encuesta del *Zogby International* averiguó a principios de 2005: que un 72% de sus componentes quería que estuviéramos fuera de Iraq a finales de 2006.

Pero la respuesta de Bush al clamor popular de oposición a la guerra, que le ha llevado no sólo al revés que le han supuesto las elecciones legislativas sino incluso a una mayor erosión de los ya abismales índices de aprobación de su gestión (sólo un 27% aprueba cómo ha manejado la guerra), ha consistido en insistir en que el sol todavía gira alrededor de la tierra. "¡Desde luego que estamos ganando!", dijo Bush a los periodistas. "Sé que se especula mucho que esos informes en Washington significan que va a haber algún tipo de salida elegante de Iraq", dijo Bush. "Ese enfoque de una salida honrosa de Iraq sencillamente no es en absoluto realista", añadió. "Vamos a permanecer en Iraq hasta que terminemos el trabajo". En una línea parecida, el Vicepresidente Cheney dijo: "Sé lo que el Presidente piensa. Sé lo que pienso yo. Y no estamos buscando una estrategia de salida. Estamos buscando la victoria".

Tras las elecciones a medio plazo, Bush se vio forzado a deshacerse de su muy impopular secretario de defensa, Donald Rumsfeld, pero nombró en su lugar a alguien que es poco probable que contemple algún cambio fundamental en la estrategia de EE.UU. Robert Gates, un antiguo elemento de la CIA, es un ferviente Guerrero de la Guerra Fría que defendía, entre otras políticas iluminadas, el bombardeo de los sandinistas en Nicaragua por atreverse a desafiar el orden corrupto de los dictadores de los escuadrones de la muerte en Latinoamérica. Bush dejó caer también al embajador ante las Naciones Unidas, John Bolton, un hombre que representa todo lo que el mundo odia de la política exterior estadounidense actual.

Quizá lo que resulta más significativo, a la vista del fracaso en Iraq, es que el Congreso recurriera a la vieja estrategia de poner en manos de un grupo de "hombres sabios" el intento de encontrar una salida a una guerra fracasada, convocando al Grupo de Estudio para Iraq (ISG, en sus siglas en inglés), formado por el componedor de entuertos de la familia Bush James Baker III, el anterior congresista por Indiana Lee Hamilton, y otras figuras del *establishment* de la política exterior con poco o ningún conocimiento de Iraq. La comisión no iba nunca a abogar por un cambio radical de la política estadounidense en Iraq, pero incluso así, Bush, desde el principio, no quiso comprometerse, estableciendo dos comités militares internos diferentes para que hicieran sugerencias a la Casa Blanca sobre los próximos pasos a dar en Iraq (además, había supervisado una operación de inteligencia aparte para crearan una evidencia que sería utilizada en primer lugar para vender la invasión). En efecto, cuando los hallazgos del informe se publicaron el 6 de diciembre, Bush se distanció inmediatamente de sus muy limitadas recomendaciones. Como señaló el *New York Sun*: "Con escasas 24 horas, el bipartidista informe ha sido colocado en una estantería alta para que se lo coma el polvo, su principal función ha sido la de apagar el sofoco del presidente durante un tiempo para permitirle recuperar firmeza ante la prensa" y seguir con el mismo rumbo anterior. Bush rechazó de inmediato el llamamiento del informe a negociar con Irán y Siria, el *Wall Street Jornal* informó: "Un alto oficial de la administración dijo que la Casa Blanca no se sentía vinculada al informe y que es poco probable que se pongan en marcha sus recomendaciones, especialmente las que piden un encuentro diplomático con los adversarios de EE.UU.: Siria e Irán". Además, "la Casa Blanca ha rechazado numerosos llamamientos para corregir el curso de los acontecimientos en Iraq, insistiendo en que se mantendría indefinidamente la actual cifra de personal militar en Iraq".

Pero aunque la administración Bush tratara de poner en práctica de inmediato todas las recomendaciones del informe del ISG, sería sólo una fórmula para más muertes, desplazamientos y desesperación. El informe del ISG rechaza explícitamente fijar cualquier directriz o calendario de retirada, afirma la necesidad de una "presencia militar considerable en la región, con todas nuestras aún importantes cifras de fuerzas en Iraq y con nuestros poderosos despliegues aéreos, navales y terrestres por Kuwait, Bahrein y Qatar, así como un aumento de la presencia en Afganistán" para años venideros, y básicamente más de lo mismo de la Doctrina Bush de "cuando los iraquíes se hagan cargo, nosotros nos retiraremos", es decir "iraquización" del conflicto, al igual que se presentó en su día la "vietnamización" como la solución para Vietnam.

Merece la pena revisar brevemente las diversas opciones que están siendo ahora consideradas por la administración Bush, ninguna de las cuales ofrece ninguna alternativa real. Son cerca de 100.000 (cuatro veces lo que hasta ahora se había estimado) los contratistas del gobierno de EE.UU. que operan en Irak, a los que se agrega un número indeterminado de subcontratados: un total que se acerca al de la fuerza militar estadounidense en su conjunto en Irak. Este es el resultado de un censo efectuado por el Comando central de EE.UU., a pedido de las agencias gubernamentales que suministran los fondos (*The Washington Post*, 5 de diciembre, 2006). Los contratistas desempeñan toda una serie de tareas antes reservadas a los soldados: no sólo construcciones de bases militares y provisión de servicios logísticos al ejército, sino también «suministro de seguridad» e «interrogatorio de prisioneros», algo así como mercenarios. En países como Irak y Afganistán no sólo adiestran a las fuerzas armadas locales sino también, aunque no se diga, participan en acciones de combate. Los contratistas, estadounidenses y de otras nacionalidades, son reclutados por compañías «proveedoras de seguridad», cuyas casas matrices se hallan sobre todo en EE.UU. y Gran Bretaña. Muchos provienen de fuerzas especiales y servicios secretos, a los que dejan para ganar más: un comando de una compañía privada puede ganar más de 350.000 dólares al año, cinco veces lo que gana un comando del Sas británico.

Entre las empresas «contratistas militares privadas» que operan en Irak y Afganistán, la mayor es la estadounidense *Blackwater*: fundada en 1997 por un ex comando de los Navy Seals, y compuesta por cinco compañías especializadas. Se autodefine «la más completa compañía militar profesional del mundo», léase mercenario, y entre sus clientes cuentan, además de empresas multinacionales, el Pentágono y el Departamento de Estado. Se especializa en la «imposición de la ley, *peacekeeping* y operaciones de estabilidad». A tal fin, dispone en los Estados Unidos de un campo de adiestramiento de 25 kilómetros cuadrados, en el que formó a más de 50.000 especialistas de la guerra y de la represión. Ya sobre el teatro de operaciones, ellos tienen prácticamente licencia para matar: un documento del comando de EE.UU., hecho público por el New York Times (abril de 2004), autoriza a las compañías militares privadas en Irak a usar «fuerza letal» no sólo para la autodefensa sino también para «defender la propiedad», y también para «detener y requisar civiles». El trabajo, obviamente, es riesgoso: según estadísticas del Departamento de trabajo de los EE.UU., desde el 2003 han sido asesinados en Irak 650 contractors. Pero seguramente el número es más alto, dado que la mayor parte de las muertes no son registradas.

Otra importante compañía militar privada es la *DynCorp International*, que se autodefine como una «empresa global multiforme». Nadie lo duda. Con un personal de decenas de miles de especialistas, la *DynCorp* opera sobre todo en Medio Oriente, en los Balcanes y en América Latina, por cuenta del Pentágono, de la CIA, del FBI y del Departamento de Estado. En Omán, Bahrein y Qatar, por ejemplo, se ocupa de la «reserva bélica preposicionada» de la aeronáutica de los EE.UU. También está especializada en tecnologías de la información, tanto que el Pentágono, la CIA y el FBI le han confiado la gestión de sus archivos info.máticos.

La importancia de la empresa ha crecido desde cuando, en el 2003, fue adquirida por la californiana *Computer Sciences Corporation*, especializada en tecnologías de la información, muy bien posicionada frente al Pentágono. Así, la *DynCorp* desempeña su misión, que consiste en ayudar «al gobierno de EE.UU. a instaurar la estabilidad social a través de un estilo democrático de gobierno». Una foto emblemática, difundida el pasado agosto, muestra al líder afgano Hamid Karzai pronunciando el discurso del «día de la independencia afgana», circundado por guardaespaldas de la *DynCorp*, elegantes y armados con poderosas ametralladoras.

Pero hay otro sector, no muy reclamado, en el que la *DynCorp* sobresale: el de las operaciones secretas confiadas por la CIA y por otras agencias federales. En Colombia, Bolivia y Perú participa de las operaciones militares dirigidas formalmente contra los traficantes de droga. Un campo en el que esta sociedad anónima de la guerra ha acumulado una rica experiencia, desde cuando en los años 80 ayudó por encargo de la CIA a Oliver North a suministrar armas a los contras. En los años 90, siempre para la CIA, adiestró y armó al UCK en Kosovo.

Por supuesto que hoy la *DynCorp*, como la *Blackwater* y las otras, también llevan a cabo en Irak y Afganistán operaciones secretas. La guerra es, en efecto, desarrollada sobre dos planos: uno a la luz del día, con bombardeos y rastrillajes efectuados por las fuerzas estadounidenses y aliadas; otro secreto, con operaciones llevadas a cabo no sólo por las fuerzas especiales, también por el ejército de las sombras de los contratistas. Este último es sin duda usado en Irak desarrollar una «*exit strategy*» favorable a los intereses estadounidenses: la división del país en tres partes (chiíta, kurda y sunnita) o hasta en más partes todavía. Aun cuando la Casa Blanca oficialmente lo niegue, tal estrategia, ya efectuada en los Balcanes, es cada vez más vista por Washington como única alternativa para que los EE.UU., mediante acuerdos con los jefes locales, puedan controlar el área y en particular sus recursos petrolíferos. El modo más eficaz para dividir Irak es alimentar el choque entre las facciones internas: cuando explota una bomba en un mercado, no está, por lo tanto, descartado que sea la mano de algún oscuro trabajador contratado.

La idea de que enviando más tropas se proporcionará estabilidad y mejorará la situación en Iraq ignora el hecho de que *EE.UU. es la principal fuente de violencia e inestabilidad*. Más tropas engendran a la vez más oposición y más violencia sectaria. Michael Schwartz observa: "En lugar de entrar en una ciudad en la que reina la violencia y restaurar el orden, [las fuerzas estadounidenses] entran en una ciudad relativamente tranquila y crean violencia. El retrato exacto de esta situación es que las ciudades de mayor hostilidad antiestadounidense, como Tal Afar y Ramada, han quedado por lo general razonablemente en paz en cuanto las tropas estadounidenses se van de allí". Incluso el ISG señala que la "Operación Juntos Adelante II", por la que miles de soldados estadounidenses se desplegaron desde otras zonas hasta Bagdad en agosto de 2006, consiguió todo lo contrario del objetivo declarado: "Los índices de violencia en Bagdad, que ya alcanzaban niveles elevados saltaron a más del 43% entre el verano y octubre de 2006". Schwartz señala también el proceso a través del que una mayor presencia de tropas de combate estadounidenses no haría más que exacerbar la violencia sectaria:

"Las patrullas estadounidenses por las barriadas chiíes inmovilizan a las defensas locales y hacen que la comunidad sea más vulnerable ante los ataques yihadistas; aunque las invasiones estadouni-

denses en las comunidades sunníes son aún más lesivas. No sólo
inmovilizan a las fuerzas locales de defensa, sino que casi siempre
implican la irrupción de unidades del ejército iraquí, compuestas
fundamentalmente de soldados chiíes (ya que el ejército formado
por los estadounidenses es mayoritariamente chií). Esto provoca
violencia en forma de combates entre los militares chiíes (así como
las milicias chiíes infiltradas en las fuerzas policiales) y los combatientes de la resistencia sunní que defienden sus comunidades. Estos
ataques generan una inmensa amargura entre los sunníes, que les
ven como parte del intento chií de utilizar al ejército estadounidense
para conquistar e inmovilizar a las ciudades sunníes. La consecuencia es un aumento de nuevos yihadistas ansiosos de venganza sacri-
ficando sus vidas mediante actos terroristas o con ataques del estilo
de los escuadrones de la muerte contra las comunidades chiíes,
quienes, a su vez, impulsan a los escuadrones de la muerte chiíes en
un ciclo intensificado de brutal violencia.

Además, los EE.UU. no pueden añadir más tropas sin forzar a
un ejército ya muy agobiado y sin tener que acudir a un mayor uso
de medidas de reclutamiento por la puerta de atrás que van a provocar más oposición, en EE.UU. y entre los militares, a las ocupacio-
nes de Iraq y Afganistán, ésta última otra ocupación fracasada.

La idea de que puede mejorarse el entrenamiento de las tropas
iraquíes, una importante recomendación del informe ISG, da a entender que hay una solución técnica que EE.UU. debe afrontar en
Iraq. Pero la razón de la resistencia a la ocupación estadounidense es
política. Mientras EE.UU. continúe como poder ocupante, la policía
y el ejército seguirán siendo considerados ilegítimos y colaboradores.
Mientras tanto, los grupos de la resistencia en Iraq, que no se enfrentan a problemas de entrenamiento de ese tipo, están llevando a
cabo cada vez más operaciones sofisticadas, que incluyen combates
militares directos con las tropas estadounidenses, por la sencilla razón de que sus combatientes están políticamente motivados y tienen
un objetivo definido que cuenta con amplios apoyos.

La idea subyacente en esta estrategia, otra idea central importante
del informe del ISG, es que el núcleo de la resistencia a la ocupación
estadounidense es más exterior que indígena, al igual, como hemos
dicho, que se empeñaban en defender que la resistencia popular de los
vietnamitas ante el terrorismo de estado estadounidense estaba dirigi-

da por Moscú y Pekín. Con ese ilusorio punto de vista, Irán y Siria, y grupos tales como alQaeda y Hizbollah, son la fuente de la violencia en Iraq. Esta teoría sin base alguna lleva entonces a la igualmente idea sin base de que EE.UU. estabilizará de alguna forma Iraq mediante conversaciones con dos gobiernos que se ha comprometido a derrocar. Como observa el *Financial Times*, hay pocas razones para pensar que Bush "estaría deseando seguir consejos que contradicen su profundamente arraigada creencia de que EE.UU. no debería hablar con Irán o Siria" porque si lo hace estaría "recompensando la mala conducta". Bush ha dicho repetidamente que una precondición para hablar con Irán es la suspensión del programa de enriquecimiento nuclear legal del país, algo que Irán no tiene razón alguna para aceptar en busca de avances en las negociaciones. En cualquier caso, incluso si tuvieran lugar las negociaciones, Irán y Siria no son los dueños de los sucesos en Iraq, que están siendo impulsados por la política interna y por las dinámicas de la ocupación estadounidense.

Las propuestas de retirada gradual sin calendario son una fórmula ideal para que prosiga un horizonte infinitamente en descomposición. La idea tras la retirada gradual fue situada con bastante precisión, y cinismo, por Donald Rumsfeld en un memorando secreto escrito el 6 de noviembre y que fue filtrado, justo unos cuantos días antes de su dimisión: "Refundir la misión militar estadounidense con los objetivos estadounidenses (cuando hablemos de ellos) para que aparezcan de forma minimalista. Es decir, cambiar la retórica mientras se rebajan las expectativas pero persiguiendo los mismos objetivos. Anunciar que cualquier nuevo enfoque que EE.UU. decida lo llevará a cabo durante un período de prueba. Esto nos proporcionará capacidad para reajustarnos y situarnos en otra dirección, si fuera necesario y, de esta forma, 'no perder'".

Una palabra que parece haberse puesto de moda actualmente en las discusiones sobre la ocupación de Iraq, especialmente entre los demócratas, es la de reorganización. El 14 de noviembre de 2006, el Senador Russ Feingold, el representante demócrata de Wisconsin, considerado como la extrema izquierda entre los funcionarios electos del partido, introdujo un proyecto de ley "pidiendo el repliegue de las fuerzas estadounidenses de Iraq a partir del 1 de julio de 2007". Pero el mismo plan pide mantener las tropas en Iraq. "Mi legislación permitiría que un mínimo nivel de fuerzas estadounidenses permaneciera en Iraq para llevar a cabo actividades de contraterrorismo, para entrenar a las fuerzas de seguridad iraquíes y para proteger las infraestructuras y personal estadounidense". Es decir, previsiones de reorganización de bases, tropas y ocupación estadounidenses, en el sentido de cambiar a algún personal a otras bases militares en la región –de donde pueden ser movilizadas con rapidez para atacar cuando sea necesario y, muy probablemente, trasladar el peso mayor de la situación al poder aéreo en Iraq y en la región para proseguir con los objetivos imperiales estadounidenses.

Un plan que el ISG no recomendaba y que Bush también ha criticado pero que sigue representando una posibilidad real si la crisis en Iraq sigue agravándose, es el de la partición. El deterioro de la situación sobre el terreno ha animado a algunos analistas y políticos –incluido el recién llegado demócrata Joseph Biden, el presidente del poderoso Comité de Relaciones Exteriores del Senado a pedir el desmembramiento de Iraq en tres países independientes o en tres territorios relativamente autónomos dentro de un estado más o menos federado. Sin embargo, una división tal de Iraq sólo podría lograrse mediante limpieza étnica masiva. La mayor concentración urbana de kurdos no está en la zona Norte, que probablemente conformaría un futuro estado o enclave kurdo, sino en Bagdad. La mayoría de las ciudades descritas por los periodistas como "bastiones sunníes" o "municipios chiíes" tienen poblaciones mezcladas con minorías importantes de sunníes, chiíes, turcomanos, kurdos o asirios. Además, cualquier estado predominantemente sunní en el centro y oeste de Iraq que emergiera de una división tripartita del país se vería significativamente empobrecida comparada con sus ricos vecinos en petróleo del Sur y del Norte.

Otra opción –una que tiene una larga historia en Iraq y en los residuos que quedan de Oriente Medio apoya un nuevo "la mano de hierro". Elliot A. Cohen, Robert E. Osgood, profesor de Estudios Estratégicos en la Escuela de Estudios Internacionales Avanzados de la Universidad John Hopkins, sugiere que "una junta de militares modernizadores podría ser la única esperanza para un país cuya cultura democrática es frágil y cuyos políticos son o corruptos o incapaces", una narrativa que va ganando mucho más popularidad en el *establishment* de la prensa y entre los expertos y políticos que buscan una explicación para el desastre de Iraq y que evitan mirar hacia las verdaderas causas del mismo. Esto supone la reforma de una vieja idea un régimen tipo Sadam pero sin Sadam que devino imposible tan pronto como la administración Bremer desmanteló el ejército de Iraq y el partido Baaz, la única base política y administrativa sobre la que una dictadura así podía haber llegado a establecerse.

A pesar de las recomendaciones del ISG de negociaciones directas con Irán y Siria, y la cautela de Robert Gates y otros sobre los escollos de atacar militarmente a Irán, la amenaza de que EE.UU. expanda la guerra de Iraq a otras zonas sigue siendo muy real. En el verano de 2006, Washington patrocinó la desastrosa y sangrienta invasión israelí del Líbano, esperando conseguir alguna ventaja táctica en la región y, por lo tanto, en Iraq. La apuesta fracasó de forma miserable, pero algunos sienten que tal apuesta es necesaria. Como Seymour Hers escribe en el *New Yorker*: "En la Casa Blanca y en el Pentágono hay muchos que insisten en que ponerse duros con Irán es la única forma de salvar Iraq. Es un caso de 'seguir adelante con el fracaso'", dijo un asesor del Pentágono. "Creen que cayendo ahora sobre Irán van a recuperarse de sus pérdidas en Iraq, como si doblaran la apuesta".

Cualquiera que sea el nuevo plan de Bush para Iraq, es probable que se produzca un choque importante de expectativas si los demócratas fallan a la hora de lanzar un desafío real a la guerra. La nueva portavoz del Congreso, Nancy Pelosi, hizo hincapié en el "bipartidismo" en el momento en que se anunciaron los resultados, añadiendo que el *impeachment* de Bush estaba "fuera de lugar". Pelosi y el nuevo líder de la mayoría en el Senado, Harry Reid, dijeron también que iban a eliminar la posibilidad de que, con el mayor poder que tienen los demócratas en el Congreso, se pudieran cortar los fondos para prolongar la ocupación. Como Alexander Cockburn escribió en la *Nation*: "Ese es el papel que tienen las elecciones en las democracias occidentales bien dirigidas: recordarle a la gente que las cosas no cambiarán, realmente, en absoluto. Y, por supuesto, nunca para mejor. Pueden poner su reloj en hora a la velocidad con la que la nueva panda reduce sus expectativas y anuncia Lo Que No Va a Hacerse".

En efecto, la única opción que se ha quedado fuera de la mesa en Iraq es la única sensata: retirada completa e incondicional inmediata, seguida por indemnizaciones al pueblo iraquí por los daños masivos que la ocupación y las anteriores sanciones, las Guerras del Golfo y de

Irán-Iraq y los años de apoyo a la dictadura han causado. Según el *New York Times*, "En la cacofonía de los planes en competición sobre qué hacer con Iraq, una realidad parece ahora clara: a pesar de la victoria demócrata en una elección considerada como un referéndum sobre la guerra, la idea de una retirada rápida de tropas estadounidenses está desapareciendo velozmente como opción viable".

El debate actual en Washington se refiere en gran medida a tácticas, no a estrategia o a principios. De hecho, el único debate sobre principios que está teniendo lugar es uno de corte racista: cada vez más "expertos" cuestionan ahora si la locura de Bush estuvo en pensar que podría llevar la democracia a los árabes o musulmanes, quienes, como ya se ha dicho, "no tienen tradición de democracia", pertenecen a una "sociedad enferma" o una "sociedad rota". En un discurso muy aclamado, Barack Obama, la gran esperanza de los demócratas, expresó sus críticas a la política de la administración Bush diciendo que no debería haber más mimos" para el gobierno iraquí: los EE.UU. "no se van a mantener al lado de ese país indefinidamente", explicó, añadiendo que: "Deberíamos ser más modestos en nuestra creencia de que podemos imponer la democracia". Richard Perle, anterior presidente del Comité Asesor de la Junta de Política de Defensa del Pentágono, uno de los principales neocon entusiastas de la invasión de Iraq, al explicar por qué las cosas habían ido en forma tan distinta a sus gloriosas predicciones, dice ahora que "subestimó la depravación de los iraquíes". Y el informe del ISF reprocha que "el pueblo iraquí y sus dirigentes son muy lentos a la hora de demostrar su capacidad o voluntad para actuar" y, por tanto, los EE.UU. "no deben asumir un compromiso abierto" ante ellos. Es decir, culpan a la víctima. Como Sharon Smith escribió en CounterPunch: "En unas cuantas semanas, el 'consensus' de Washington ha reescrito la historia de la invasión estadounidense de Iraq, como si los iraquíes hubieran invitado a EE.UU. a invadir su nación soberana en 2003 y no estuvieran ahora a la altura a la hora de cerrar el trato".

Como la crisis en Iraq se extiende, podemos esperar que estas argumentaciones obtengan aún más peso, proporcionando más tapadera aún a los objetivos reales de EE.UU. en Oriente Medio.

La tragedia que se extiende por Iraq está aún lejos de su final. En el Acto I de la tragedia, nos dijeron que Washington invadiría Iraq para derrocar la dictadura, instalar un gobierno clientelista estable y entonces cambiar radicalmente los equilibrios de poder en Oriente Medio, marchando desde Bagdad para enfrentarse a los regímenes de Irán y Siria. Con ese sueño hecho jirones, los EE.UU. comenzaron el Acto II: la manipulación de las divisiones sectarias en Iraq para formar un gobierno de coalición chií y kurdo que aislaría a los sunníes (aunque se buscaría cooptar tanto liderazgo político como fuera posible) y servir al planeado papel de cliente, si bien menos eficazmente de lo que Washington había esperado, permite que los EE.UU. se afiancen en Iraq y proclamen la victoria. Sin embargo, a mediados de 2006, los fracasos de esta estrategia no pudieron ignorarse por más tiempo. Al haber invadido Iraq planeando debilitar a Irán y Siria para fortalecer su posición y la de Israel y sus aliados árabes en la región, los EE.UU. han conseguido todo lo contrario. (Desde luego, todo esto ignora las muchas etapas de la tragedia de que son autores los EE.UU. anteriormente a la invasión de marzo de 2003, por su apoyo al Partido Baaz y a Sadam Husein, por su nefasto papel en la Guerra IránIraq y después la Guerra del Golfo de 1991, y por los más de doce años de sanciones y bombardeos que la siguieron.)

Los Actos I y II de la tragedia de la ocupación de Iraq se han cerrado ya. Pero el Acto III no ha hecho sino empezar. Todos los signos sugieren que es probable que el final en Iraq aún esté lejos y que sea más sangriento todavía. Iraq y el Oriente Medio son tan importantes a escala estratégica para los EE.UU. que ningún partido quiere retirarse y admitir la derrota. Un resultado tal sería más desastroso para EE.UU. que su derrota en Vietnam. Pero hay un factor en la tragedia de Iraq que no deberíamos rebajar. La cuestión de cuánto durará esta guerra, si se esténderá a Irán o a Siria, si se enviarán más tropas a matar o ser matadas innecesariamente por el beneficio y el poder, no depende sólo de las decisiones y conflictos internos de la clase gobernante. También depende del nivel de oposición del pueblo en Iraq, en casa y dentro del mismo ejército. Los grupos como los Veteranos de Iraq Contra la Guerra están jugando ya un papel importante en la lucha por terminar con la ocupación. Pero aún estamos tan sólo en los primeros momentos de organización de la oposición que necesitamos para poder incidir de forma decisiva en el curso de la guerra.

La guerra de EE.UU. contra Vietnam se perdió en 1968, si no fue antes, pero continuó después durante varios años, con la pérdida de millones de vidas como consecuencia. No podemos permitir una repetición de esa historia trágica. Pero la Guerra de Vietnam tiene también otra lección que ofrecernos: que cuando los pueblos se manifiestan y se organizan pueden disuadir incluso hasta el más poderoso y temerario de los gobiernos. La guerra contra el pueblo de Indochina podría haber durado más aún, ciertamente, y podía haberse extendido todavía más si una oposición decidida en casa y a nivel internacional no hubieran obligado a los EE.UU. a retirarse. Esa es la lección que actualmente necesitamos tanto volver a aprender y llevar a la práctica.

Cuando la administración Bush designó al Subsecretario de Defensa Paul Wolfowitz para la presidencia del Banco Mundial en marzo de este año, muchos observadores del Banco Mundial reaccionaron con conmoción. La indignación que provocó el nombramiento de Wolfowitz en la izquierda y el movimiento mundial por la paz y la justicia era ciertamente de esperar. Pero éste resultó totalmente inaceptable incluso para los académicos liberales, la prensa internacional y gran parte de los líderes de la "vieja Europa" (con la excepción de Tony Blair), que encontraron inexplicable esta actitud descarada de los Estados Unidos, nombrando a uno de los principales arquitectos de la guerra en Irak a la cabeza del organismo de financiación para el desarrollo más importante del mundo.

Los elementos que descalifican la capacidad de Wolfowitz para conducir el Banco Mundial son muchos, entre ellos, su reputación como uno de los halcones del Pentágono más agresivos, su rol central en la planificación y supervisión de la Guerra del Golfo y la invasión de Afganistán e Irak, su falta de respeto por el internacionalismo, los derechos humanos y la democracia, y su inclinación a recompensar la lealtad a la invasión de Irak por los Estados Unidos, con oportunidades comerciales lucrativas. Su apoyo a las dictaduras militares de Marcos en Filipinas, Chun Doo Hwan en Corea del Sur y Suharto en Indonesia no es un secreto. Economistas renombrados como Joseph Stiglitz, Jeffrey Winters y Jeffrey Sachs se unieron a los observadores independientes del Banco en su condena a la falta de capacitación y experiencia de Wolfowitz en materia de política económica y financiera, planificación del desarrollo, mercados financieros, comercio, y temas sociales como la salud, el HIV–SIDA, la educación, el agua y el saneamiento, todos temas que el Banco sostiene son fundamentales para la lucha mundial contra la pobreza extrema.

Ampliamente considerado como uno de los principales miembros de la intelectualidad neoconservadora estadounidense y uno de los integrantes más beligerantes de la administración Bush, Wolfowitz sirvió en puestos políticos claves bajo las administraciones de Reagan, Bush padre y Bush hijo. Muchos han expresado su preocupación de que bajo la vigilancia de Wolfowitz, el Banco Mundial se convierta en un instrumento explícito de la política exterior estadounidense y que es sólo cuestión de tiempo antes de que Wolfowitz empiece a dirigir el Banco bajo el timón de los intereses de los Estados Unidos, utilizando para ello las políticas, el despliegue de personal y la financiación del Banco.

En medio de la intensa y profusa atención que generó la manifiesta ineptitud de Wolfowitz para el cargo, algunas voces señalaron una cuestión bastante más fundamental: que los países en desarrollo, que son los que reciben préstamos del Banco Mundial y tienen que soportar la peor parte de las políticas y los condicionamientos del Banco, no tienen ninguna ingerencia a la hora de decidir quién dirige la institución. En su calidad de principal accionista del Banco Mundial, los Estados Unidos son tradicionalmente quienes eligen al presidente del Banco Mundial, mientras permiten que los europeos nombren al director del Fondo Monetario Internacional (FMI). A pesar de la consternación que provocó la elección de Wolfowitz, no fue ninguna sorpresa para la mayoría de los analistas del Sur que la administración Bush hiciera pesar su fuerza para asegurar que el Banco siga cumpliendo cada vez en mayor medida y más obedientemente los mandatos estadounidenses.

La prensa internacional trazó paralelos entre Wolfowitz y Robert McNamara, otro antiguo halcón del Pentágono, que en 1968 fue forzado por la administración Johnson a renunciar a su cargo de Secretario de Defensa de los Estados Unidos, y puesto a la cabeza de la dirección del Banco Mundial. La transferencia de McNamara se consideró en general como una maniobra diplomática de un atribulado presidente de los Estados Unidos que pretendió desviar la atención nacional y mundial del papel de McNamara en la planificación y la conducción de la desastrosa e impopular guerra de los Estados Unidos contra Vietnam.

Así que ¿por qué se le otorgó a Wolfowitz el hombre de la administración Bush más asociado con el hilado de un caso falso contra Saddam Hussein y sus supuestas armas de destrucción masiva, con la manipulación de la opinión pública estadounidense, la falta de criterio sobre cómo reaccionarían los iraquíes frente a la invasión y la ocupación de su país, los fracasos políticos y militares en Afganistán e Irak, y la disminución de la credibilidad de los Estados Unidos en el extranjero un cargo internacional tan ventajoso? Bien, para empezar, la nominación de Wolfowitz para presidente del Banco Mundial no fue un arreglo para salvar las apariencias de la administración Bush. Más bien fue un movimiento calculado para asegurar que los Estados Unidos puedan garantizar la continuidad de sus intereses económicos y geopolíticos, incluso jugando el juego del multilateralismo. A los efectos de lo que Estados Unidos quiere que el Banco Mundial haga, Paul Wolfowitz es un muchacho notablemente apto para el cargo.

Los intereses estadounidenses. Ubicados a unas pocas cuadras de la Casa Blanca, el Banco Mundial y el FMI han sido por largo tiempo un coto de Washington en términos de políticas económicas y financieras, funcionamiento, gobernanza y administración. Los profesionales estadounidenses (con la aprobación del Tesoro de los Estados Unidos por supuesto) conforman al menos un cuarto del plantel directivo y de profesionales de alto rango. A pesar de las afirmaciones de autonomía e independencia, el Banco y el Fondo se han mostrado constantemente afiliados a las políticas y los intereses de los Estados Unidos. Desde comienzos de los años noventa, estos intereses han cuajado en un proyecto global que existe desde hace más de 50 años, pero ha adquirido una forma más identificable desde el colapso del bloque soviético a finales de los ochenta: la tarea de reconstrucción tras las guerras.

La primera incursión oficial de los Estados Unidos en la reconstrucción posguerra en el exterior fue a través del Plan Marshall que entró en vigencia inmediatamente después de la Segunda Guerra Mundial, y que desplegó un plan complejo, con saturación de financiación destinada a la reconstrucción de Europa tras la Segunda Guerra Mundial. Desde entonces, el talento y la capacidad de los

Estados Unidos para definir la reconstrucción posguerra han crecido considerablemente, mostrando sus mejores artes hoy en Afganistán, Irak y Haití.

El Banco Mundial también tuvo su ventaja inicial en la reconstruíción posguerra en el período post Segunda Guerra Mundial en Europa, bajo la forma del Banco Internacional de Reconstrucción y Fomento (BIRF), encargado de canalizar los recursos para la reconstrucción de una Europa destrozada por la guerra y también de su supervisión. Al igual que los Estados Unidos, el Banco también ha ampliado su talento y capacidad para la reconstrucción a través de su programa de "reconstruíción posconflicto", aunque el ámbito del Banco es mayor e incluye a los países que emergen y/o están cautivos de guerras y conflictos violentos en curso (como Ruanda, Afganistán, Irak, Haití y Camboya) así como aquellos países "en transición" desde economías comunistas a economías de mercado (como la República Democrática Popular de Laos, Vietnam, Kazajstán y Azerbaiyán).

Integración vertical. El enfoque estadounidense de la reconstrucción posguerra puede resumirse en una sola frase: integración vertical. Los Estados Unidos o bien organizan un golpe de estado o invaden un país, lo ocupan literalmente o por medio de "representantes", colocan un gobierno de su elección, transforman en ley las políticas que favorecen los intereses comerciales y políticos estadounidenses, y luego otorgan a sus corporaciones privadas predilectas, apetitosos contratos para la "reconstrucción" y "rehabilitación" del país. El terreno para el modelo de integración vertical se prepara mucho antes de la invasión. A través del despliegue de vendedores de espejitos y los medios de comunicación, manipulando informes de inteligencia y de seguridad, y generando un bombardeo publicitario y la histeria pública contra enemigos misteriosos, se construye un caso para mostrar que la invasión y la ocupación son inevitables. Todos se llevan un buen trozo del pastel de la reconstrucción posguerra excepto, por supuesto, aquellos cuyas casas, familias y vidas son destruidas por la guerra interminable que es un resultado inherente al modelo.

El Banco Mundial tiene su propia versión de la integración vertical, que se complementa bien con el modelo estadounidense. En tanto el Banco siempre ha sido una institución delegada de los Estados Unidos, a través de la cual los Estados Unidos imponen condiciones económicas y financieras a los países necesitados de capital, resulta natural que cuando se lo llama para coordinar la reconstrucción de una país destrozado por la guerra, continúe defendiendo los intereses de los Estados Unidos y sus aliados en lugar de responder a las necesidades de la población afectada. En primer lugar, el Banco fija las reglas y las políticas que enmarcarán la solicitud y el uso de la ayuda para la reconstrucción, luego contrata a los actores del sector privado necesarios para implementar estas mismas reglas y políticas, mientras apila los costos sobre las espaldas de los pueblos ocupados, y cuando las cosas salen mal – como inevitablemente sucede en estas circunstancias el Banco declara que el país afectado es un Estado fracasado que necesita que se le apliquen, pero en forma más estricta, esas mismas reglas y políticas que hacen que siga siendo un Estado en permanente fracaso.

Al estilo americano. Después del fracaso del Bloque Soviético, los Estados Unidos emergieron como un poder mundial relativamente sin oponentes, y buscaron asegurar sus intereses económicos y políticos en todo el mundo por todos los medios posibles, ya fueran militares, comerciales, políticos o institucionales. La economía estadounidense es una economía de petróleo y guerra: el petróleo es necesario para alimentar el alto consumo que caracteriza al "estilo de vida americano" y evidentemente, los Estados Unidos harán la guerra para garantizar el control sobre las reservas de petróleo, y también para cimentar su posición de primacía militar y económica mundial. La globalización económica es hoy en esencia la hegemonía "americana": sobre la ropa que llevamos, el alimento que comemos, las bebidas que bebemos, las máquinas y químicos que usamos en nuestras industrias, los aparatos que usamos en nuestras casas, las drogas que necesitamos para salvar vidas, las películas que miramos, e incluso los valores sociales y políticos que muchos en nuestras sociedades creemos necesarios para el progreso y el avance moderno.

Para los Estados Unidos, la "reconstrucción" supone establecer sistemas que promuevan los intereses ideológicos y materiales de los Estados Unidos. Desde el punto de vista ideológico supone el fomento de una articulación de "libertad y democracia" inspirada en el mercado, una interpretación individualizada de los derechos, valores y sistemas "democráticos" al "estilo americano", y un sentido también estadounidense de "claridad moral." Desde el punto de vista material supone asegurar y consolidar el control de los Estados Unidos sobre el petróleo y otros recursos clave, ampliando el poder de las grandes empresas estadounidenses tanto en el país como en el extranjero, asegurando la hegemonía de los Estados Unidos en el consumo mundial, y estableciendo formas de gobierno y procesos legales e institucionales favorables al mercado y las corporaciones.

Para Wolfowitz, el final de la Guerra Fría representó inmensas oportunidades para difundir la ideología de los Estados Unidos y servir a sus intereses. El uso del "músculo americano para hacer avanzar los valores americanos en todo el mundo" fue crucial para asegurar el dominio económico y político de los Estados Unidos a escala mundial. El uso de las fuerzas armadas y las tecnologías militares estadounidenses son fundamentales para esta estrategia, y Wolfowitz no tuvo dificultad en conciliar el poder militar y los intereses comerciales y económicos, con una finalidad de tipo moral. En un comentario sobre el pensamiento de Wolfowitz sobre la política de defensa post guerra fría, Andrew Bacevitch señala, "aprovechando la enorme cantidad de oportunidades nuevas para poner a trabajar el poder militar de los Estados Unidos en la protección de los derechos humanos y la promoción de la causa de la libertad, los Estados Unidos podrían cimentar en los hechos su posición de primacía mundial".

En la búsqueda por conseguir esta primacía, Estados Unidos ha desplegado varias tácticas, sin fisuras ni interrupciones: desde la invasión y ocupación directa de países y la organización y financiación de golpes de Estado (como en Afganistán, Irak y Haití), hasta la promoción de "la libertad y la democracia" (como en Camboya, Timor Oriental y Asia Central), pasando por la amenaza de retener sus contribuciones financieras a entidades multilaterales como el sistema de Naciones Unidas, el Banco Asiático del Desarrollo e incluso al Banco Mundial, a menos que éstos establezcan en los países receptores de la ayuda, las políticas e instituciones que quieren los Estados Unidos. El pensamiento de los Estados Unidos sobre la reconstrucción posguerra está claramente articulado en la declaración de misión de la Oficina del Coordinador para la Reconstrucción y la Estabilización (S/CRS por sus siglas en inglés). Establecida en julio de 2004 para desarrollar una "capacidad" más "robusta" para prevenir conflictos y "manejar las operaciones de estabilización y reconstrucción en los países que emergen de conflictos o revueltas civiles", la S/CRS responde directamente al Secretario de Estado. La declaración de misión de la S/CRS señala que:

"Hasta ahora, la comunidad internacional ha emprendido operaciones de estabilización y reconstrucción en forma ad hoc, recreando las herramientas y las relaciones cada vez que surge una crisis. Si vamos a asegurar que los países se encaminen en una ruta sostenible hacia la paz, la democracia y la economía de mercado, necesitamos institucionalizar nuevas herramientas de política exterior –herramientas que puedan influir sobre las opciones que hacen los países y las personas sobre la naturaleza de sus economías, sus sistemas políticos, su seguridad, en realidad, en algunos casos, sobre el mismísimo entramado social de una nación".

La administración Bush ha solicitado US $124,1 millones al Congreso de los Estados Unidos para iniciar las operaciones de la S/CRS y ha pedido 'autoridad de flexibilidad presupuestaria' para permitir que los recursos sean utilizados con el "máximo efecto". A pesar de la retórica sobre promover la paz, la armonía y la democracia, asegurar las ganancias económicas es la prioridad en la planificación de la S/CRS. Según Carlos Pasqual, el coordinador de la S/CRS, la oficina conformará equipos interagencias, intersectoriales y cívicomilitares que puedan intervenir en situaciones de conflicto al comienzo del proceso y asumir el grueso del trabajo de reconstrucción:

"Para respaldar los requerimientos mayores y a más largo plazo del programa, la oficina del coordinador está evaluando y llenando las brechas entre las agencias gubernamentales a través de contratos y arreglos más informales con organizaciones que se especializan en diversos aspectos de la estabilización y la reconstrucción: la movilización de policía civil internacional, el entrenamiento de la policía nativa, el desarrollo de sistemas de justicia, la prestación de asesoramiento fiscal y monetario, la estimulación del sector privado, y el apoyo a la sociedad civil. La S/CRS también está evaluando la viabilidad de un cuerpo de reservas civiles que podría incorporar personas con experticias clave. El objetivo es organizar todos estos recursos con el propósito de que puedan movilizarse rápida y eficientemente después de un conflicto para cumplir con todas las funciones y experticias necesarias".

Pasqual tiene claro que el trabajo de la S/CRS se enfoca en crear las leyes e instituciones para una "democracia de mercado", y que debe prever el diseño de contratos de reconstrucción con empresas privadas y ONGs con bastante anticipación.

"Y así hemos comenzado un proceso para asegurarnos contar con una red mundial de contratos y subvenciones y acuerdos de cooperación con empresas y personas y grupos de expertos ("think tanks") y universidades y ONGs, con el propósito de que éstos estén precalificados con anticipación en las áreas de experticia fundamentales, a fin de que los individuos estén identificados y cuando sea realmente necesario desplegar un equipo en el terreno, que permita que uno pueda avanzar en esos contratos, y quizás, acortar entre tres y seis meses el tiempo de respuesta gracias a esta precalificación previa".

Las ambiciones de Estados Unidos en la reconstrucción están perfectamente reflejadas en la caso de Irak. Paul Bremer, el Administrador nominado por Estados Unidos para encabezar la Autoridad Provisional de la Coalición (CPA) establecida por los EE.UU., que sirvió como la primera autoridad de ocupación en Irak, entre mayo de 2003 y junio de 2004 despidió a 500.000 trabajadores estatales (incluyendo soldados y civiles), abrió el país a la libre importación, empezó a privatizar las empresas estatales, y promulgó un conjunto de leyes radicales para tentar a las compañías multinacionales a establecerse en Irak. En su investigación sobre la reconstrucción de Irak, Naomi Klein destacaba que "De la noche a la mañana, Irak pasó de ser el país más aislado del mundo a ser, en el papel, su mercado más abierto". Klein informó que según Joseph Stiglitz, ex jefe de economistas del Banco Mundial, las reformas de Bremer eran "una forma de terapia de choque aún más radical que la que se aplicó en las exrepúblicas soviéticas".

La CPA repartió regularmente contratos por millones de dólares a las empresas estadounidenses favorecidas, mientras que para los altos cargos encargados de darle forma al futuro gobierno "soberano" de Irak y la sociedad civil iraquí, se contrataron profesionales muy bien pagos e ideológicamente motivados, provenientes de los grupos de expertos "mascotas" de la Administración Bush y los bancos de inversión. Entre ellos se destacan, el Research Triangle Institute (RTI), la National Endowment for Democracy (NED) y

Bearing Point, todos ellos encargados de construir estructuras e instituciones económicas, sociales y políticas más propicias para los intereses corporativos de los Estados Unidos, incluso después de que finalice la ocupación directa. La mayor parte de los contratos de obras civiles, mantenimiento de los campos petroleros y compras del Estado, fueron otorgados sin previo llamado a licitación pública abierta a la compañía *Halliburton*, que fuera ayer la "casa" del vicepresidente Dick Cheney, y a *Kellog Brown y Root* (KBR), una filial de *Halliburton*.

En su análisis de la versión final de la Constitución iraquí, Herbert Docena explica cómo la Constitución ha convertido en ley disposiciones que prevén la apropiación privada del patrimonio iraquí, incluso en manos extranjeras, y cómo obliga a los iraquíes a aplicar las políticas neoliberales establecidas en los decretos de Bremer. Docena señala que, "El contenido de la constitución permanente de Irak es de interés fundamental para todos los que están comprometidos en la reconstrucción de la economía de Irak en el marco de los principios neoliberales." Entre éstas, son particularmente importantes las disposiciones que gobiernan los bienes petroleros de Irak, en referencia a las cuales, señala Docena, Adil Abdel Mahdi, el vicepresidente de Irak, dijo a una audiencia en Washington justo antes de las elecciones iraquíes: "la situación es muy prometedora para los inversionistas y las compañías estadounidenses, especialmente para las compañías petroleras".

Tanto en casa como en el extranjero. Las compañías estadounidenses que se han beneficiado con los lucrativos contratos de reconstrucción en el extranjero, también se benefician en casa, tal como lo evidencia la corrida hacia la reconstrucción en la costa sudeste del Golfo de los Estados Unidos, tras su devastación por el huracán Katrina. Y aquí también vemos el modelo de integración vertical funcionando. A principios de septiembre, la Agencia Federal de Manejo de Emergencias estadounidense (FEMA por sus siglas en inglés) y el Cuerpo de Ingenieros del Ejército otorgaron al menos siete contratos directos, en su mayoría por montos de hasta US \$100 millones, destinados a la limpieza post Katrina, viviendas de emergencia, reparación de las obras públicas y suministro de servicios básicos. Muchas de estas compañías también recibieron contratos directos para trabajar en Irak, incluida KBR. KBR es cliente de Joe M. Allbaugh, ex director de FEMA entre 2001 y 2003, que ahora tiene una empresa de cabildeo y consultoría. Allbaugh es además amigo íntimo del presidente Bush y fue su director de campaña en 2000.

Bechtel, una compañía con ingresos anuales de US $ 17.400 millones en todo el mundo, trabaja construyendo viviendas en Mississippi en el marco de un acuerdo informal, sin términos de pago establecidos ni alcance especificado de las obras, ni valor total designado. Esta misma empresa tiene a su cargo también trabajos de reconstrucción en Irak, gracias a un gigantesco contrato celebrado con el gobierno federal. Muchas de las garantías de contratación habituales que deben acompañar a los contratos de este tamaño han sido temporalmente suspendidas en la rehabilitación post Katrina, en un intento aparente de asegurar que la ayuda de emergencia del gobierno federal llegue a las víctimas lo antes posible. Además, la administración Bush suspendió también las obligaciones salariales vigentes que aseguran que los trabajadores contratados por el gobierno en las áreas de desastre reciban una compensación justa.

Al Cuerpo de Ingenieros del Ejército se le encomendó otorgar otros US $ 1.500 millones en contratos a mediados de septiembre destinados a las operaciones de limpieza post Katrina en Louisiana y la costa del Golfo. Aunque estos contratos serán objeto de una licitación, con "procedimiento expeditivo", es decir que el proceso de la licitación puede durar menos de tres días. Los involucrados dicen es probable que los gastos de la reconstrucción post Katrina excedan los US $ 100.000 millones.

En un intento de adelantarse a las acusaciones de abuso de contrato, el Departamento de Seguridad Interna (Department of Homeland Security) decidió enviar un equipo de investigadores y auditores a la costa del Golfo devastada por el huracán para asegurarse de que los fondos federales se están distribuyendo correctamente en los trabajos de rescate, alivio y reconstrucción. Éste es el mismo departamento que le recortó drásticamente a la FEMA su presupuesto de respuesta a emergencias, y socavó la capacidad de la Guardia Nacional de Louisiana –cuya función es la seguridad interna al enviar a la mayor parte de esta fuerza a Irak. Irónicamente, el equipo no podrá investigar el más polémico de los contratos de Katrina: un contrato de US $ 16,6 millones celebrado con KBR, destinado a las reparaciones de emergencia de las instalaciones navales y marítimas en la Costa del Golfo.

Este dinero es parte de un contrato de la Marina por US $ 500 millones que KBR ganó en una licitación en julio pasado.

El Departamento de Seguridad Interna afirma que no tiene autoridad para auditar el contrato, ya que fue otorgado por el Pentágono. Sin embargo, KBR ha estado bajo la lupa por haber recibido un contrato directo a 5 años para restaurar los campos petroleros iraquíes poco antes de la invasión a Irak en 2003, y se han planteado preguntas en torno a si KBR obtuvo un trato especialmente favorable debido a su conexión con el vicepresidente Dick Cheney, quien fue director de *Halliburton* desde 1995 a 2000. *Halliburton* (la compañía matriz de KBR) tiene además un contrato a 5 años por US $ 500 millones con la Marina estadounidense para el suministro de las reparaciones de emergencia en las instalaciones militares dañadas por Katrina.

Obviamente Paul Wolfowitz no es responsable los escándalos post Katrina, sin embargo vale la pena tener en mente que éste es el entorno y la cultura de trabajo de la que proviene, el amiguismo y una falta terrible de rendición de cuentas. Según Danielle Brian, directora de Project on Government Oversight (Proyecto de Supervisión Gubernamental), un grupo sin fines de lucro que vigila los gastos del gobierno, en el caso de Katrina como en el de Irak "es probable que podamos ver el equivalente de la especulación con la guerra: la especulación con el desastre".

Al estilo del Banco Mundial. Para el Banco Mundial, la reconstrucción posguerra es una oportunidad para aplicar la forma más atroz de ajuste estructural en países que van desde los que emergen de la guerra o los desastres naturales, pasando por aquellos que viven conflictos internos violentos, hasta los que se encuentran bajo ocupación extranjera, y/o en "transición" del comunismo al capitalismo. El Banco juega un papel importante en modelar el ambiente económico, social y político en Afganistán, Camboya, la región africana de los Grandes Lagos, los Balcanes, Liberia, Nepal, Sierra Leona, Timor Oriental, Sri Lanka, Cisjordania y Gaza, y otras áreas destrozadas por la guerra, los conflictos y los desastres. La aplicación inmediata de reformas de libre mercado, entre ellas disposiciones legales para la inversión extranjera, la repatriación completa de ganancias de los inversores extranjeros, los derechos de propiedad privada, cero subsidio a la alimentación y los servicios esenciales, y el ahora ubicuo concepto de 'buen gobierno' son comunes a todos los programas de reconstrucción del Banco Mundial.

El Banco Mundial es una de las instituciones más influyentes indolucradas en la reconstrucción posconflicto y posguerra. "Mitigar los efectos de la guerra" es el argumento de aproximadamente el 16% del total de préstamos del Banco. El Banco tiene una unidad especial para diseñar los programas de desarrollo de los países afectados por conflictos (la Unidad de Prevención de Conflictos y Reconstrucción) y un fondo especial para suministrar financiación destinada a la reconstrucción en "sociedades de posguerra" (el Fondo Post Conflicto). Tiene una Política de Operaciones sobre "Cooperación para el Desarrollo y Conflicto" (OP 2.30) que establece el alcance y los términos de las intervenciones de la institución y explícitamente abre la puerta al Banco para trabajar en la prevención de conflictos. El Banco puede incluso intervenir en países donde está poco claro quién está en el poder y puede otorgar subvenciones a solicitud de la comunidad internacional "apropiadamente representada" (por ejemplo por organismos de Naciones Unidas). Esto quiere decir que el Banco Mundial (y el FMI) puede operar en un país en ausencia de un gobierno soberano, como lo hizo en Irak y Afganistán.

El Fondo Post Conflicto (PCF por sus siglas en inglés) del Banco fue creado en 1997 para "aumentar la capacidad de apoyo del Banco Mundial a los países en transición del conflicto a la paz sostenible y el crecimiento económico". El PCF hace donaciones a gobiernos, organizaciones de la sociedad civil, instituciones y actores del sector privado, para canalizar la ayuda del Banco tan pronto, y en un espectro tan amplio como sea posible. Sólo en el año fiscal 2004, el Banco desembolsó US $ 10,6 millones; desde 1998 ha desembolsado US $ 66,7 millones destinados, entre otros, a Afganistán, Sri Lanka, Colombia, Haití, Azerbaiyán, Ruanda, Sierra Leona, Bosnia, Croacia y Filipinas.

Algo que vale la pena destacar de la participación del Banco en la reconstrucción post conflicto es la amplitud y el tamaño de sus operaciones, y la facilidad con la que 'remarca' sus paquetes habituales de reformas con el rótulo de 'reconstrucción'. Las actividades de reconstrucción del Banco abarcan un amplio espectro, desde el "asesoramiento" sobre políticas y la contratación de estudios, a la financiación de actividades en el país en cuestión y la administración de las donaciones financieras que se canalizan para la reconstrucción de un país destrozado por la guerra o arrasado por el conflicto. En la región de los Grandes Lagos en África Central, el Banco está actualmente administrando un programa de US $ 350 millones de múltiples donantes destinados a desmovilizar y reintegrar a 450.000 ex combatientes de Angola, Burundi, República Centroafricana, República Democrática del Congo, República de Congo, Ruanda y Uganda. Incluso la Corporación Financiera Internacional (CFI) – la ventanilla del Banco para financiación al sector privado está en el negocio, y ha brindado financiamiento a proyectos tales como un hotel de lujo de larga estadía en Ruanda para el personal de desarrollo internacional, un hotel de lujo en Afganistán para diplomáticos y profesionales de la ayuda para el desarrollo, el desarrollo de campos petroleros al sudeste de Chad, la construcción de un oleoducto subterráneo de Chad a Camerún (para transportar el petróleo de los pozos de Chad), la construcción de una fábrica de cemento completamente nueva en Irak, la privatización y ampliación de una usina estatal de generación de energía en Tayikistán, y un mecanismo especial de prestamos para la reconstrucción y rehabilitación de las instalaciones turísticas destruidas por el tsunami.

A fin de ampliar su trabajo de reconstrucción, el Banco ha desarrollado "nuevos productos" para las situaciones donde los instrumentos normales de otorgamiento de préstamos no son aplicables. Éstos permiten al Banco "posicionarse" tempranamente en el diseño del camino de desarrollo del país afectado. En varios países que salen de conflictos, el Banco Mundial prepara una Estrategia de Apoyo a la Transición (Transitional Support Strategy –TSS). La TSS es un plan de corto a mediano plazo para la reconstrucción exhaustiva, a través del cual el Banco puede proporcionar subvenciones y préstamos de emergencia para la recuperación. Tanto Angola como Macedonia, Kosovo, Timor Oriental y la República Democrática del Congo tienen actualmente una estrategia de este tipo. El Banco también ha creado y gestionado fondos fiduciarios conjuntos de donantes en países como Afganistán, Kosovo y Timor Oriental, y en la región de los Grandes Lagos en África.

A finales de 2002, el Banco Mundial creó una iniciativa para los países con bajo ingreso en dificultades (*Low Income Countries Under Stress* LICUS). La iniciativa LICUS se centra en mejorar la eficacia del desarrollo en los países a los que el Banco llama "Estados frágiles". En colaboración con otras agencias de desarrollo y académicos, el Banco ha empezado a crear un marco analítico y a "reunir las herramientas adecuadas" para ayudar a los países que atraviesan circunstancias difíciles. Hasta junio de 2004, los países objetivo incluían a la República Centroafricana, Haití, Liberia, Myanmar, Somalia, Sudán, Togo y Zimbabwe.

En el mundo del Banco los Estados frágiles "se caracterizan por ser particularmente débiles en cuanto a su desempeño y a sus instituciones, según indican las calificaciones del Banco Mundial en las Evaluaciones de instituciones y desempeño de los países". Es importante resaltar aquí la observación del Banco de que los países con bajo ingreso en dificultades (países LICUS) tienen "entornos que no son propicios para absorber volúmenes importantes de ayuda para el desarrollo". La concepción que tiene el Banco de los Estados frágiles es en realidad muy similar al de la Oficina del Coordinador para la Reconstrucción y la Estabilización (S/CRS por sus siglas en inglés). Ambos organismos expresan preocupación por la proliferación de Estados debilitados que representan una amenaza tanto para el mundo entero como para sus propias poblaciones sufrientes.

"Muchos países de bajo ingreso en dificultades tienen partes interesadas nacionales que intentan iniciar las reformas básicas necesarias, aunque las autoridades nacionales a cargo de estas reformas suelen tener poco poder político y requieren de un modesto pero oportuno apoyo internacional para lograr el impulso necesario para llevarlas adelante. Esto es de especial importancia en los países de bajo ingreso en dificultades que realizan esfuerzos por lograr la reconciliación nacional o la transición política: es fundamental que en estos períodos de transición mejore la economía y la gobernabilidad, tanto para evitar una nueva etapa de inestabilidad política como para preparar las políticas e instituciones para el compromiso más integral de parte de la comunidad internacional".

En enero de 2004, el Banco creó un Fondo Fiduciario para implementar la iniciativa LICUS destinado a dar asistencia a los países de bajo ingreso en dificultades durante lo que el Banco llama períodos de "transición", especialmente para aquellos que están atrasados con el pago de los servicios de sus deudas con el Banco. Financiado con el superávit del Banco en el año fiscal 2003, el Fondo Fiduciario tiene un presupuesto de US $ 25 millones, y hasta la fecha ha desembolsado US $ 19,1 millones en paquetes de subvenciones para las Islas Comores, Liberia, República Centroafricana, Haití y Sudán. Según el Banco,

"El Fondo fiduciario propuesto, orientado principalmente hacia los países que están atrasados en sus pagos al Banco y se encuentran excluidos del régimen de contabilidad de valores no devengados, permitiría que el Banco entregue algo de apoyo para ayudarlos mientras inician el tipo de reformas que sentarían las bases para el pago de la deuda y el posterior acceso a financiamiento y alivio de la deuda de la AIF sobre la base de un historial sólido".

En otras palabras, el objetivo del Fondo Fiduciario para la iniciativa LICUS es colocar otra vez a estos países "frágiles" bajo las polleras del Banco Mundial y el FMI. Las reformas principales previstas a través del Fondo Fiduciario incluyen reformas relativas a gobernanza, funcionarios públicos, finanzas públicas, y reformas políticas, institucionales y judiciales, es decir, todos los elementos de un programa de ajuste estructural clásico.

Cómo se une todo. A pesar de sus mejores esfuerzos por demostrar lo contrario, el lema del Banco Mundial "Trabajando por un mundo libre de pobreza", suena cada vez más hueco con cada nuevo dólar que destina a la asistencia.

A lo largo de sus 60 y pico de años de existencia, el Banco ha transitado muchas modas pasajeras, incluyendo la ayuda a la emergencia, el desarrollo de infraestructura, la generación de capital humano y social, la satisfacción de las necesidades básicas, las reformas financieras y económicas, el buen gobierno y la participación. Sea cual sea la medida de desempeño económico o social que utilicemos, las pasadas dos décadas muestran que la aplicación rígida de la ortodoxia económica y financiera del Banco y el Fondo ha fracasado rotundamente. Los países que estaban endeudados hace más de 20 años, siguen atascados en la deuda, hundidos bajo el peso de la terrible carga del repago que ha socavado todos los indicadores sociales y ambientales; la pobreza de los ingresos, la desigualdad, el desempleo, el hambre y la desnutrición se han transformado en condiciones arraigadas como resultado de las reformas económicas y financieras diseñadas por el Banco y el Fondo; la exclusión social, el desamparo de la migración y el tráfico de seres humanos están en alza en todos los lugares donde el

Banco y el Fondo han dejado la marca de sus políticas; la destrucción ambiental y ecológica y el reasentamiento forzado acompañan a la mayoría de los proyectos de infraestructura que financia el Banco, y las capacidades de la mayoría de los prestatarios del Banco y el Fondo para combatir el VIH-SIDA, la malaria y otras enfermedades epidémicas se han visto disminuidas como resultado de los recortes presupuestales al gasto público.

En un estudio sobre la participación de las instituciones financieras internacionales (IFI) en Afganistán, Anne Carlin nota que las IFI están buscando "nuevas líneas de negocios" en un momento en que los grandes prestatarios como India y China recurren a otras fuentes para proyectos muy importantes. A fin de retener a los clientes de ingresos medios como India y China, el BIRF ha reducido sus tasas de interés crediticio y le sumó US $ 1.000 millones al monto máximo de crédito a un solo país, que ahora asciende a US $ 14.500 millones. Según un alto funcionario del Banco, India se ha quejado de que encuentra los costos de los préstamos del Banco demasiado onerosos y no está dispuesta a solicitar un préstamo si no se rebajan los costos.

La reconstrucción posconflicto o posguerra constituye una excelente oportunidad para que el Banco Mundial se adjudique un nuevo papel y mantenga a raya su irrelevancia institucional. La "construcción de Nación" y el apoyo a los "Estados frágiles" para que encuentren "salidas sostenibles" a las condiciones de conflicto, brindan al Banco blindajes útiles con que desviar la atención de sus malos resultados con los ajustes estructurales, el alivio de la deuda y sus gigantescos proyectos de infraestructura. El ascenso de Paul Wolfowitz a la presidencia del Banco, por lo tanto, es totalmente funcional a los intereses de autoperpetuación del Banco.

Si bien Wolfowitz llega a la presidencia del Banco sin ninguna experiencia en los asuntos del desarrollo, sí trae consigo una experiencia sumamente valiosa en la supervisión de la reconstrucción de Irak, durante la cual demostró su compromiso con el desarrollo orientado por las empresas. Importa muy poco que a dos años de la invasión, Irak se encuentre sumergido en el caos; la comida, el agua y las medicinas sean escasas, la seguridad, prácticamente inexistente, y el país esté siendo despedazado por los conflictos sectarios. Es mucho más importante que las empresas estadounidenses ahora tengan el control sobre los apetitosos contratos para la reconstrucción de las estructuras que destruyó la guerra de Wolfowitz. La integración vertical en todo su esplendor.

A mediados de septiembre, la directiva del Banco Mundial aprobó un plan para usar no menos de US $ 500 millones en préstamos para el gobierno iraquí. En 2004, el antecesor de Wolfowitz, James Wolfensohn, comprometió entre US $ 3 y 5 mil millones para la reconstrucción y acordó administrar el Fondo Fiduciario de Irak. Actualmente el Banco está considerando enviar personal de vuelta a Irak para supervisar las enormes sumas de fondos de reconstrucción que serán canalizadas a través del Fondo Fiduciario, ya que un informe interno del Banco ha advertido que "existen riesgos altos y sin precedentes" para el trabajo del Banco en Irak, en razón de que no es posible para los expertos del Banco viajar por todo el país y supervisar el desembolso de la ayuda.

Una faceta interesante de la iniciativa LICUS del Banco Mundial es que le da al Banco la capacidad de designar los países que están en peligro de convertirse en "Estados frágiles". De forma semejante, la Oficina del Coordinador para la Reconstrucción y la Estabilización (S/C RS) dirigida por Carlos Pasqual ha solicitado al Consejo Nacional de Inteligencia de los Estados Unidos que identifique cada seis meses un grupo de países que a su juicio estén en una situación de "mayor riesgo de inestabilidad". Entre éstos, el Coordinador Pasqual seleccionará los países en los que se "centrará un proceso de planificación más intensivo". Ambos, el Banco y la S/CRS, están así en condiciones de transformar el "fracaso del Estado" en una profecía autocumplida, gracias a la aplicación de sus respectivos programas de reconstrucción posguerra.

La lista de escándalos y corruptelas en el Congreso de EU, sumada a otros factores polémicos como la guerra de Irak, han hecho que el respaldo popular al legislativo haya caído al nivel más bajo desde 1992, según las encuestas.

Los republicanos en principio se llevan la peor parte, pero los demócratas también tienen sus pecados.

Cuando Bush llegó a la Casa Blanca prometió que el suyo sería un Gobierno "decente", pero algunos legisladores no han seguido la consigna del "jefe" y han puesto en peligro con sus desmanes el control republicano del Congreso.

Entre los casos que han alimentado la percepción ciudadana negativa estaba el del congresista republicano Mark Foley, que se vio obligado a dimitir en septiembre tras conocerse que intercambió emails con contenido sexual con becarios del Congreso.

Las aventuras virtuales de Foley atacaron a los republicanos donde más les duele, los valores morales, un territorio en el que hasta hace bien poco sacaban ventaja a sus rivales demócratas y que les permitió alzarse con la victoria en las presidenciales del 2004.

Otro de los escándalos de altos vuelos que puede ayudar a los demócratas a recuperar el control del Congreso tras doce años en la oposición es el del "lobista" (miembro de un grupo de presión) Jack Abramoff, otro ángel caído. Abramoff no sólo malversó fondos de una tribu india sino que pagó abultados cohechos a distintos legisladores, en particular al republicano por Ohio Bob Ney. El "lobista" era amigo del que fuera líder republicano en la Cámara Baja, Tom DeLay, quien renunció a su cargo a finales del 2005 envuelto en un escándalo de manejo ilegal de fondos electorales.

En la lista de escándalos que han minado la confianza pública figura otro clásico de Washington, el de la filtración del nombre de la espía Valerie Plame, cuyo nombre salió a la luz pública en una supuesta venganza de la Casa Blanca. Aunque el contencioso Plame no partió del Congreso si se sumó a la abultada lista de males. Los despropósitos republicanos les han venido como anillo al dedo a los demócratas, que aparecen como favoritos en todas las encuestas para las próximas legislativas del 7 de noviembre.

Los apáticos electores estadounidenses han sido tentados con dinero e insinuaciones sexuales para que voten en las elecciones legislativas del 7 de noviembre de 2006.

Una iniciativa en Arizona propuso premiar con el sorteo de un millón de dólares a un afortunado votante, para inducir a mucha gente a ejercer su derecho cívico, en un país donde el voto no es obligatorio.

Los patrocinantes de la iniciativa dijeron que el premio en efectivo "es una apropiada solución de estilo norteamericano para cambiar el perenne desinterés del electorado estadounidense, que tiene tasas de sufragio inferiores que Europa y varios países de América Latina."

Denunciada como un burdo llamado a la avaricia sin fundamento legal, la iniciativa parecía destinada al fracaso, de acuerdo a la experiencia de recientes votaciones.

Pero si el dinero en efectivo falla para motivar a los votantes en las elecciones de mitad de periodo presidencial, una campaña nacional de avisos con toques sexuales podría lograrlo. En nuevos spots de video divulgados en internet, actrices de Hollywood miran a la cámara mientras hacen gestos insinuantes acerca de la "primera vez" que votaron.

"Quieres hablarme sobre la primera vez que lo hiciste", pregunta sugestivamente la actriz de televisión Angie Harmon en el anuncio de servicio público. "Yo fui una de las últimas de todos mis amigos en hacerlo", dice Regina King, quien interpretó a la amante de Ray Charles en el filme "Ray".

Titulada "Mi primera vez", la propaganda, auspiciada por el grupo no partidista "Women's Voices. Women Vote" (Voces de mujeres. Voto de mujeres), apunta al grupo de mayor crecimiento demográfico del país: las mujeres solteras.

Los intentos previos por persuadir a más gente a acudir a votar han tenido éxitos mixtos, pese a campañas con estrellas del pop diciendo a los electores jóvenes "Rock the vote" (sacude el voto). La participación en las elecciones de mitad de periodo presidencial, como son los comicios legislativos del 7 de noviembre del 2006, tendió a ser mucho menor que en las elecciones generales, con apenas el 40% o menos. La participación en los últimos comicios presidenciales en 2004 fue la más alta en muchos años para los estándares de Estados Unidos, con 64%.

El hombre detrás de la propuesta de sortear un premio de un millón de dólares en Arizona dice que ofrecer un incentivo en efectivo puede conseguir éxito donde fracasaron otros esfuerzos para estimular el sufragio. "Hemos intentado todo lo que hay bajo el sol y nada ha resultado", dijo Mark Osterloh, un médico de Tucson y activista político. Argumentando que las recompensas son ampliamente aceptadas en los lugares de trabajo y de estudio, Osterloh dijp que el mismo principio debe ser aplicado en las elecciones. "Motivemos con un viejo y buen incentivo capitalista", dijo en una entrevista telefónica.

De acuerdo con el comunicado emitido por La Campaña Estatal contra la Ocupación y por la Soberanía de Irak (Ceosi), la ejecución del ex presidente iraquí Sadam Hussein no servirá para afectar de ninguna forma la lucha que mantiene el pueblo iraquí en contra de la ocupación extranjera de la que es víctima desde el 20 de marzo de 2003.

Tal como reza en el comunicado difundido por la página web Rebelión, la Ceosi reitera la manifiesta ilegalidad del procesamiento de miembros del anterior gobierno de Irak y, por tanto, de todas sus consecuencias y resultados, dado el carácter de prisioneros de guerra que corresponde a los dirigentes iraquíes capturados y apresados por las fuerzas de ocupación de Estados Unidos.

En ese sentido, Ceosi consideró que la plena responsabilidad de la ejecución del ex presidente Hussein recae en dichas fuerzas ocupantes y en el Gobierno de Bush. Igualmente, la Ceosi afirmó que la ejecución de Sadam Hussein pone de manifiesto que el Gobierno de Bush, ante el desmoronamiento de la conquista estadounidense de Irak, consecuencia de la ofensiva política y militar de la resistencia iraquí, «ha optado por cerrar toda vía de diálogo con las fuerzas políticas y militares de la resistencia patriótica». En ese sentido, la Ceosi alerta acerca del peligro de que la ejecución de Sadam pueda suponer más guerra y más violencia sectaria en los próximos meses. Ante estas declaraciones el gobierno estadounidense mantiene silencio y tozudez.

Con el paso de los días, el hallazgo de un video tomado con un celular durante su ejecución también ha causado repudio y otras encontradas reacciones en Irak y en la comunidad internacional.

Las implicaciones para ese país son enormes. Parece que llevarlo a la horca representó otra etapa de una larga historia de un país que se ha debatido entre lo que es y lo que pudo ser".

Teniendo reservas petróleras millonarias, no es un país que goce de prosperidad; sin haber atacado directamente a Estados Unidos, resultó invadido por la gran potencia. Ahora, teniendo la oportunidad histórica de llevar a juicio a Saddam Hussein, considerado por muchos como uno de los más crueles tiranos del mundo moderno, el resultado de ese proceso con la ejecución y la forma en que ésta fue hecha, ha levantado la interrogante de si en verdad se hizo justicia.

Analistas indicaban que para los iraquíes era imperativo recuperar su soberanía, perdida tras la invasión estadounidense, preservando un proceso judicial puramente iraquí y así ganar un poco de credibilidad.

Se esperaba que al poner la soga al cuello a quien fuera responsable de severos crímenes de lesa humanidad iba a traer la reconciliación y la unidad a un país abatido por la violencia y por el sectarismo. Los muertos, las decapitaciones, la miseria y como si fuera poco ahora el repudio de una buena parte de la comunidad internacional por la forma en que se hizo "justicia" es otra carga con la que tendrán que lidiar los iraquíes.

Lo real es que había mucho en juego y el desenlace del llamado Juicio de Dujail no parece haber disipado la duda de si de hecho se ganó algo con la ejecución de Saddam Hussein.

El 21 de agosto de 2006, durante una conferencia de prensa en la Casa Blanca, el presidente estadounidense George W. Bush tuvo una de esas «meteduras de pata» que ya son habituales en él. Respondiendo a una pregunta sobre sus sentimientos con respecto a la situación en Irak, George W. Bush declaró: «*A veces me siento frustrado, raramente asombrado. A veces me siento feliz*», antes de reponerse y declarar que la guerra no era «*un momento de alegría*». Sin embargo, muchos espectadores estadounidenses no conocerán nunca el fragmento en que Bush expresa su alegría. En efecto, la cadena CBS en su edición vespertina y la NBC retiraron deliberadamente el mismo de la cita presidencial. Ambas cadenas prefirieron insistir en la «frustración» y en el hecho de que el presidente comprendía que Irak podía afectar la moral de la nación. El *New York Times* y *Los Angeles Times* hicieron lo mismo.

Al día siguiente de las amañadas elecciones mediante las que accedió George W. Bush a la presidencia de los Estados Unidos en el año 2000, se veía bien que la prensa dominante destacara los numerosos errores gramaticales o las aproximaciones del Presidente. Un espacio televisivo satírico titulado *That's My Bush* lo mostraba de forma poco reluciente como el idiota de la Casa Blanca. Esta serie la difundió *Comedy Central*, filial de la CBS, pero la situación cambió tras los atentados del 11 de septiembre de 2001. George W. Bush se convirtió en el «comandante en jefe» de la «guerra contra el terrorismo» y su imagen debe ser preservada. La serie fue sacada de la programación y el actor Timothy Bottoms, doble de George W. Bush que hacía el papel de imbécil en la misma, se convirtió en el héroe de una película sobre el 11 de septiembre que hacía la hagiografía de la administración Bush. Esta película, *DC 9/11: Time of Crisis* la difundió Showtime Network, igualmente filial de CBS.

Los medios aceptaron la disciplina olvidando las «meteduras de pata» pasadas y autocensurándose para ocultar los errores del «comandante en jefe» cuya imagen no debe ser empañada.

Amigos: ¡Lo hicieron! ¡Lo hicimos! Lo imposible sucedió: una mayoría de norteamericanos ha removido sólida y convincentemente al partido de Bush del control de la Cámara de Representantes, y los republicanos también han sido expulsados, milagrosamente, de la dirección del Senado de Estados Unidos. Esto sucedió porque el pueblo estadounidense quería dejar dos cosas claras como el agua: terminar esta guerra y evitar que Bush haga más daño a este país que amamos. De eso se trató esta elección. De nada más. Sólo eso. Y es un mensaje que ha conmocionado a Washington, y ha enviado un mensaje de esperanza alrededor de este mundo aquejado de problemas.

Ahora comienza el verdadero trabajo. A menos que les estemos encima a estos demócratas para que hagan lo correcto, harán lo que hacen siempre: echar las cosas a perder a lo grande. Ayudaron a Bush a empezar esta guerra y ahora deben tratar de reparar el daño hecho.

Pero tomémonos un día para regocijarnos y deleitarnos en una rara victoria para nuestro lado, el lado que no cree en invasiones no provocadas de otros países. Este es su día, amigos. Ustedes han trabajado duro para ello. No puedo decirles lo orgulloso que estoy de contarlos a todos ustedes como parte de una mayor corriente norteamericana que ahora ocupamos. Gracias por todo el tiempo que dedicaron a conseguir los votos necesarios. Algunos de ustedes han estado en esto desde las grandes manifestaciones de febrero del 2003, cuando tratamos de parar la guerra antes de que empezara. Sólo entre el 10 y 20 por ciento del país estuvo de acuerdo con nosotros. ¿Se acuerdan lo solitario que fue eso? ¡Incluso hubo gente que fue abucheada! Ahora, el 60 por cierto del país está de acuerdo con nuestra posición. Ellos son nosotros y nosotros somos ellos. Qué sentimiento agradable, extraño y esperanzador.

Por primera vez en nuestra historia, una mujer es la presidenta de la Cámara de Representantes. El intento de prohibir todo tipo de aborto en el estado conservador de Dakota del Sur fracasó. Se aprobaron leyes para aumentar el salario mínimo. Se eligieron demócratas para ocupar los bancas de Tom Delay y Mark Delay. El congresista de Detroit, John Conyers JR., será el presidente de la comisión de Justicia de la Cámara baja. El gobernador demócrata de Michigan le ganó al CEO de *Amway*. El pequeño pueblo que está cerca de donde vivo, en Michigan, votó por los demócratas por primera vez. Y así sigue la lista. Las buenas noticias continuarán en los próximos días. Disfrútenlas. Y úsenlas para lograr que el Congreso finalmente escuche a la mayoría.

Si quieren hacer algo hoy, envíen un email o una carta a los senadores y al congresista que los representa, y díganles, de forma clara, qué significó la elección: el fin de la guerra y no dejar que George W. Bush se salga con la suya con sus brillantes ideas. ¡Felicitaciones otra vez! Ahora busquemos unas propuestas centrales para los demócratas, para que hagan el trabajo para el que los votamos.

El 8 de Febrero del año 2007 se conoció que el presidente George W. Bush preveía atacar las instalaciones nucleares iraníes de Natanz, con el empleo incluso de bombas atómicas, relanzando su controversial doctrina de ataques preventivos, según la cual se atribuye el derecho a bombardear e invadir un país, sin que Estados Unidos sea previamente agredido. Esto lo reveló la revista *New Yorker*. El concepto apareció reactivado en la nueva versión de la Estrategia de Seguridad Nacional, documento que identifica a Teherán como su principal adversario.

Una fuente citada por el semanario afirmó que los planes del Pentágono son "enormes, febriles y operativos", con la marcada intención de cambiar la estructura de poder en el país persa, por medio de la guerra, una guerra tan febril como la obsesión de Bush en resolver todos los problemas con bombazos.

Según el artículo, escrito por el periodista Seymour Hersh, Bush y otros dirigentes del gobierno republicano califican al mandatario iraní Mahmoud Ahmadinejad de un potencial Adolfo Hitler. (Había que ver qué calificativo da el resto del mundo a Sr. Bush).

"No afrontamos ningún desafío mayor que el de un solo país, Irán", indicó el texto de 48 páginas, presentado por el consejero de Seguridad Nacional, Stephen Hadley. Según la estrategia, y tras el alegado principio de autodefensa, Bush no descarta el empleo de la fuerza antes de que ocurran ataques contra territorio estadounidense, incluso aunque existan dudas sobre la presunta agresión del adversario.

Al asumir su segundo mandato en enero de 2005, Bush anunció que su gran meta sería extender la libertad y la democracia (al estilo de Estados Unidos) en el mundo y poner fin a las tiranías en el orbe.

Muchos analistas y medios de prensa, tanto en territorio norteamericano como en ultramar, percibieron en esas palabras un cambio en la Estrategia de Seguridad Nacional de la Casa Blanca, que mantenía como eje la llamada lucha contra el terrorismo.

Apreciaron con toda claridad un movimiento de la Administración Bush hacia posiciones más conservadoras y hegemónicas. A la sazón, el diario *Los Angeles Times* criticó el discurso, al considerarlo una muestra de la peligrosidad de la agenda republicana.

El rotativo manifestó en un editorial estar muy asustado ante lo que llamó "la nueva doctrina", cuya aplicación pudiera llevar al país a "cruzadas sangrientas y desesperadas" que podrían fomentar el terrorismo en lugar de combatirlo. Yo diría que ya el error se cometió y que el terrorismo ha está fomentado, cultivado y a todo tren.

En una entrevista con *Prensa Latina*, el destacado politólogo norteamericano James Petras vaticinó una contundente derrota de Estados Unidos en Irán, si Washington se atreve a agredir a ese país como hizo con Iraq en marzo de 2003.

Irán será el detonador de una escalada guerrerista mundial sin horizonte luminoso. No hay duda en eso, no estoy exagerando, no tienen conocimientos históricos, sociopolíticos, estratégicos ni militares para controlar esa nación, ni limitar las consecuencias de un acto de este tipo, pues el primer paso que debe dar un gobernante que pretende invadir otra nación es conocer su historia, su religión, la idiosincrasia de su pueblo y el carácter ciudadano, a qué es solidario y cómo se comporta en su solidaridad.

The New York Times denunció el 5 de Abril de 2007, para mayor desgracia de Bush, en su primera página que las acusaciones acerca de que Saddam Hussein tenia contactos con Al Qaeda que hizo la Casa Blanca antes de la guerra provinieron de Ibn alShaikh alLibi, uno de los líderes máximos de Al Qaeda, de origen libio, quien fue arrestado en diciembre de 2001 en Pakistán.

La CIA lo trasladó luego a Egipto en un operativo que en el vocabulario de los agentes secretos se llama "rendición". La secretaria de Estado, Condoleezza Rice, confirmó que EE.UU. hace este tipo de operativos que están en contra de la convención de derechos humanos de la ONU y los justificó diciendo que los interrogatorios en ciertos países son más efectivos por razones culturales.

En El Cairo, bajo los efectos de la tortura Al Libi terminó "declarando" que Irak le proveyó a Al Qaeda, entre otras cosas, entrenamiento en uso de explosivos y armas químicas. La CIA nunca tuvo pruebas de que eso era cierto, pero tanto el vicepresidente Dick Cheney como el secretario de Estado Colin Powell y otros funcionarios del gobierno de Bush utilizaron esa información para justificar la invasión de Irak.

Al Libi fue trasladado en 2003 de Egipto a Guantánamo, pero en Abril del 2007 nadie sabía donde estaba. En la lista de 25 desaparecidos que publicó recientemente ese mes *Human Rights Watch*, Libi es el primero. Según la organización, Libi fue detenido en diciembre del 2001 o enero del 2003 por las autoridades paquistaníes. Muy poco después de su arresto, Libi pasó a manos norteamericanas en el aeropuerto de Kandahar, Afganistán, y a los pocos días fue interrogado a bordo del buque de asalto Uss Bataan en el Mar Arábigo, donde había otros detenidos de Al Qaeda como el americano John Walker Lindh.

Al parecer en ese momento hubo una disputa entre el FBI y la CIA para ver quién se quedaba con él, pero ganó la CIA. "Le pusieron tira plástica en la boca, lo ataron y se lo llevaron a El Cairo", dijo un agente del FBI a la revista *Newsweek*. "En el aeropuerto, el agente de la CIA le dijo a Al Libi antes de que él aterrizara en El Cairo que iba a violar a su madre". Bajo los efectos de la tortura, Al Libi dijo que Al Qaeda colaboraba con Saddam y que Irak proveía entrenamiento para el uso de gases mortíferos. Ahora se sabe que dijo lo que sus interrogadores querían oír.

El día 21 de Noviembre de 2007, la prensa mundial se hacía eco de otro escándalo en la Casa Blanca. Esta vez el acusado de mentier es el propio presidente. En una confesión que ya comenzó a causar una gran polémica en Estados Unidos, el ex portavoz de la Casa Blanca Scott McClellan acusó al presidente George W. Bush y a sus principales asesores de engañarlo y proporcionarle información falsa para que él mintiera a la prensa sobre la filtración del nombre de la ex espía de la CIA Valerie Plame.

En su libro: *What happened: Inside the Bush White House and What's Wrong with Washington* ("¿Qué ocurrió? Dentro de la Casa Blanca de Bush y Qué va mal en Washington"), McClellan asegura que tanto Bush, como sus asesores Karl Rove y Lewis Libby y el vicepresidente Dick Cheney, le suministraron información falsa para que él la difundiera a la prensa.

"El líder más poderoso del mundo me llamó para hablar en su nombre y ayudarle a recuperar la credibilidad que había perdido por el fracaso en la búsqueda de armas de destrucción masiva en Irak", escribe McClellan en su libro, publicado por la editorial Public Affairs, que saldrá a la venta en abril.

"Así que estuve sobre el podio de la sala de prensa de la Casa Blanca frente a la luz de los focos durante la mayor parte de dos semanas y exoneré públicamente a dos de los más importantes ayudantes de la Casa Blanca. Había un problema: no era verdad", añade. "Sin saberlo, difundí información falsa. Y cinco de los más altos responsables de la administración estaban implicados en que yo hiciera eso: Rove, Libby, el vicepresidente Cheney, el jefe de gabinete del presidente (Andrew H. Card) y el propio presidente", asegura el ex funcionario.

La jefa de prensa de la Casa Blanca, cuando la noticia circuló, Dana Perino, dijo que "el presidente no ha pedido ni pediría a nadie que difundiese información falsa". Sin embargo, los efectos de estas declaraciones están aún por verse, y algunos legisladores demócratas ya han prometido seguir las investigaciones.

Así la historia del caso Valerie Plame puede continuar y podría causar estragos en la Casa Blanca: revelar el nombre de un espía es delito en EE.UU. Por el momento, el único acusado formalmente en este caso fue Libby, que ya fue condenado a dos años y medio de prisión por perjurio y obstrucción a la justicia. Fue sentenciado en marzo, aunque no cumplió ni un día en la cárcel porque fue indultado por Bush en julio.

Nadie, sin embargo, ha sido acusado por la filtración en sí misma.

Ni Rove, quién dejó su cargo ese como asesor político, ni los demás funcionarios han sido investigados ni acusados formalmente por este caso que comenzó en 2005, cuando el nombre de la ex espía se filtró a los diarios estadounidenses. El nombre de Plame apareció en los medios poco después de que su marido, el ex embajador Joseph Wilson, acusara a la administración Bush de utilizar mentiras para justificar la guerra en Irak. En particular, Wilson aseguró que Saddam Hussein no había intentado comprar uranio en Niger, tal como lo habían asegurado Bush y sus funcionarios. Tanto Rove como Libby negaron ser los autores de la filtración y McClellan, en su calidad de portavoz de la Casa Blanca, negó a los medios que tuvieran implicación en el caso.

El Presidente George W. Bush, pertenece al ala más ortodoxa del partido republicado que abriga entre otras éticas y principios la no aceptación de la conducta homosexual, al parecer, tiene sus simpatías hacia aquellos que aman a los de su propio sexo, cosa que no es un delito, pero en su caso se convierte en un insulto a los partidarios que lo eligieron precisamente por compatir filosofía común. La información al respecto es extensa y sería agotador referirme a tan largo reportaje, pero el lector puede hallar todo lo relacionado a ello buscando en las publicaciones *The Washington Times* del 29 de Junio de 1989 y *New York Times* del 10 de Junio de 2000, para que descubra cosas nuevas y saque sus propias conclusiones.

A principios del año 2008 el presidente G. W. Bush afirmó que la economía de los Estados Unidos enfrentaba dificultades pero que podrían ser superadas con certeza, sin embargo el 11 de Enero del mismo año, el Jefe de la Reserva Federal, Ben Bernanke, informó que el panorama de la economía en EE. UU. había empeorado. Durante su intervención, Vernanke también dijo que si el mercado laboral seguía empeorando, eso se traduciría en condiciones más difíciles para la economía. A comienzos de la primera semana de Marzo, la firma financiera Merril Lynch dijo que Estados Unidos ya había entrado en recesión, mientras que Goldman Sachs también sugirió que se dirigía en esa dirección. Indudablemente que la mala administrción y la guerra de Irak, entre otras cosas, administradas por el Presidente han llevado el país a las puertas no sólo de una recesión, sino que podría producirse una depresión. Talvez cuando este libro salga a la luz pública esa situación ya sea presente.

Es muy posible que falten datos e informaciones que agregar a este libro y ruego que me excuse el lector, pero es muy dificil hallar más "perlas" en tan repugnante estiercolero.

Sobran las palabras.

Fin

REFERENCIAS

(Desde el año 1989 al 2008)

The Washington Times, 29 de Junio 1989

New York Times, 10 de Junio 2000

Arthur M. Schlesinger Jr, *Los ciclos de la historia americana*, Editorial REI, Argentina 1990.

Bibliteca del Congreso de los Estados Unidos

CNN, ABC, BBC, MSNBC, TeleMundo, TeleMiami, Univisión (TV)

El Herald

El Nuevo Herald

El País

George B. Tindall & David E. Shi, *Historia de los Estados Unidos*, tomo II, tm editores, 1995.

J.A.S Grenville, *A History of the world in the twentieth century*, Harvard University press, 1994

Library of the Congress USA

New York Time & *BBC Londes*

OEA (Informes y declaraciones)

ONU (Informes y declaraciones)

Paul Johnson, *A History of the American people*, Harper Collins Publishers, 1997.

Radio y TV Española

Reportes de: Casa Blanca, Pentágono, Departamento de Estado USA

Richard E. Neustadt, *El poder presidencial y los presidentes modernos políticas de liderazgo de Roosvelt a Reagan*, Grupo Editor Latinoaméricano, 1993.

Seymour Martin Lipset, *La primera nación nueva, los Estados Unidos desde una perspectiva histórica y comparativa*. EUDEBA 1992.

The Miami Herald

The Wall Street Journal

The Washington Post

Wikipedia (Internet)

Revista Latinoamericana de Comunicación. Ecuador. 2006

Journal SA, 2005

Azapedia.com

Aporrea.com, Nov. 2006

Mientrastanto.e, 2006

Real Instituto Elcano de Estudios Internacionales y Estratégicos, 2006

Biblioteca Benjamín Franklín

Voltairenet.org

ÍNDICE